本研究受到教育部人文社科青年基金（13YJC630174）、上海电机学院特色学科建设项目（16YSXK03）资助，是上海市教委高校人文社科重点研究基地"上海装备制造产业发展研究中心"的阶段性研究成果。

# 中国高端装备制造产业竞争力研究

# （2016）

王宇露　刘芳　曹玉娜　苏林　著

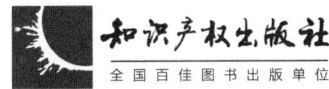

知识产权出版社
全国百佳图书出版单位

图书在版编目（CIP）数据

中国高端装备制造产业竞争力研究. 2016 / 王宇露等著. —北京：知识产权出版社，
2018. 5

ISBN 978 - 7 - 5130 - 5496 - 6

Ⅰ.①中… Ⅱ.①王… Ⅲ.①制造工业—产业发展—竞争力—研究—中国—2016
Ⅳ.①F426.4

中国版本图书馆 CIP 数据核字（2018）第059636号

责任编辑：刘　睿　刘　江　　　责任校对：潘凤越
封面设计：张国仓　　　　　　　　责任出版：刘译文

中国高端装备制造产业竞争力研究（2016）
Zhongguo Gaoduan Zhuangbei Zhizao Chanye Jingzhengli Yanjiu（2016）
王宇露　刘　芳　曹玉娜　苏　林　著

| | | | |
|---|---|---|---|
| 出版发行： | 知识产权出版社 有限责任公司 | 网　　址： | http://www.ipph.cn |
| 社　　址： | 北京市海淀区西气象路50号院 | 邮　　编： | 100081 |
| 责编电话： | 010 - 82000860 转 8344 | 责编邮箱： | liujiang@cnipr.com |
| 发行电话： | 010 - 82000860 转 8101/8102 | 传　　真： | 010 - 82005070/82000893/82000270 |
| 印　　刷： | 北京嘉恒彩色印刷有限责任公司 | 经　　销： | 各大网上书店、新华书店及相关专业书店 |
| 开　　本： | 720mm×1000mm　1/16 | 印　　张： | 18.75 |
| 版　　次： | 2018年5月第1版 | 印　　次： | 2018年5月第1次印刷 |
| 字　　数： | 298千字 | 定　　价： | 70.00元 |
| ISBN 978 - 7 - 5130 - 5496 - 6 | | | |

# 前　言

　　装备制造产业可以分为传统装备制造产业和高端装备制造产业（High-end Equipment Manufacturing Industries，HEMIs）。高端装备制造产业是现代产业体系的脊梁，是推动制造业转型升级的引擎。大力培育和发展高端装备制造产业，不仅是提升我国产业核心竞争力的必然要求，是抢占未来经济和科技发展制高点的战略选择，也是关系国家综合实力、技术水平和工业基础的一项长期的重点任务，对于加快转变经济发展方式、实现我国由制造大国向制造强国转变具有重要的战略意义。

　　"十二五"期间，中国高端装备制造产业主要从基础零部件和关键元器件（强基工程等方面）来加大技术改造，而"十三五"期间，《中国制造2025》明确将高端装备创新工程作为政府引导推动的五个工程之一，提出组织实施大型飞机、航空发动机及燃气轮机、民用航天、智能绿色列车、节能与新能源汽车、海洋工程装备及高技术船舶、智能电网成套装备、高档数控机床、核电装备、高端诊疗设备等一批创新和产业化专项、重大工程。

　　2016年，我国装备制造产业增速继续跑赢工业增速，增加值同比增长8.1%，占规模以上工业增加值比重为32.6%。高端装备制造产业呈现中高速增长，通用航空、卫星导航、工业机器人三大领域产值均保持15%以上的增长。工业机器人和通用航空成为两大领跑行业，卫星导航和轨道交通增速相对平稳，而海洋工程装备则在积极扭转2015年产业急速下滑的势头。总体来看，2016年，中国高端装备制造产业的发展呈现出多个特点：（1）国家对高端装备制造产业的扶持力度逐渐加大，高端装备制造产业发展的重要价值得到广泛认同。2016年，《中国制造2025》《中华人民共和国国民经济和社会发展第十三个五年规划纲要》等国家层面的中长期发展规划对中国高端装备制造产业的发展给予了前所未有的关注与支持，高端装备制造产业迎来快速发展的战略机遇期。同时，在制造业转型升级和国产化替代的大背景下，高端装备制造作为传统产业转型升级和战略性新兴产业发展所需的高技术、高附加值装备，其对中国经济持续发展的重要价值正得到广泛的认同。（2）创新成为驱动发展的关键战略，产业创新能力得到稳健提升。以科技创新为核心、以公共服务平台为支撑、以重大专项为抓手、以产业化应用为目标的高端装备创新发展加速推进。自主设计水平和系统集成能力、核心部件研制技术水平逐步提升，产业创新能力不断增强。（3）产业发展路径和模式有所突破。2016年，中国高端装备制造产业利用现代信息化技术，整合组织内外资源，利用国际、国内两个市场，在"互联网+"、兼并重组、国际化发展等方面开创了新的产业发展路径与模式，拓展了我国高端装备制造产业的发展空间，提升了高端装备制造产业的国际竞争力。

由于装备制造的独特性，高端装备制造研究范畴的模糊性、动态性，学术界对中国高端装备制造产业的研究尚处于起步阶段。上海装备制造产业发展中心在多年来对中国装备制造产业研究的基础上，对中国高端装备制造产业尝试开展全面、系统的深入剖析，本书取名为《中国高端装备制造产业竞争力研究（2016）》，基本按照产业经济学的分析框架，运用产业组织、产业竞争力、产业国际化、产业布局、产业政策等理论，对中国高端装备制造产业的发展进行系统的探究，从中国高端装备制造的总论、中国高端装备制造的竞争力评价、中国高端装备制造产业的区域发展、国际化发展以及政策支持等五个维度展开分析。在明晰高端装备制造等相关概念的基础上，统览中国高端装备制造产业的发展历史、发展现状，充分把握2016年中国高端装备制造发展的脉动。然后，针对中国高端装备制造产业发展中的关键问题，进行深度的专题分析。

本书共分为5篇14章。第一篇是中国高端装备制造产业总论，共分为两章：高端装备制造与高端装备制造产业界定，以及中国高端装备制造产业的演变与发展现状。第二篇是中国高端装备制造的竞争力评价与分析，共分为两章：中国高端装备制造业上市公司竞争力评价，以及中国高端装备制造业上市公司竞争力分析。第三篇是中国高端装备制造产业的区域发展，共分为两章：中国高端装备制造产业的集聚发展，以及中国高端装备制造产业的布局与优化。第四篇是中国高端装备制造产业的国际化发展，针对中国高端装备制造产业七大领域的国际化发展分别展开论述，共分为6章：高档数控机床和机器人领域的国际化发展、航空航天装备领域的国际化发展、海洋工程装备及高技术船舶领域国际化发展、先进轨道交通装备领域和农机装备领域国际化发展、节能与新能源汽车领域国际化发展以及电力装备领域国际化发展。第五篇是中国高端装备制造产业的发展政策，共分为两章：中国高端装备制造产业的发展政策，以及世界各国高端装备制造产业发展政策与启示。

本书由上海装备制造产业发展研究中心的研究团队完成，上海装备制造产业发展研究中心是上海市教委人文社科重点研究基地。研究中心在全球价值链和中国制造业升级的视野下，把握中国装备制造产业的发展现状与趋势，重点面向上海地区的装备制造产业，聚焦"上海基础和传统装备制造产业的升级""上海高端和新兴装备制造产业发展""上海装备制造产业的生产服务业发展"三大主题，从产业结构调整与升级、技术发展、经营管理等方面为政府部门与相关行业部门提供决策咨询。本书写作的具体分工为：王宇露教授主笔撰写前言和第一篇，并承担全书的构思、框架设计、统稿等工作；刘芳博士主笔撰写第二篇；曹玉娜博士主笔撰写第四篇；苏林博士主笔撰写第三篇和第五篇。

在本书的构思与框架设计过程中，笔者试图达到四个写作目的：（1）明确高端装备制造是什么；（2）刻画中国高端装备制造的过去与现在的样子；（3）梳理2016年中国高端装备制造发生了什么，未来可能会发生什么；（4）找到影响中国高端装备制造产业发展的关键问题，并分析之。然而，试图驾驭以上四个写作目的并非易事。尽管笔者力求发展动态分析的时效与前瞻，力求理论分析的高度与深度，但囿于研究能力与时间限制，本书也存在不少遗憾。对此，笔者将在后续系列研究中逐步完善。

在写作过程中，我们参阅了国内外学者的诸多研究成果，因篇幅所限，很多借鉴之处无法一一列明。在出版过程中，得到知识产权出版社刘睿、刘江等老师的大力支持，在此一并致谢！

# 目　录

## 第三篇　中国高端装备制造产业的区域发展

## 第四篇　中国高端装备制造产业的国际化发展

# 第五篇　中国高端装备制造产业的政策发展

# 第一篇

## 中国高端装备制造产业总论

　　作为制造业的一个分类，装备制造产业是我国所特有的一种提法。由于装备制造概念的独特性，高端装备制造研究范畴的模糊性、动态性，学术界对中国高端装备制造产业的研究尚处于起步阶段。因此，在第一篇"中国高端装备制造产业总论"部分，本书第一章对高端装备制造与高端装备制造产业进行界定，试图为未来中国高端装备制造产业的研究确定一个明确的概念起点和一个清晰的研究范畴。第二章揭示中国高端装备制造产业各细分产业的产业链、产业结构，回顾与总结中国高端装备制造产业各细分产业的演变历史，并系统分析中国高端装备制造产业的发展现状。

# 第一章　高端装备制造与高端装备制造产业界定

概念是一类事物共同特征和本质特征的表达，是理论思维的基本元素。概念的内涵与外延既确定了其反映的一类事物的共同特性或本质特性，也确定了这类事物的范围。梳理文献可以发现，当前学术界和实践界对高端装备制造的内涵和外延尚未达成统一的认知，这在很大程度上制约了中国高端装备制造理论研究的深化。本章从装备制造业的定义与地位出发，界定高端装备制造业的内涵和外延，总结高端装备制造业的特征，为后文的研究开展提供明确、统一的概念认知。

## 一、装备制造业的定义与地位

制造业的内容包罗万象，十分广泛，人们衣、食、住、行、用的各种产品、各行各业的生产设备、军事装备等都是制造业生产出来的，包括机械、电子、轻工、冶金、石化、纺织、医药、食品、军工，等等，在一定程度上可以说，制造业就是第二产业。制造业的核心是装备制造业，发展制造业的关键是装备制造业。

装备制造业又称装备工业，是为满足国民经济各部门发展和国家安全需要而制造各种技术装备的产业总称。目前，世界上其他国家和国际组织并没有定义装备制造业这一概念，国外相对应的概念为"机械工业"（Industrial Machinery Industry）或"机械制造业"（Machinery

Manufacturing Industry）。按照国民经济行业分类标准，装备制造业可分为8大类：金属制造业、普通机械制造业、专用设备制造业、交通运输制造业、武器弹药制造业、电气及器材制造业、电子及通信设备制造业以及仪器仪表、文化办公用机械制造业。

装备制造业具有以下特点：

（1）装备制造业是范围广、门类多、技术含量高的产业。装备制造业不仅涉及机械加工业，还涉及材料、电子和机械零配件加工等配套行业。装备制造业是技术密集型产业，产品技术含量高，附加价值大。随着装备制造业不断吸纳高新技术，以及信息技术、软件技术和先进制造技术在装备制造业中的普及应用，技术装备日趋软件化，先进的装备制造业将有更多的产业进入高技术产业范畴。装备制造业的发展将带动一大批相关产业的发展。装备制造业可以为各行业提供现代化设备，从农业生产机械到国防武器装备，各行各业都离不开装备制造。

（2）装备制造业是高就业、节约能（资）源、高附加值的产业。装备制造业虽为技术密集型和资本密集型工业，但它不同于流程工业，它是组装式工业，同时具有劳动密集性质，有较大的就业容量，可以提供大量就业机会。装备制造业不仅直接吸纳大量劳动力，而且装备制造业前后关联度较高，对装备制造业投入可带动其他工业的发展，增加相关工业的就业人数。解决就业问题，缓解就业压力，对保持社会安定团结具有至关重要的作用。在资源日趋紧张，环保要求日趋严格的情况下，各国都致力于优化产业结构，发展节约能源和资源的高技术密集型和高附加价值型产业。装备制造业作为技术密集型工业，万元产值消耗的能源和资源在重工业中是最低的。

（3）装备制造业是事关国家经济安全及综合国力的战略性产业。装备制造业的发展水平反映一个国家在科学技术、工艺设计、材料、加工制造等方面的综合配套能力。特别是一些技术难度大、成套性强，需跨行业配套制造的重大技术装备制造能力，反映一个国家的经济和技术实力。因此，装备制造业的发展有利于提高国民经济各行各业的技术水平和劳动生产率，从而提高国家竞争力。许多工业化国家在工业化成熟阶段都把装备制造业作为主导产业。

装备制造业是一个国家的工业化、现代化水平和综合国力的重要象征。装备制造业在我国经济发展中具有举足轻重的作用。经过50多年的发展，我国装备制造业取得一系列重大成就，已经形成门类齐全、具有相当规模和水平的装备制造业体系，成为经济发展的重要支柱产业。"十一五"和"十二五"期间，我国装备制造业的发展步伐明显加快，装备制造产值跃居世界前列，装备制造领域的创新与保障能力也显著增强，成为名副其实的装备制造大国。然而，与美国、德国等装备制造强国相比，我国装备制造的产业基础仍显得十分薄弱，技术创新能力急需提高，基础元器件和关键零部件落后，未能掌握核心材料、关键核心技术，高端装备产业亟待培育和发展。

## 二、高端装备制造业的内涵

要界定高端装备制造业，首先要明确什么是高端产业。按照美国布鲁金斯学会2015年的研究，美国鉴定高端产业有两个标准：（1）产业中每个工人的研发支出超过450美元，这大于或等于全行业标准的80%；（2）产业中获得STEM（科学、技术、工程和数学）学位的人数必须高于全国平均水平，或者在本行业中所占份额高达21%。一个行业必须同时符合上述两个标准才能被认定为高端产业。❶ 可见，美国对高端产业的界定主要依据是产业的高技术含量。

那么，什么是高端装备制造业？严格来说，学术界和产业界尚未形成统一的界定。国家在《高端装备制造业"十二五"发展规划》中提出，高端装备制造业是以高新技术为引领，处于价值链高端和产业链核心环节，决定整个产业链综合竞争力的战略性新兴产业，是现代产业体系的脊梁，

---

❶ Brookings Institution，"America's Advanced Industries: What they are, Where they are, and Why they matter", 2015-02.

是推动工业转型升级的引擎。郑雄伟（2015）提出，高端装备制造业又称先进装备制造业，是指生产制造高技术、高附加值的先进工业设施设备的行业。蔡翼飞等（2010）认为，高端制造业的概念应该从行业和产业链环节两个角度来进行界定。高端制造业从行业的角度讲，是指制造业中新出现的具有高技术含量、高附加值、强竞争力的行业；从产业链的角度讲，是指处于某产业链高端环节的细分行业。❶

本书认为，高端装备制造业有两个含义：（1）高端装备的制造业；（2）高端的装备制造业。前者强调制造的对象高端装备，意指某一装备制造产业中的高端细分市场，指装备制造产品的高技术含量、高附加值。这体现了一个产业范围或层级的概念。后者强调制造的劳动工具和技术是高端的，意指生产装备企业的技术水平先进、工艺设备先进等，比如在制造过程中使用机器人、智能制造等先进设备、工艺。而生产的产品，即装备既可以是高端的装备，也可以是传统的装备。这体现了一个制造的层级或价值链的层级或附加值的高低的概念。

从这一定义出发，不难发现，高端装备制造业既可以是高端装备制造的产业，即装备制造业中具有高技术含量、高附加值的行业，包括传统装备制造业中的高端部分和新兴产业中的高端部分，也可以是各种装备制造产业（包括低端或传统装备制造产业）的核心技术环节或价值链高端环节制造的产业或细分产业。

国家对高端装备制造的表述，更加倾向于第一种含义，即高端装备的制造。比如，在国家《高端装备制造业"十二五"发展规划》中提出，高端装备主要包括传统产业转型升级和战略性新兴产业发展所需的高技术高附加值装备。很显然，制造高端装备的设备、工艺也应是高技术含量的。

---

❶ 蔡翼飞，魏后凯，吴利学.我国城市高端制造业综合成本测算及敏感度分析[J].中国工业经济，2010（1）.

## 三、高端装备制造业的产业外延

目前，我国对高端装备制造业的研究范畴和统计分类都缺乏一个明确、统一的标准。本书梳理了近年来国家各类政策文件对高端装备制造业范畴的表述后，发现国家对高端装备制造业范畴的认知是一个动态的变化过程。这既是由世界经济结构、我国经济发展阶段决定的，也是人们对高端制造业逐步认识的必然。

2010年10月发布的《国务院关于加快培育和发展战略性新兴产业的决定》提出，高端装备制造业主要包括航空装备、卫星及应用、轨道交通装备、海洋工程装备、智能制造装备等五大细分领域。对高端装备制造业范畴的这一界定在《高端装备制造业十二五发展规划》中也有所体现。《国务院关于加快培育和发展战略性新兴产业的决定》规划了未来一段时期高端装备制造产业发展的五个重点领域：（1）高端装备制造业的发展重点是发展以干支线飞机和通用飞机为主的航空装备，做大做强航空产业；（2）积极推进空间基础设施建设，促进卫星及其应用产业发展；（3）依托客运专线和城市轨道交通等重点工程建设，大力发展轨道交通装备；（4）面向海洋资源开发，大力发展海洋工程装备；（5）强化基础配套能力，积极发展以数字化、柔性化及系统集成技术为核心的智能制造装备。因此，上述内容是高端装备制造业的必要组成部分。

根据《国务院关于加快培育和发展战略性新兴产业的决定》（国发〔2010〕32号）的要求，为推动"十二五"国家战略性新兴产业发展规划顺利实施，满足统计上测算战略性新兴产业发展规模、结构和速度的需要，国家统计局颁布了《战略性新兴产业分类（2012）（试行）》，该分类首次正式明确高端装备制造产业的统计范围包括航空装备产业、卫星及应用产业、轨道交通装备产业、海洋工程装备产业、智能制造装备产业等五大产业。

2015年5月发布的《中国制造2025》提到，为了集中资源，统筹推进，突破瓶颈，提高创新发展能力和国际竞争力，抢占竞争制高点，我国就高端装备制造列出了10个重点领域：大型飞机、航空发动机及燃气轮机、民用航天、智能绿色列车、节能与新能源汽车、海洋工程装备及高技术船舶、智能电网成套装备、高档数控机床、核电装备、高端诊疗设备。

2016年3月发布的《中华人民共和国国民经济和社会发展第十三个五年规划纲要》明确提出，为实现制造强国战略，未来五年中国将实施高端装备创新发展工程，将制造强国的落脚点放在航空航天装备、海洋工程装备及高技术船舶、先进轨道交通装备、高档数控机床、机器人装备、现代农机装备、高性能医疗器械、先进化工成套等八大高端装备制造行业上。

近年来各项政策文件对高端装备制造业的产业范围的表述如表1-1所示。

表1-1　高端装备制造业的产业范围

| 时间 | 文件 | 范围 |
|---|---|---|
| 2010年10月 | 《国务院关于加快培育和发展战略性新兴产业的决定》 | 航空装备、卫星及应用、轨道交通装备、海洋工程装备、智能制造装备等五大细分领域 |
| 2012年 | 国家统计局《战略性新兴产业分类（2012）（试行）》 | 航空装备产业、卫星及应用产业、轨道交通装备产业、海洋工程装备产业、智能制造装备产业等五大产业 |
| 2015年5月 | 《中国制造2025》 | 高端装备制造列出10个重点领域：大型飞机、航空发动机及燃气轮机、民用航天、智能绿色列车、节能与新能源汽车、海洋工程装备及高技术船舶、智能电网成套装备、高档数控机床、核电装备、高端诊疗设备 |
| 2016年3月 | 《中华人民共和国国民经济和社会发展第十三个五年规划纲要》 | 航空航天装备、海洋工程装备及高技术船舶、先进轨道交通装备、高档数控机床、机器人装备、现代农机装备、高性能医疗器械、先进化工成套等八大高端装备制造行业 |

本书主要以《战略性新兴产业分类（2012）（试行）》和《中华人民共和国国民经济和社会发展第十三个五年规划纲要》为依据，重点分析航空航天装备、海洋工程装备及高技术船舶、先进轨道交通装备、高档数控机床、机器人装备、现代农机装备、电力装备等七大领域。需要说明的是，考虑到写作的顺序、数据的一致性，后续章节在分析过程中，会存在各领

域的合并分析现象，如将高档数控机床与机器人装备统一在智能制造装备口径下进行分析。

## 四、高端装备制造业的特征

与一般的制造业相比，高端装备制造业具有以下四个鲜明特征：

（1）技术水平高。其表现为知识、技术密集，涉及多学科和多领域的高、精、尖技术。这是高端装备制造业最核心的特征，是高端装备制造业区别于传统装备制造业最关键的要素。

（2）处于价值链的高端环节，产品具有高附加值。由于高端装备制造企业采用先进的研发成果、先进的生产工艺与高端的生产设备，从而使得其生产的产品具有更高的附加值，并有助于高端装备制造企业在产业结构中占据更有利的位置，即价值链的高端位置，推动其获得持续的竞争优势。

（3）处于产业链的核心环节，对产业链具有强控制力和引导力。由于高端装备制造业的技术水平高，在整个产业中往往处于核心环节，因此，具有一定的垄断特性，在产业结构中的议价能力较强，对其他企业的市场行为有较强的影响力、控制力。此外，高端装备制造业能够对上下游企业进行辐射和技术溢出，因此能带动多个相关产业的技术进步和发展，其发展水平决定产业链的整体竞争力。

（4）投入水平高。高端装备制造业的核心技术往往研发难度大、工艺复杂，攻克这些核心技术必须支付高额研发费用。此外，企业生产所需仪器、设备、材料往往本身就具有较高的价值，需要较高的购置费用。因此，高端装备制造业是一个资金密集型行业，需要高额的投入。

# 第二章 中国高端装备制造产业的
# 演变与发展现状

经过改革开放近40年的快速发展，我国装备制造业取得令人瞩目的成就，形成门类齐全、具有相当规模和技术水平的产业体系，为高端装备制造业的发展奠定坚实基础。进入21世纪以来，我国高端装备制造业已形成一定的产业规模。整体技术水平持续提升，围绕国民经济各行业的迫切要求，开发出一大批具有知识产权的高端装备。本章主要介绍中国高端装备制造产业的产业链、产业结构以及产业的演变历史，并系统分析中国高端装备制造产业的发展现状。

## 一、中国高端装备制造产业的演变

### （一）智能制造装备产业的演变

智能制造装备是具有感知、决策、执行功能的各类制造装备的统称。作为高端装备制造业的重点发展方向和信息化与工业化深度融合的重要体现，大力培育和发展智能制造装备产业对于加快制造业转型升级，提升生产效率、技术水平和产品质量，降低能源资源消耗，实现制造过程的智能化和绿色化发展具有重要意义。

智能制造装备包含众多领域，主要有高档数控机床与机器人、增材制造❶装备、智能传感与控制装备、智能检测与装配装备、智能物流与仓储装备等。

美国、德国、日本等工业发达国家虽然没有"智能制造装备产业"这个大产业的提法，但工业发达国家在20世纪70年代就已经认识到智能制造的重要性，并制定了若干推进智能制造装备发展政策与计划，例如，为了应对金融危机对机床工业发展的冲击，促进机床工业复苏，欧洲机床工业合作委员会提出了欧盟机床新的产业发展政策。美国于2011年和2012年分别提出"先进制造业伙伴计划"和"先进制造业国家战略计划"，这两大计划中均有涉及智能制造装备产业方面的内容。正是因为如此，工业发达国家在智能制造装备产业所包含的数控机床、工业机器人、智能控制系统、3D打印设备等子领域具有多年的技术积累，优势明显。目前，世界智能制造装备跨国企业主要集中在美国、德国及日本等工业化发达国家，并且产业集中度高。

客观地说，中国在2000年后才真正开始发展智能制造装备产业。智能制造装备是《国务院关于加快培育和发展战略性新兴产业的决定》（2010年10月）和《中华人民共和国国民经济和社会发展第十二个五年规划纲要》（2011年3月）中明确的高端装备制造业领域中的重点方向，关系到国家的经济发展潜力和未来发展空间。2015年以来，智能制造在我国受到前所未有的政策重视。《中国制造2025》、"互联网+"行动重点部署智能制造，提出大力发展智能制造，开展智能制造试点示范，实施智能制造重大工程等，重点推进制造过程智能化。

经过十多年的发展，中国在智能制造装备领域已经取得一些突破性的发展。

首先，在机器人制造技术、传感器制造技术、工业通信网络设备制造和系统集成技术、数字控制系统与数字化制造技术、数控机床制造技术、

---

❶ 增材制造（又称"3D打印"）是以数字模型为基础，将材料逐层堆积制造出实体物品的新兴制造技术，体现了信息网络技术与先进材料技术、数字制造技术的密切结合，是先进制造业的重要组成部分。

精密仪器仪表制造技术、特殊材料制造技术等方面攻克了一批长期影响我国产业安全的核心瓶颈，掌握了机器人技术、感知技术、复杂制造系统、智能信息处理技术等重要技术，已经初步形成以新型传感器、智能控制系统、工业机器人、自动化成套生产线为代表的智能制造装备产业体系，一批具有自主知识产权的智能制造装备实现突破，形成一批重点产品，如高速精密加工中心、重型数控镗铣床、3.6万吨黑色金属垂直挤压机等相继研制成功并投入应用。

其次，以智能工厂、数字化车间、增材制造技术应用及大规模个性化定制、网络协同开发、在线监测、远程诊断与云服务等为代表的新业态、新模式得到快速发展，工业机器人、服务机器人、新型传感器、智能仪器仪表与控制系统、可穿戴设备、智能家电、智能电网等智能装备和产品的应用不断拓展，需求规模呈快速扩大的态势。

再次，建设了一批相关的国家重点实验室、国家工程技术研究中心、国家级企业技术中心等研发基地，培养了一大批长期从事相关技术研发工作的高技术人才。中德智能制造和工业4.0合作迈入实质性阶段，经常性工作机制正式建立。

最后，形成一批具有国际竞争力的龙头企业。如在机床工业领域，沈阳机床、大连机床两个集团的年销售收入均超过百亿元，进入世界机床产业前10强；在智能控制系统领域，有上海新华控制技术集团、浙大中控；在仪器仪表领域，有重庆川仪、京仪集团、天瑞仪器、聚光科技、威尔泰等一批具有国际竞争力的龙头企业；在工业机器人领域，机器人、哈尔滨博实自动化设备、海尔哈工大机器人等；在工程机械领域，三一重工、中联重科、徐工集团、柳工集团等10家企业位居全球工程机械前50强之列，此外，还有瓦轴集团、沈鼓集团等企业。

下面重点分析高档数控机床与机器人产业的产业演变。高档数控机床和机器人领域是《中国制造2025》提出的高端装备制造首个重点领域。

1. 高档数控机床领域

机床作为当前机械加工产业的主要设备，其技术发展已经成为国内机械加工产业的发展标志。数控机床是装备制造业的工作母机，是先进的生产技术和军工现代化的战略装备。

高档数控机床是指具有高速、精密、智能、复合、多轴联动、网络通信等功能的数控机床，基础制造装备是制造各种机器和设备的装备之总称。高档数控机床与基础制造装备包括金属切削加工机床、特种加工机床、铸、锻、焊、热处理等热加工工艺装备、增材制造装备等，具有基础性、通用性和战略性❶的特征。

高档数控机床产业包括数控系统、伺服驱动器、电机、传感器、执行部件、机床本体和机床制造工艺、机床加工工艺等内容，涵盖机械、电子、控制、自动化、软件、材料、工艺等学科。高档数控产业是一个集资金密集型、劳动力密集型、知识密集型等于一体的产业。目前，美国、德国、日本、瑞士等国家是高档数控机床产业的技术领先者。美国在电子信息方面占据垄断地位，全球的芯片和实时控制软件几乎都来自美国。德国的制造业由大量掌握技术诀窍的中小企业支撑，由西门子等大型企业牵引，机械、电子、材料、工艺等各方面技术发展都非常均衡。

目前国内生产的数控机床大致可以分为经济型机床、普及型机床、高档型机床三种类型。三类机床的市场需求比例大致为50%、40%和10%。应该说，国内目前生产的经济型数控机床无论是从质量上还是从可靠性上都可以满足经济型机床用户的需求。国内普及型数控机床有60%~70%是国产的，但是，这些国产数控机床中大约80%的数控系统使用的是国外产品。高档数控机床则基本依靠进口，国产高档数控机床只占2%左右。

2009年国家启动"高档数控机床与基础制造装备"重大专项（04专项），瞄准航空航天、发电、汽车、造船四个重点领域，并取得一定的成绩，主要表现在如下方面：可靠性设计与性能试验技术、多轴联动加工技术等一批关键核心技术打破国外技术垄断，取得突破，自主创新能力得到

---

❶ 高档数控机床在"巴统"清单（现称瓦森纳协定）被列为战略物资。

提高，数控机床的整体设计、制造能力和水平都得到有效提升，一批关键功能部件实现批量配套。截至2016年，"高档数控机床与基础制造装备"国家科技重大专项支持研发的高档数控系统已累计销售1000余套，国内市场占有率由专项启动前的不足1%提高到5%左右。

以五轴加工中心为代表的高档数控机床，在飞机典型结构件、航天复杂与精密结构件、飞航导弹发动机零部件等领域实现批量示范应用，为大飞机、新型战机、探月工程等国家重大专项和重点工程提供了关键制造装备。在汽车制造领域，我国自主研制的大型快速柔性全自动冲压生产线，五年来成功出口9条生产线，全球市场占有率超过30%，国内市场占有率超过70%，有力地推动了国产汽车装备自主化。在航空制造装备领域，我国自主研制的800MN大型模锻压机、120MN铝合金板张力拉伸机等重型锻压设备，填补了国内航空领域大型关键件成形装备技术空白，为我国飞机制造能力的提升提供了强有力的保障。

相比主机技术的快速发展，高档数控系统和配套件的研发和生产还处于一个相对落后的境况。此外，还有不少科研成果停留在高校和研究院所，离真正产业化和应用还有较长的路要走。

2. 机器人领域

机器人是一种半自主或全自主工作的机器，集现代制造技术、新型材料技术和信息控制技术于一体，是智能制造的代表性产品。

机器人产业的产业链可分为五个部分（见图2-1），分别是研发、零配件生产、机器人单体制造、系统集成和售后服务。其中机器人单体、系统集成、售后服务是机器人在生产、销售、维修、淘汰等全生命周期的组成部分。按照国际上的惯例，一台机器人的全生命周期的毛利率为60%左右，是名副其实的高端装备。其中，单体、集成、服务三个环节的毛利率各约20%。

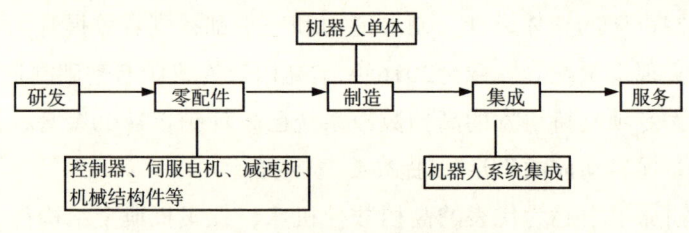

图2-1　机器人产业的产业链

机器人可分为制造环境下应用的工业机器人、非制造环境下应用的服务机器人两大类。其中，服务机器人根据应用环境不同又分为应用于家庭或直接服务于人的个人/家用服务机器人和应用于特殊环境的专业服务机器人。

工业机器人是智能制造过程的关键设备，可广泛应用于汽车整车及汽车零部件、工程机械、轨道交通等众多行业的制造、安装、检测、物流等多个生产环节。而服务机器人则应用于医疗、家用、农用、军事等行业和领域。

梳理我国工业机器人产业的演变历程，可以发现，我国虽然从1972年就开始研制工业机器人，❶但真正的产业化应用历史并不长，这一过程大致可分为三个阶段。

（1）第一阶段：产业孕育阶段（1990～2000年）。20世纪90年代初期起，我国先后研制出点焊、弧焊、装配、喷漆、切割、搬运、包装码垛等各种用途的工业机器人，并实施了一批机器人应用工程，形成一批机器人产业化基地。

（2）第二阶段：初步产业化阶段（2000～2013年）。进入21世纪，在需求快速扩张和国家自主创新政策作用下，国内一大批企业通过自主研制，或与科研院所合作，进入机器人研制和生产行列，我国机器人产业进

---

❶　20世纪80年代，在高技术浪潮的冲击下，随着改革开放的不断深入，我国机器人技术的开发与研究得到政府的重视与支持。"七五"期间，国家投入资金，对工业机器人及其零部件进行攻关，完成示教再现式工业机器人成套技术的开发，研制出喷涂、点焊、弧焊和搬运等各种用途的工业机器人。1986年，国家高技术研究发展计划（"863计划"）开始实施，智能机器人主题跟踪世界机器人技术的前沿，经过几年的研究取得一大批科研成果，成功地研制出一批特种机器人。

入产业化的初期。2010～2013年，中国工业机器人的供给分别为：1.5万台、2.3万台、2.3万台、3.7万台，2013年中国成为机器人全球最大市场。

（3）第三阶段：产业高速增长期（2014年至今）。2014年被认为是中国机器人产业发展的元年。2014年中国工业机器人的供给由2013年的3.7万台迅速扩张为5.7万台，增幅为54%。2015年为6.9万台，2016年约为9万台。

目前，我国机器人产业已基本形成从上游核心零部件制造，到中游本体制造，再到下游系统集成服务的完整产业链条，形成环渤海、长三角、珠三角和中西部四大产业集聚区。我国机器人关键技术和零部件的研发已取得很多突破。机器人本体优化设计及性能评估、高速高精度控制等方面取得积极进展；人工智能方面，我国语音识别、图像识别等技术已达到国际先进水平；关键零部件方面，国产控制器已接近国际水平，伺服电机已配套约50%的自主品牌机器人，RV减速器实现批量应用，谐波减速器销量达到全球第二。

（1）工业机器人方面。我国工业机器人已连续5年成为全球第一大应用市场，国产化程度加速提升，应用领域更加细化，出现了沈阳新松、埃夫特、广州数控、哈博实、新时达等一批本土工业机器人骨干企业.

（2）服务机器人方面。目前，我国服务机器人的智能技术发展已追平欧美，我国已研发出应用于肿瘤治疗的消融医疗辅助机器人、应用于高难度脊椎手术的骨科机器人等创新产品。初创企业增多，形成科沃斯、康力优蓝、纳恩博、风行天下等一批骨干服务机器人企业。

根据国际机器人联合会（IFR）的统计，全球每万人中工业机器人的使用数量为69台，中国仅为49台。与日本、德国、韩国、美国等工业发达国家相比，中国差距较为明显，因此业内普遍认为我国机器人产业还有广阔的发展空间。

**（二）航空航天装备制造产业的演变**

1. 航空装备制造产业的演变

航空装备是为国民经济、社会发展和人民交通出行服务的空中运载工具，主要包括干线飞机、支线飞机、通用飞机、直升机、无人机以及特种飞行器等。按照航空装备的构造，可将航空装备产业链分为航空发动机、飞机机体及航空机载设备与系统等三大部分（见图2-2）。三大部分的价值比例大致如下：飞机机体约占47%，其中机翼占15%，机身占19%，内饰部分占6%，尾翼占3%，起落架占4%；发动机约占25%；机载设备与系统约占28%。

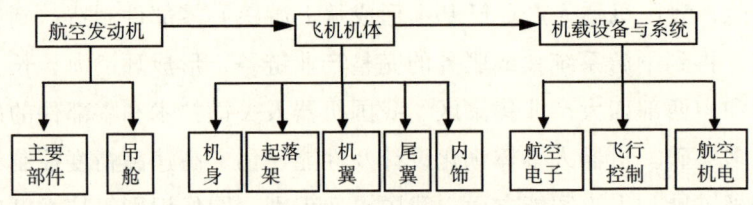

图2-2　航空装备产业链

航空发动机是一种高度复杂和精密的热力机械，是为航空器提供飞行所需动力的发动机，主要有三种类型：活塞式航空发动机、燃气涡轮发动机和冲压发动机。航空发动机被誉为工业皇冠上的明珠，是衡量一个国家综合科技水平、科技工业基础实力和综合国力的重要标志。飞机机体是指构成飞机外部形状的部分和承受飞机的主要受力结构，分为机身、起落架、机翼、尾翼和内饰等，是飞机结构的主要构成。航空机载系统与设备涉及航空电子、飞行控制和航空机电三个领域，是确保飞机安全，增强飞机性能和效能，提高飞机舒适性、可靠性、维修性的重要支柱和手段。❶

2005年以来，我国相继发布《国家中长期科学和技术发展规划纲要（2006～2020年）》《国家"十二五"科学和技术发展规划》《"十二五"国家战略性新兴产业发展规划》《民用航空工业中长期发展规划（2013～2020年）》等规划，为我国航空产业发展指明方向，将推动我国航空工业实现快速发展。

经过几十年的努力，我国已建立起较为完整的航空技术体系、产品谱

❶ 工信部装备工业司.《中国制造2025》解读之：推动航空装备发展[EB/OL].（2016-05-12）. www.gov.cn/zhuanti/2016-05/12/content_5072767.htm.

系和产业体系，特别是近年来我国成功地研制了以歼15、歼20、运20、武直10等为代表的军用飞机，在民用飞机方面"新舟"系列已交付百架，ARJ21等支线客机已经投入航线；大型干线客机C919的研制取得重要阶段性成果，小型无人机和通航飞机正处于快速发展之中，这都表明我国航空制造业已步入发展的快车道。

目前，我国航空装备产业已形成明确分工与集群化分布，涵盖通用航空、民用飞机、机电系统、航电系统等多个领域。不过，整体基础仍较为薄弱，锻件制造、数控机床、电子工业等还有较大提升空间。从区域分布来看，我国航空装备制造业集聚地也是各具特色、优势各异，例如环渤海地区有着资源优势、长三角地区有着产业链优势、西部地区有着工业基础优势。从长远来看，还要提高各地产业链的匹配度，合力推动产业进步。

2. 卫星及应用产业的演变

卫星产业链主要分为卫星制造、卫星发射、卫星地面设备、卫星服务业四部分。卫星的应用多种多样，除最重要的定位导航外，还有授时、通信、信息传输等，在国防和通信、电力、控制等工业领域发挥着不可或缺的重要作用，如军事领域精准打击所必需的实时、精确定位和导航，电力和通信领域调度和数据包传输所必需的同步授时等。

我国第一颗人造卫星发射在1970年4月24日，此后十年间发展较为缓慢，但积累了卫星人才和技术经验，为20世纪80年代后的崛起打下了坚实基础。从1981年开始，我国卫星产业得以迅速发展，成为全球第三个实现一箭多星技术的国家。1984年，成为全球第五个独立发射地球静止轨道卫星的国家。2000年，我国成为全球第三个拥有自主卫星导航系统的国家。不仅如此，我国还有多种类型的卫星，如遥感卫星、导航卫星、通信卫星等，以及实践科学探测与技术试验卫星系列，基本构成全方位的应用卫星体系。

总之，经过数十年的发展，我国卫星产业得到长足发展，实现从无到有、从发射到返回的技术突破，卫星种类、卫星功能和卫星发射数量都有质的飞跃。

（1）卫星制造业。

从1965年，全球第一颗通信卫星晨鸟1号发射升空至今，全球的卫星制造产业一直处于欧美寡头垄断的局面。排名靠前的全球卫星制造商包括美国的波音公司、洛克希德·马丁公司、劳拉空间系统公司，以及欧洲的泰雷兹阿莱尼亚宇航公司、阿斯特里姆公司。近年来，亚洲以日本、俄罗斯和中国为代表的卫星制造产业开始迅速发展。日本三菱电机公司、俄罗斯信息卫星系统−列舍特涅夫公司和中国航天科技集团公司也逐渐在商业卫星市场占据一定的份额。

中国卫星制造业的发展历史是突破西方发达国家技术管制的过程。长期以来，中国的卫星制造技术就一直受到美国的出口管制。2006年，美国政府宣布冻结包括中国长城工业总公司（当时我国政府批准的经营卫星商业发射服务、卫星整星出口及开展国际空间技术合作业务的唯一商业机构）在内的4家中国企业在美国的资产，并列入美国制裁公司名单。2007年7月，美国商务部推出对中国高科技出口的最新管制条例，在航空和航天领域进一步加强对中国出口的管理。美国《2013财年国防授权法案》放宽了卫星及相关物项出口管制，但对中国仍保持严控：禁止对华出口、再出口或转移，也不允许在中国发射。直到21世纪初，中国卫星制造技术仍需要通过与欧美的技术合作来提高。

（2）卫星发射业。

卫星发射服务涉及发射场、运载火箭两大关键因素。运载火箭是由多级火箭组成的航天运载工具，按照火箭所用的推进剂来分，可分为固体火箭、液体火箭和固液混合型火箭三种类型。运载火箭是一国航天能力的重要标志。运载火箭的技术指标包括运载能力、入轨精度、火箭对不同质量有效载荷的适应能力及可靠性。火箭发射轨道包括低轨道（185千米高，需要7.8千米/秒的特征速度）、太阳同步轨道（1000千米高，需要8.3千米/秒特征速度）、地球同步卫星轨道（42000千米高，需要10.25千米/秒特征速度）。

长征火箭在国际发射市场具备一定的竞争优势，"分导式"多弹头发射卫星技术日益成熟，一箭多星的发射模式可以有效降低单星发射成本。我国的长征系列运载火箭由中国航天科技集团下属的中国运载火箭技术研究院研发，三大发射场的火箭发射架由太原重工提供，另外由航天电子提供火箭的控制系统、逃逸系统和遥测系统等配套设备，航天晨光提供运载火箭加注系统和火箭燃料加注车、火箭燃料储罐、航天金属软管，航天动力提供火箭动力系统配套设备。

近年来，中国卫星发射业凭借良好的性价比，在亚非拉市场赢得较高的市场占有率。1990年4月7日，长征三号运载火箭把"亚洲一号"卫星准确地送入预定轨道，从此拉开了中国国际商业卫星发射序幕。2007年，中国为尼日利亚发射了一颗完全由中国制造的通信卫星。2012年，中国发射卫星的次数首次超过美国。虽然美国总体的卫星资源还是世界第一，但在发射服务产业，中国航天已后来居上。

（3）地面设备制造业。

在整个卫星产业链中，地面设备制造业是产值第二大的环节。地面设备制造业主要包括网络设备（地面站等）及大众消费设备。

在我国地面设备制造业中，北斗产业的快速发展将带来重要增量。随着国家"一路一带"倡议的逐步实施，我国在巴基斯坦、泰国、缅甸和俄罗斯等国的地面增强站的规划和建成，势必推动北斗产业进一步"走出去"，提高北斗在整个卫星导航领域的占有率。

北斗地基增强系统是以中国兵器工业集团为总体研制单位，根据《国家卫星导航产业中长期发展规划》的要求，到2015年年底前将建成框架网和部分区域加密网基准站网络，提供米级精度的定位服务；到2018年年底前将建成全国范围区域加密网基准站网络，提供分米、厘米和后处理毫米级的高精度位置服务。到2015年7月3日已完成由31个框架网基准站和14个区域加密网基准站组成的基本系统，预计全国将完成150个框架网基准站的建设目标。

（4）卫星服务业。

在全球卫星产业链中，卫星服务业的占比最大。卫星服务业包括消费服务、卫星固定服务、卫星移动服务、遥感服务和航天飞行管理服务。其中，消费服务包括卫星电视业务、卫星音频广播业务和卫星宽带业务；卫星固定服务，包括转发器协议和管理网络服务；卫星移动服务包括移动数据业务和移动话音业务。其中，消费类的卫星直播业务/直播到户业务收入又占卫星服务业总体收入80%以上。

目前，全球从事地球静止轨道通信广播卫星运营的公司有40家左右。其中，国际通信卫星公司（Intelsat）、欧洲卫星公司（SES）、欧洲通信卫星公司（Eutelsat）三家公司连续多年蝉联卫星固定通信业务运营商收入排行榜前三名。除了上述三大商业卫星运营商之外，俄罗斯卫星通信公司、中国卫星通信集团有限公司、日本天空完美日星公司、印度空间研究组织也是重要的区域性卫星运营商。

在卫星导航方面，美国的GPS（全球定位系统）占据中国95%的份额。如今，俄罗斯、中国、欧盟相继开发出自己的导航系统。从2000年发射"北斗一号"试验卫星开始，中国已陆续发射多颗北斗卫星。中国的北斗系统2003年建成第一代，2004年中国启动"北斗二号"系统的建设，2007年发射第一颗试验卫星进行试验，2009年后又陆续发射卫星，2011年开始正式为中国及周边地区提供服务，2012年完成对亚太大部分地区的覆盖，开始正式提供卫星导航服务。根据后续组网建设计划，北斗全球系统预计将于2018年率先覆盖"一带一路"国家，提供基础服务；2020年前后全面建成，具备覆盖全球的服务能力。

至2016年，北斗系统全年用户量及服务量均增加明显，全年入网注册用户量逾7万人，有源定位服务2.5亿次，短信服务30.8亿次，双向授时服务833万次。目前北斗卫星导航市场尚未出现规模级企业，国有和民营企业之间的技术水平不相上下，未来北斗应用行业竞争将更加激烈。在此背景下，产业链上不少上市公司积极通过投资、参股等方式推进战略部署，延伸业务领域。

### （三）海洋工程装备产业的演变

海洋工程装备是指用于海洋资源勘探、开采、加工、储运、管理及后勤服务等方面的大型工程装备和装备服务。❶海洋工程装备产业链分为装备研发设计、装备建造与总装和装备服务三大环节（见图2-3）。在价值构成方面，装备研发设计约占5%，装备建造与总装约占40%，而装备服务占比高达55%。

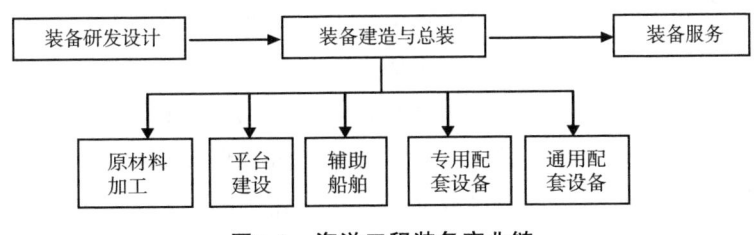

**图2-3　海洋工程装备产业链**

海洋工程装备产业链各环节如下：

（1）研发设计。这是产业链的战略主导，掌握着核心设计标准，决定产业链发展方向。在深水领域国外企业占垄断地位，我国部分企业刚开始介入；主要根据用户需求定制设计，部分为标准化设计，需要创新能力，容易产生新工艺、新技术和新产品理念；附加值高、科技含量高、投入高，中下游企业很难介入。

（2）原材料加工。主要为资源加工型企业，为装备各部件的生产组装提供原材料；国内厂家实力普遍较强，但技术与生产设备差异较小，竞争压力大，市场集中度低；产业附加值不高。

（3）配套设备生产。占据中低端市场，技术度相对较低，产能大，竞争激烈，产品差异化程度小，附加值相对较低。

（4）海洋工程装备服务主要包括海洋工程装备的总装、调试、储运、维修和改造等服务。部分服务依据行业标准，同装备的生产过程配套；需明确装备制造的全部工艺流程，对管理经验要求高。

研发设计公司和高端装备加工制造企业占据产业链的主导地位。各产

❶　依据工业和信息化部正式印发的《海洋工程装备科研项目指南（第一批）》，海洋移动钻井平台（船舶）、浮式生产系统、海洋工程作业船和辅助船等三类装备及其关键配套设备和系统等可以称为高端海洋工程装备。这三类装备是本书重点介绍和关注的内容。

业环节的价值增值分配从高到低依次为研发设计、高端装备生产加工、工程装备服务、基础部件生产加工和原材料生产加工。

从海洋工程装备的产品类型来看，目前海洋工程装备主要有三大类：海上钻井类装备、海上生产类装备和辅助船舶。海洋钻井平台主要包括两类：移动式平台和固定式平台。固定式钻井平台大都适用于浅水，但因平台无法移动，故钻井成本较高。目前市场主流是移动钻井类设备，即能够在海上移动钻井位置并多次使用的钻井装备，主要包括坐底式与浮动式。前者包括坐底式平台和自升式平台，后者包括半潜式平台和钻井船。目前用于浅水作业的自升式钻井平台仍占据大多数。随着海上石油勘采向深海推进的加速，预计未来几年半潜式钻井平台和钻井船等深水钻井设备的占比将逐渐提高。2012年5月9日，"海洋石油981"在南海海域正式开钻，标志着中国海洋石油工业的深水战略迈出实质性的步伐。此前我国从事深海石油开采的钻井平台，大多是从美国、挪威等国的公司租用，日租金高达50万～65万美元。

海上生产类装备目前主要是浮式生产设备，占生产设备总量的大部分份额，主要包括浮式生产储油轮（FPSO）、张力腿平台（TLP）、立柱式平台（SPAR）和半潜式生产平台（Semi-FPS）等4种。总体来看，FPSO是目前采油设备的主流及未来主要的发展趋势，且亚洲在FPSO建造改装上具有不可替代的主导地位。

海洋工程辅助船（OSV）是为海洋资源开发装备提供配套服务的工程船舶的总称。其中，三用工作船（AHTS）和平台供应船（PSV）是主要船型。目前中国海洋工程辅助船发展已领先全球，但在深海装备制造方面显得比较薄弱。韩国造船三大巨头（现代重工、三星重工和大宇造船）在深海装备方面处于绝对领先地位。

在世界海洋工程装备产业中，美国以墨西哥湾为龙头，欧洲以北海为龙头，辅以雄厚的资金实力和制造基础等优势，长期以来一直是全球海洋工程装备产业的中心。近年来，虽然欧美企业逐渐退出海洋工程建造和维护业务的中低端产品领域，但仍然在设计、安装和高端产品的建造及维护业务领域占据主导地位。主要公司包括美国McDermott公司、法国Technip公司、意大利Saipem公司和Subsea公司等。

韩国在海洋工程产业的高端建造领域占有重要地位，特别是在钻井船、FPSO等高端海洋工程装备的总装建造领域占据主导地位，在安装业务领域也有很大发展；新加坡企业在FPSO改造、半潜式平台建造和升级、自升式钻井平台建造和维修等领域处于全球市场领导者地位，在工程施工装备建造和升级方面也有很强的市场竞争力。中、巴、俄等企业目前处于价值链的中低端，主要活跃在海洋工程产业链的制造环节。

目前，国内已经诞生一批优秀的海洋工程企业，在一些高技术含量的装备生产技术上取得突破，并已在东部沿海的山东、江苏、上海、浙江等省市形成多个海洋工程产业集群，拥有较完备的海洋工程装备配套产业。

**（四）轨道交通装备产业的演变**

轨道交通属于关乎国民生计的基础设施工程，具有体量大、投资长、行业标准高等特点，整体产业链的进入壁垒比较高，竞争格局以垄断和寡头为主。

随着我国铁路和城市轨道交通的快速发展，轨道交通装备产业规模不断扩大。我国轨道交通装备制造业经过60多年的发展，已经形成自主研发、配套完整、设备先进、规模经营的集研发、设计、制造、试验和服务于一体的轨道交通装备制造体系，包括电力机车、内燃机车、动车组、铁道客车、铁道货车、城轨车辆、机车车辆关键部件、信号设备、牵引供电设备、轨道工程机械设备等10个专业制造系统，特别是近十年来在"高速""重载""便捷""环保"技术路线推进下，高速动车组和大功率机车取得举世瞩目的成就。

在轨道交通装备制造产业链中（见图2-4），装备研发设计环节位于产业链的上游。经过高铁和城市轨道交通十多年的高速发展，中国轨道交通装备产业中的专业研发设计企业也获得迅猛发展。如中国中车下属的青岛四方车辆研究所有限公司、株洲电力机车研究所有限公司等。这些研发设计企业根据理念设计新车型，同整车企业一起进行同步开发甚至超前开发关键零部件。因此，整车企业就能够在全球范围内实现专业化设计、零部件的竞争性采购，低成本组装。

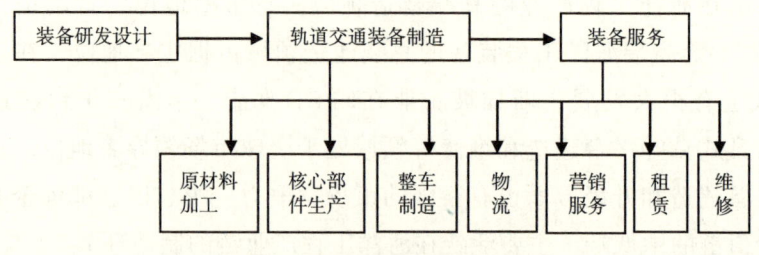

图2-4　轨道交通装备产业链

　　轨道交通装备制造属于产业链的核心环节。近几十年来，由于发达国家的轨道交通市场已趋于饱和，行业合并重组和集中化趋势明显，各跨国公司向全方位系统集成公司发展。我国轨道交通装备制造业从2007年开始进行资源整合，成立中国南车、中国北车两大公司，两大公司占据中国铁路机车制造业95%的市场份额，同时也承担了绝大部分的核心零部件的生产、研发工作。2015年，中国南车、中国北车又整合为中国中车股份有限公司（简称"中国中车"，CRRC）。中国中车由此成为全球规模最大、品种最全、技术领先的轨道交通装备供应商。在德国SCI Verkehr公司发布的2015年度世界轨道交通装备的排名中，中国中车位居全球轨道交通装备行业世界冠军。位居第二名到第十名的企业分别是加拿大庞巴迪、法国阿尔斯通、德国西门子、美国GE公司、美国三一工业公司、德国克诺尔公司、美国西屋制动公司、日本日立铁路系统、美国格林布莱尔公司（Greenbrier）。

　　轨道交通装备制造的服务环节包括物流、维修以及租赁等服务。随着区域化、专业化的企业间分工模式的深化，维修、租赁、物流等细分行业也逐步从整车厂商剥离出来，实现规模化、专业化。我国机车车辆的维修体系主要包括大修、中修、小修和辅修四个层级。一般来讲，辅修、小修和中修由铁路运输系统的机务段和车辆段完成，而大修一般由铁路车辆厂完成。另外，机车车辆的各种耗材是按照损耗程度进行更换的，主要包括

车轮、车轴和刹车片等。这些都属于整车产品的售后环节，位于产业链的下游，但又和零部件、整车企业有着密不可分的联系。❶

从产业结构来看，我国轨道交通装备制造产业已经形成由中国中车为主导的寡头垄断的市场结构，其下属企业主要从事车辆的制造。此外，企业间专业化分工、协作的产业组织模式不断深化。从专业化分工来看，车辆和零部件相关的研发部门、整车车辆和核心零部件的生产主要是在中国中车内部进行的分工，增压器、调速器、缓冲器、紧固扣件、通信信号系统等其他车辆配件、零部件的市场结构则表现出较强竞争力，已初步具备完整的产品系列生产和研发能力。

**（五）节能与新能源汽车产业的演变**

节能汽车是指以内燃机为主要动力系统，综合工况燃料消耗量优于下一阶段目标值的汽车。新能源汽车是指采用新型动力系统，完全或主要依靠新型能源驱动的汽车，本书所指新能源汽车主要包括纯电动汽车、插电式混合动力汽车及燃料电池汽车。发展节能与新能源汽车是降低汽车燃料消耗量，缓解燃油供求矛盾，减少尾气排放，改善大气环境，促进汽车产业技术进步和优化升级的重要举措。《中国制造2025》推崇绿色增长，节能与新能源汽车代表未来绿色生产的方向。《中国制造2025》明确提出，国家将继续支持电动汽车、燃料电池汽车发展，掌握汽车低碳化、信息化、智能化核心技术，提升动力电池、驱动电机、高效内燃机、先进变速器、轻量化材料、智能控制等核心技术的工程化和产业化能力，形成从关键零部件到整车的完整工业体系和创新体系，推动自主品牌节能与新能源汽车同国际先进水平接轨。

节能与新能源汽车产业链如图2-5所示。与传统汽车行业不同。"三电"（电池、电机和电控）取代"三大件"（发动机、变速箱和底盘）成为节能与新能源汽车行业的关键零部件。电池在节能与新能源汽车上扮演了更为重要的角色，成本占到整车的40%左右。

---

❶ 李博达，林莉.中国轨道交通装备制造业的产业结构及优化策略研究[J].当代经济，2014（3）：38-41.

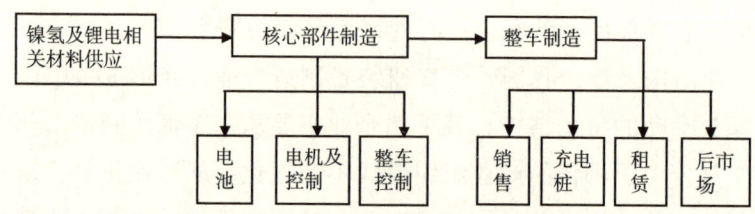

**图2-5　节能与新能源汽车产业链**

　　我国节能与新能源汽车产业的发展起步较晚，2009年才开始正式启动新能源汽车"十城千辆"的推广示范工作。国家出台了一系列扶持产业发展的政策（见表2-1），以鼓励节能与新能源汽车产业的发展。在不到10年的时间里，我国节能与新能源汽车产业取得飞速发展。目前产业发展已经取得较为明显的突破。

**表2-1　节能与新能源汽车产业的扶持政策**

| 时间 | 政策 | 政策内容 |
| --- | --- | --- |
| 2009年2月 | 财政部、科技部《关于开展节能与新能源汽车示范推广工作试点工作的通知》 | 在13座城市开展节能与新能源汽车示范推广试点工作；鼓励试点城市率先在公交、出租、公务、环卫和邮政等公共服务领域推广使用节能与新能源汽车 |
| 2009年3月 | 国家发改委《汽车产业调整和振兴规划》 | 2011年我国要形成50万辆新能源汽车产能，其销量占乘用车销售总量的5%左右 |
| 2009年6月 | 工信部《新能源汽车生产企业及产品准入管理规则》 | 对新能源汽车的三个技术阶段的产品进行细化 |
| 2010年6月 | 私人购买新能源汽车补贴试点 | 确定在上海、长春、深圳、杭州、合肥等5个城市启动私人购买新能源汽车补贴试点工作。中央财政对试点城市私人购买、登记注册和使用的插电式混合动力乘用车和纯电动乘用车给予一次性补贴 |
| 2016年1月21日 | 《关于"十三五"新能源汽车充电基础设施奖励政策及加强新能源汽车推广应用的通知》 | 为加快推动新能源汽车充电基础设施建设，培育良好的新能源汽车应用环境，2016~2020年中央财政将继续安排资金对充电基础设施建设、运营给予奖补 |
| 2016年9月12日 | 国家发展改革委等四部门联合对外发布《关于加快居民区电动汽车充电基础设施建设的通知》 | 进一步落实地方政府主体责任，充分调动各有关方面积极性，切实解决当前居民区电动汽车充电基础设施建设难题 |

（续表）

| 时间 | 政　策 | 政策内容 |
|---|---|---|
| 2016年10月6日 | 《节能与新能源汽车技术路线图》 | 受国家制造强国建设战略咨询委员会、工业和信息化部委托，中国汽车工程学会组织逾500位行业专家研究编制的《节能与新能源汽车技术路线图》正式对外发布 |
| 2016年12月30日 | 四部委发布《关于调整新能源汽车推广应用财政补贴政策的通知》 | 调整完善推广应用补贴政策，落实推广应用主体责任，建立惩罚机制 |

（1）产业规模已经做到全球领先，市场认可度明显提高。我国从2009年开始新能源汽车的推广工作，到2012年共推广1.7万辆，到2015年，推广量跃升到37.9万辆。2016年，我国共生产新能源汽车51.7万辆，连续两年产销量居世界第一，累计推广量已经超过100万辆，占全球市场保有量的50%以上。新能源汽车的动力性、经济性、安全性以及舒适性，相比几年前都有大幅度的提升，基本上能够满足人们日常出行的需要，社会认可度也得到明显提高。

（2）产业技术水平得到显著提升。从全球范围来看，新能源汽车产业还处于政策驱动向市场驱动的转化期，国内外新能源产业起步期没有形成太大差距。在短短的几年内，受益于国家大力扶持与庞大的消费市场，我国新能源汽车的技术水平得到显著提升。以动力电池为例，目前，动力电池单体的能量密度，已经可以达到220瓦时每公斤，价格每瓦时1.5元人民币，相比2012年，能量密度提高1.7倍，价格下降60%。

（3）产业体系基本建立，形成一批具有国际竞争力的新能源汽车龙头企业。新能源汽车的快速发展带动了上下游产业的投资。目前，我国已经建立结构较为完整、自主可控的新能源汽车产业体系，成为全球最大的动力电池生产国。从区域布局看，已建成珠三角、长三角、京津冀和中原四大动力电池产业的聚集区。新能源汽车产业的发展也培育了一批具有国际竞争力的龙头企业。2016年，比亚迪、吉利、北汽等企业进入全球新能源汽车乘用车销量前十位，国产新能源客车技术水平世界领先，已经销往全球30多个国家和地区，并实现产品、技术、标准和服务协同"走出去"。在动力电池和电机方面，福建的宁德时代、上海的精进电动，都成为全球知名的乘用车零部件供应商。

当然，我们应该清醒地认识到，我国节能与新能源汽车产业仍然处于发展的初级阶段，仍然存在一些亟待解决的问题，比如，虽然我国的产销市场规模实现了快速增长，但是动力电池的核心技术还需要大幅度提升，充电基础设施建设仍需要加快推进。另外，在新能源客车、货车领域，企业已经出现结构性的过剩苗头，动力电池高端产能不足、低端产能过剩的问题进一步加剧。

### （六）电力装备产业的演变

电力装备行业作为《中国制造2025》十大重点发展领域之一，其行业水平在全球处于领先地位。工信部提出包括火电装备、核电装备、可再生能源装备、输变电成套装备，以及关键零部件、材料及配套体系在内的五个电力装备发展重点方向。下面重点分析核电装备产业演变。

#### 1. 核电装备产业链与产业特点

核电设备生产制造是核能发电产业的中游环节，[1] 也是核电投资最主要的环节，核电设备投资占全部投资的50%左右。核电设备可分为核岛设备、常规岛设备和辅助设备三大部分，三部分设备的价值比例大致为52%、28%和20%，三部分设备的投资额占核电站总投资的比例大致为23%、15%和12%。

在核电设备中，常规岛部分主要包括汽轮机、发电机、汽水分离再热器、管道、冷凝器等。辅助设备系统主要包括阀门及HVAC通风系统等。核岛是核电站安全壳内的核反应堆及与反应堆有关的各个系统的统称。核岛部分主要包括压力容器、蒸汽发生器、稳压器、冷却剂泵、堆内构件及控制棒、硼注箱和安注箱、主管道和电力电源等。其中，主管道是核岛的核心设备。主管道是连接核岛反应堆压力容器、蒸汽发生器和主泵等关键部件的大型厚壁承压管道，俗称"核岛主动脉"。核电主管道具备耐高

---

[1] 核能发电产业链包括上游核燃料——铀的供应，中游核电设备生产制造以及下游的核能发电运营商。

温、耐高压、抗腐蚀和防辐射的特性，且使用寿命与整座核电站使用寿命相同，通常在 40~60 年（二代半主管道使用寿命通常为 40 年，三代主管道使用寿命通常为 60 年），其质量好坏直接影响核电站运营时间的长短，因此是整个核岛设备中非常重要的核心设备。在全球核电装备产业中，核岛主管道的进入门槛较高，只有少数企业能够生产。

核电装备制造业是为核电站的建设和运行提供装备的企业的集合。与一般竞争性行业相比，核电装备制造业具有自己的鲜明特点：（1）核电装备制造技术含量高。如以反应堆为中心的核蒸汽供应系统技术复杂，不能出现任何错误，否则核电的核安全将无法保障。（2）核电装备的制造工艺复杂且质量要求非常高。安全性和可靠性是核电站建设与运营的第一要求，这不仅对核电装备的设计与制造过程提出更高的要求，而且核电装备基本上都是超大、超重的产品，因此，核电装备的设计结构都比较复杂，核电装备的制造工艺复杂且质量要求也非常高。（3）核电装备制造业是明显的寡头垄断市场结构。由于核电装备及其制造的特点，使得核电装备制造业具有明显的寡头垄断市场结构。①核电装备制造业的投入大、周期长，使得行业的进入和退出壁垒高，行业的集中度高。②由于核电装备制造业科技含量比较高且属于军民两用技术，技术消化和创新难度较大，并且存在需求刚性，其适宜形成寡头垄断格局，并围绕龙头企业组建产业集群。

2. 中国核电装备产业的发展

（1）中国核电装备制造企业具有一定的国际竞争优势。目前国际上核电设备制造商均集中于核电发展水平较高的发达国家，如美国、日本、德国、法国、加拿大。目前已经基本形成通用+日立、东芝+西屋、三菱重工+阿海珐以及俄罗斯、加拿大这五大国际核电设备研发制造中心。当前国内核电主设备供应商包括上海电气、东方电气、中国一重、二重重装、台海核电等以及相关核电辅助设备提供商。其中核岛内的蒸汽发生器、反应堆压力容器、堆内构件等设备主要由上海电气、东方电气、哈电集团提供；核岛主管道主要由台海核电、二重重装等提供；常规岛汽轮机、发电机等设备由上海电气、东方电气、哈电集团提供。

（2）核电装备制造产业正进入发展快车道。受日本福岛事件影响，我国从2011年开始全面开展对在运及在建核电站的安全评估并暂停审批新建核电项目。核电装备制造产业的发展也一度受到冲击。在经过一年多的暂停后，国家在2012年重新恢复项目审批，我国核电站建设逐渐恢复行业常态。2014年以来，国家领导人更是多次表态我国需要在基于安全前提下加快核电项目建设。在行业政策的不断鼓励和推进下，我国核电装备制造行业正进入新的高速发展期。

（3）"核电装备走出去"成为国家战略，我国核电装备产业获得新的发展空间。2013年，我国核电装备产业走向国际市场取得了一系列可喜的成绩（见表2-2）。2013年10月，国家能源局公布《服务核电企业科学发展协调工作机制实施方案》，首次提出核电"走出去"战略，将核电"走出去"作为我国与潜在核电输入国双边政治、经济交往的重要议题。2015年1月28日，国务院常务会议对加快中国装备"走出去"、推进产能国际合作进行研究部署，推动核电"走出去"，大力开拓核电等重大装备的国际市场。我国核电融入世界市场步伐加快，我国核电装备产业也将获得新的发展空间。

表2-2　中国核电装备产业的国际化进展

| 时间 | 国际化进展 |
| --- | --- |
| 2013年10月17日 | 中核集团与法国电力公司签署战略协议，合作投资建设英国核电项目 |
| 2013年11月25日 | 中核集团与罗马尼亚国家核电公司签署关于建设罗马尼亚纳沃德核电站3、4号机组的合作意向书 |
| 2014年7月18日 | 中阿双方签署"关于合作在阿根廷建设重水堆核电站的协议" |
| 2015年6月 | 中核集团与阿海珐集团在巴黎签署《中核集团与阿海珐集团关于后处理/再循环工厂项目合同商务谈判工作路线图的谅解备忘录》 |
| 2015年10月21日 | 中核集团与法国电力集团在伦敦正式签英国新建核电项目的投资协议 |
| 2015年11月15日 | 中核集团与阿根廷核电公司正式签署阿根廷重水堆核电站商务合同及压水堆核电站框架合同 |
| 2016年9月15日 | 英国政府宣布中法企业共同投资的欣克利角C核项目，中核集团将按计划向前推进欣克利角、赛兹韦尔和布拉德韦尔的相关核电项目 |

（4）"十三五"及更长时期，我国核电设备制造市场空间巨大。按照"十三五"规划的我国在运在建核电总装机容量88GW来计算，我国核电总投资规模将高达万亿元，国内核电设备制造商将分享超过3 000亿元的市场，其中核岛设备（二代半及三代）市场将超过1 560亿元，常规岛设备市场将超过840亿元，辅助设备市场将超过600亿元。从长期来看，我国核电占总发电量比例与世界差距巨大，未来提升空间巨大。2016年我国核能总发电量排名世界第三，位居美国、法国之后。从在建核电机组数量和装机容量看，中国均排名首位。然而，从核电占总发电量比例来看，我国与其他核电国家相比却存在巨大差距。目前，法国、斯洛伐克、乌克兰、比利时和匈牙利的核电量在总发电量中占比位居世界前五，并均超过 50%。虽然过去几年我国核电占总发电比例持续增长，2016年达到3.6%，但这一比例依然远低于其他绝大部分核电国家，在全球排名第25位。可以预见，随着未来我国将大幅度增加非化石能源消费比重，降低火电的占比，核电占比提升空间巨大。

## 二、中国高端装备制造产业的发展现状

2006年11月24日，工信部部长苗圩在全国工业和信息化创新大会上介绍，"十三五"期间，我国将以组织实施科技专项为抓手，持续推进高端装备制造业的发展。下面以2016年12月30日为时间节点，逐一分析中国各个高端装备制造产业的发展现状。

### （一）智能制造产业的发展现状

随着信息技术与先进制造技术的高速发展，我国智能制造装备的发展深度和广度日益提升，以新型传感器、智能控制系统、工业机器人、自动化成套生产线为代表的智能制造装备产业体系初步形成，一批具有知识产权的重大智能制造装备实现突破。2016年，我国高速/高效/高精、多坐标/复合/智能型、大规格/大吨位/大尺寸数控机床等一大批新产品相继进入重点应用领域，其中高精度数控齿轮磨床、高精度/高效/复合数控磨床、多

轴控制/精密重型机床、数控冲压生产线等产品跻身世界先进行列。

作为一个正在培育和成长的新兴产业，我国智能制造装备产业在快速发展的同时，也存在不少问题，典型问题如下。

（1）技术创新能力薄弱，新型传感、先进控制等核心技术受制于人。智能制造技术体系不完善，除个别领域外，大多数关键节点上原始创新匮乏，例如在控制系统、系统软件等关键技术环节薄弱，先进技术重点前沿领域发展滞后，在先进材料、堆积制造等方面差距还在不断扩大。

（2）产业基础薄弱，对外依存度高。智能制造技术是以信息技术、自动化技术与先进制造技术全面结合为基础的，我国目前在这些技术的集成平台上，与世界一流水平差距依然较大，很多高端装备的核心控制技术（包括软件和硬件）严重依赖进口。例如，目前关键智能制造技术及核心基础部件主要依赖进口，在高端传感器、数字控制系统、减速器、伺服系统等核心技术上受制于人。目前在国内市场上，纯国产的高档和特种传感器、智能仪器仪表、自动控制系统、高档数控系统、机器人等产品的市场份额不到5%。再比如目前所需要的工业软件90%以上依赖进口，我国出口的数控机床，其核心部件的数控系统也依赖进口。主要原因是缺乏制造先进的传感器、伺服系统、精密测量系统等基础部件的能力，无法完全掌握精密测量技术、智能控制技术、智能化嵌入式软件等先进技术。

（3）产业规模小，产业组织结构小、散、弱，企业增值服务能力需要提升。我国成规模的智能制造装备企业大多集中在单纯制造业，缺乏在工程承包、维修改造、备品备件供应、设备租赁、再制造等方面的增值服务能力。

1. 高档数控机床领域的发展格局

2016年，中国机床消费市场呈现趋稳迹象，消费总额约为275亿美元，同比持平。其中，金属切削机床消费额约164亿美元，同比下降4.1%；金属成形机床消费额约111亿美元，同比增长6.7%。2016年，中国机床产业产出总额约为229亿美元，同比增长3.6%。其中，金属切削机床产出约122亿美元，同比持平；金属成形机床产出约107亿美元，同比增长

8.1%。机床产量约为81万台，同比下降1.1%。其中，金属切削机床产量约为61万台，同比下降1.9%；金属成形机床产量约为20万台，同比增长1.5%。

从机床结构看，金属切削机床产量快速增长，呈现出明显增长态势。2016年，中国数控金属切削机床产量为78万台，同比增长2.2%。数控金属成形机床在2016年产量则呈现U型增长态势，产量为31.8万台，同比增长4.3%。

总体来看，2016年，中国高档数控机床产业的发展表现出行业分化加剧、企业通过并购重组、"互联网+"等战略谋求转型升级等特征。

（1）行业分化加剧，部分企业经营困难，但部分企业在重点领域成果初显。2016年，行业企业发展分化更趋明显。部分企业出现经营困难、破产重组等现象。如长沙机床有限责任公司于2016年5月19日公布了全员中止劳动合同方案。8月底，德马吉集团旗下德克尔马豪吉特迈（上海）机床有限公司决定，自2016年8月29日开始，停止生产。也有不少企业转型升级成果显著，在一定程度上实现了进口替代。比如，大连科德在航天领域获得20多台五轴加工中心组线订单。普什宁江的自动线产品也在航天领域有所斩获。2016年6月，济南二机床集团有限公司再次赢得福特汽车美国伍德黑文（Woodhaven）工厂的大型高速冲压线订单。

（2）通过数控机床专项的着力布局和有效实施，机床行业标准和技术规范逐步完善。2016年年底，我国自主提出的用于检测五轴联动机床精度的S形试件标准已通过国际标委会审定，实现了我国在高档数控机床检测领域标准"零"的突破。

（3）"互联网+"成为机床行业的热词。不少企业经营重心逐渐从线下销售转战线上销售。沈阳机床、大连机床等数控机床企业建立微信公众号，并利用微信公众号开展营销与售后服务。

2. 机器人领域的发展格局

2016年全球工业机器人销售量增长14%，达29万台。2016年中国市场工业机器人消费总量达8.9万台，比2015年增长26.6%。其中，国产机器人共销售2.9万台，同比增长30.9%。

2016年，中国机器人产业表现出如下典型特征。

（1）中国机器人企业在高端市场开始崭露头角。中国机器人产业联盟的数据显示，2016年国产多关节机器人占据该细分市场的21.5%。几年前，这个数字只有5%。

（2）工业机器人市场高速增长。2016年中国市场工业机器人消费总量达8.9万台，比2015年增长26.6%。搬运型关节型机器人占比较高。整个市场需求旺盛的工业机器人类型为搬运机器人、装配机器人、焊接机器人，最后是直角坐标型机器人和scara机器人。目前，我国约占全球市场份额的1/3，已经发展成为全球第一大工业机器人应用市场。

（3）服务机器人领域，家用服务市场需求潜力巨大。行业市场背景为人口老龄化趋势加快，以及医疗、教育需求的持续旺盛。其中，家用服务机器人、医疗服务机器人和公共服务机器人三种类型需求旺盛，而停车机器人、超市机器人发展最有前景。

2016年，中国机器人产业在保持快速发展劲头的同时，一些发展制约因素也愈发明显。

（1）产业低端化，同质竞争现象日益严重。近年来，我国机器人产业经历了高速发展。但是，大部分机器人企业以组装和代加工为主，产品主要集中在三轴、四轴的中低端机器人。企业规模也普遍较小，800多家企业中，逾90%年产值在1亿元人民币以下。国内领军企业同国际机器人领先企业的营业收入相比差距较大，难以支撑产业未来规模化的发展目标。

（2）核心技术受制于人的现象没有根本改变。我国机器人产业仍没有解决控制器、减速机、电机受制于国外的情况。全球机器人用的RV减速器，有70%来自日本的帝人公司。全球前20位的机器人企业中，日本公司有16家，韩国2家，瑞典和德国各1家，各公司专利申请活跃期基本保持在20年以上；而我国，工业机器人领域前20位的申请人主要是高校和科研机构，企业只有国家电网和沈阳新松。

### （二）航空航天装备制造产业的发展现状

#### 1. 航空装备制造产业的发展现状

《中国制造2025》战略规划中对发展航空装备有明确规定：加快大型飞机研制，适时启动宽体客机研制，鼓励国际合作研制重型直升机；推进干支线飞机、直升机、无人机和通用飞机产业化。突破高推重比、先进涡桨（轴）发动机及大涵道比涡扇发动机技术，建立发动机自主发展工业体系。开发先进机载设备及系统，形成自主完整的航空产业链。

2015年我国航空装备产业的工业总产值达到3 850亿元，而2016年则达到4 350亿元（见图2-6）。2016年8月，中国航空发动机集团有限公司在北京正式成立。

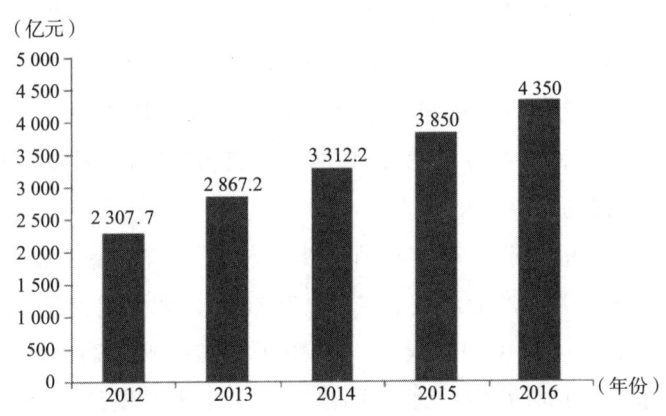

图2-6　2012～2016年中国航空装备产业规模

2016年，对于中国航空工业来说注定是不平凡的一年。中国自主研制的三大类大型飞机——运20大型运输机、C919大型客机、AG600大型水陆两栖飞机集中亮相，中国的大飞机家族已经具备相对完整的"家族谱系"；国产新支线喷气客机ARJ21-700商业首航，使得我国民用飞机产业化发展之路进入新的征程；AC352首飞成功，填补了中国民用直升机谱系7吨级的空白。

2016年，航空发动机、燃气轮机等列入中国"十三五"规划重大专项。

总结中国航空装备制造产业在2016年的发展，可以看到，国家将决定中国航空装备制造产业的关键技术列为"十三五"规划重大专项，这对于中国航空装备制造产业的核心能力培育、持续竞争优势的形成有着战略意义。

2.卫星及应用产业的发展现状

截至2016年12月31日，全球共有在轨卫星1 459颗，分属59个国家，美国拥有594颗，排名第一。我国在轨卫星数量为173 颗，仅次于美国。❶研究发现，截至2016年年底，中国卫星及应用产业在发展中呈现出一些典型的特点。

（1）卫星制造业的产业集中度很高，美国仍然是世界卫星及应用产业的龙头。2016年，全球共发射卫星126颗，其中有46颗立方体卫星，占总数的37%。在全球发射的非立方体卫星中，美国公司卫星发射量仅占27%（不包括立方体卫星），但卫星制造收入却占总量的64%。说明美国卫星制造业在全球占据绝对竞争优势。欧洲发射卫星占总数的29%，中国名列第三占5%。俄罗斯和日本各占1%，其他国家仅占0.2%。因此，卫星制造业的产业集中度很高。

（2）全球卫星制造业产值有所减少。根据美国卫星工业协会（SIA）发布的《2016年卫星产业状况报告》，2016年全球卫星制造业收入139亿美元，❷比2015年减少21亿美元，其中美国占64%，高于上年的59%。2016年全球共有17个GEO（地球同步轨道）商业卫星订单，美国拿到10个，占总订单数的59%。欧洲拿到29%的订单，中国拿到12%。

（3）中国卫星发射业再创佳绩。2016年，世界各国共进行了85次运载火箭发射，比2015年的87次少了2次；其中83次成功，2次失败，2次部分成功。在世界航天85次发射中，中国发射22次，占26%，再创历史新高，位居全球第一。这表明我国卫星产业仍处于加速发展的轨道。2016年，各国共发射218颗卫星等航天器：美国91颗，中国37颗，日本16颗，俄罗斯

---

❶　美国卫星工业协会（SIA）.2017年卫星产业状况报告[R].
❷　主要原因是2016年小型卫星发射数量有所减少。2016年全球共发生卫星126颗，比2015年的202颗明显减少。

15颗（见图2-7）。中国超越俄罗斯，第一次成为世界航天发射卫星的年度
亚军。

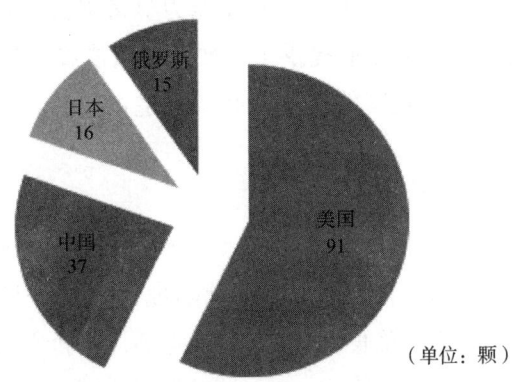

（单位：颗）

**图2-7　世界各国2016年卫星发射情况**

（4）第四，中国卫星发射格局得到优化。2016年6月，文昌航天发射
场首次执行航天发射任务，标志着中国自主设计建造、绿色生态环保、技
术创新跨越的新一代航天发射场正式投入使用。开展酒泉、太原、西昌三
个发射场适应性改造，基本形成沿海内陆相结合、高低纬度相结合、各种
射向范围相结合的航天发射场布局，能够满足载人飞船、空间站核心舱、
深空探测器以及各类卫星的发射需求。目前，我国发射场正式形成"四足
鼎立"、滨海与内陆协同、高低纬度互补的框架结构，配合长征系列运载
火箭的优势，我国发射业务将满足更多客户需要。

（5）北斗导航产业继续快速发展。2016年，中国发射2颗北斗导航卫
星。截至2016年年底，我国已发射22颗北斗导航卫星。

（6）未来机会明确，但挑战同样不可忽视。《"十三五"国家战略性新兴
产业发展规划》明确指出，要做大做强卫星及应用产业，提出到2020年，形
成较为完善的卫星及应用产业链。相比"十二五"，"十三五"期间对卫星应
用产业扶持力度更大、要求更高。随着日本、印度等国的崛起，以及美欧等
私营航天企业的介入，如SpaceX公司研制的法尔肯系列运载火箭，中国运载
火箭原本在国际发射市场具备的高性价比优势已经逐渐在弱化。

**（三）轨道交通装备产业的发展现状**

经过多年发展，我国轨道交通装备产业已形成较为完整的研发、制造和服务体系，产业规模不断扩大、研发能力显著提升、技术创新体系初步形成，为我国轨道交通运输业提供了重要的装备支撑与保障。

截至2016年年底，我国轨道交通装备制造产业的发展呈现出如下较为明显的特征。

1. 产业规模不断扩大

中国城市轨道交通协会发布的《城市轨道交通2016年度统计和分析报告》显示，截至2016年年底，中国大陆地区共30个城市开通城轨交通运营，运营线路133条，总长度达4 152.8公里，城轨交通全年完成客运量总计160.9亿人次，同比增长16.6%，21个城市拥有2条及以上城轨交通线路。伴随着我国铁路和城市轨道交通的快速发展，轨道交通装备产业规模不断扩大。2016年，我国轨道交通装备行业市场规模销售收入为142.5亿元，同比增长14.4%（见图2-8）。

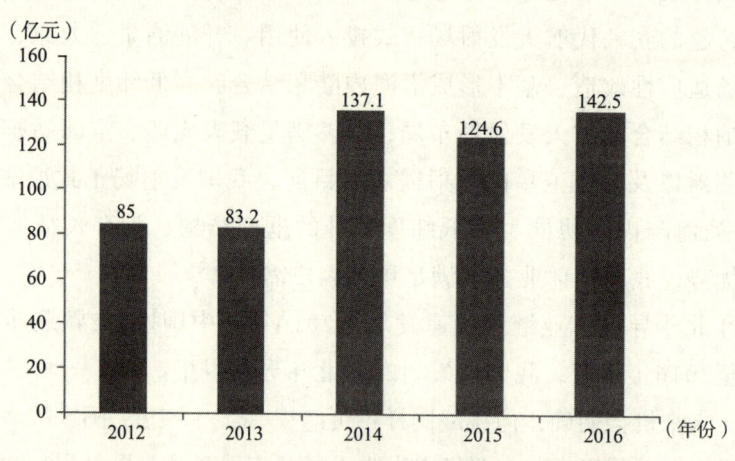

图2-8　2012～2016年中国轨道交通装备产业规模

目前，我国已建成一批具有国际先进水平的制造基地，生产能力已居世界领先地位，形成以主机企业为核心、以配套企业为骨干，辐射全国的轨道交通装备制造产业链。

2. 研发能力显著提升

轨道交通装备产业通过引进消化吸收再创新，整体研发能力和产品水平大幅提升，初步掌握高速动车组、大功率交流传动机车、重载和快捷货运列车、城轨车辆、大型养路机械、列车运行控制、行车调度指挥、计算机联锁、综合监控等产品制造技术。大功率交流传动机车、高速动车组、城轨A型车等产品已批量投放市场并稳定运行。动车组、城轨车辆、内燃机车、大型养路机械等轨道交通装备产品已出口到俄罗斯、澳大利亚、巴西、印度、阿根廷、土耳其、伊朗、马来西亚等国家。

2016年，中国标准动车组成功完成世界首次420km/h交会试验，并进行载客试验，160km/h城际动车组完成运行考核获得制造许可。

3. 技术创新体系初步形成

我国轨道交通装备产业已初步建立国家轨道交通装备技术创新框架，包括以现代轨道交通国家实验室为代表的国家级研发机构、国家创新型企业以及国家认定企业技术中心等多种创新主体，形成以国家工程技术研究中心、国家工程研究中心、国家实验室、国家重点实验室、国家工程实验室、国家认定企业技术中心为骨干，覆盖基础技术、共性技术、产品实现技术的研发创新体系。

4. 中国高铁装备市场进入后市场时代，但城市轨道装备市场仍方兴未艾

2015年开始高铁竣工下降，动车2016年仅招标1次，❶ 招标规模为70列，逐步进入后市场时代。

按照2016年5月发改委联合交通运输部出台的《交通基础设施重大工程建设三年行动计划》，未来三年我国总新增城市轨道交通规划里程2 385公里，共计103个项目，投资金额16 579亿元。2016年，国家发改委批复了南京、厦门、乌鲁木齐、包头、洛阳、绍兴、青岛、芜湖、西安9个城市的轨道交通建设规划项目，项目总投资为4 147.04亿元。截至2016年年底，国家发改委已批复全国50个城市的轨道交通建设规划，规划总里程约

---

❶ 2013～2015年，铁总动车组采购量分别为473列、387列、424列，每年均为两次招标。

9 000公里，已批复规划线路总投资超过2.5万亿元。

单个城市的地铁运营长度较长，但人均拥有量远低于发达国家。截至2016年11月5日，World Metro Data统计报告显示，全世界共有664条城市地铁路线，运营里程为13 217公里，共有11 279车站。其中，上海和北京位列世界第一、第二。然而，我国的人均地铁拥有量与发达国家和地区差距甚大，尤其是在北上广深之外的新兴的一线城市和二线省会城市，城市轨道装备市场在未来较长时期仍有较大的市场增长。

我国轨道交通装备产业在主要产品领域取得突破，基本满足我国铁路和城市轨道交通建设的需要，部分产品已达到世界先进水平。而在研发能力、标准体系建设、产业配套和国际化能力等方面还不够完善，制约着我国轨道交通装备产业的进一步发展，主要表现在以下方面。

（1）产业研发能力不强。目前，中国已经掌握高速列车技术、列车控制技术、运营维护技术等大部分轨道交通核心技术，国产化率达到85%以上。与国际竞争对手相比，中国高铁总体技术水平已经处于第一梯队。但是，中国轨道交通装备企业在关键系统和核心零部件研发基础薄弱，缺乏深入系统地理论研究，难以满足主机发展的需要，还未完全摆脱对国外核心技术和关键零部件的依赖，产品的安全性、可靠性和使用寿命等方面与发达国家相比仍存在一定差距。设计、仿真、分析、计算和试验验证等产业技术开发条件不足，技术创新体系建设和人才队伍培养亟待加强。

（2）产品技术标准体系有待完善。轨道交通装备在设计、制造和认证等方面缺乏规范、统一和完善的适合我国轨道交通运输特色的装备标准体系，标准的适用性、配套性和时效性有待进一步提高。

（3）产业配套能力薄弱。轨道交通装备的基础零部件、基础制造工艺、基础材料的发展水平相对较低，配套产品性能质量和可靠性与国外差距明显，基础工业体系对轨道交通装备产业的支撑不足，产业基础配套能力不能适应轨道交通装备的发展。

（4）国际化能力有待提高。轨道交通装备产品目前主要以国内市场为主，企业参与国际竞争的意识和能力与国际竞争对手相比还存在较大差距，国际营销网络构建仍处于起步阶段。在全球范围内配置人才、技术、研发、制造等能力不足，制约着我国轨道交通装备产业的发展。

**（四）海洋工程装备产业的发展现状**

2016年，我国海洋工程装备行业资产总额为1 269.31亿元；实现销售收入765.78亿元，同比增长7.65%；实现利润总额26.92亿元，同比增长155.64%。行业有规模以上企业56家。

截至2016年年底，我国海洋工程装备产业的发展呈现出如下较为明显的特征。

（1）受国际市场低迷影响，中国海洋工程装备产业表现疲软。

2016年，全球共成交各类海洋工程装备81艘/座、成交额52.3亿美元，同比分别下滑56%和53%，延续了2015年的行业低迷格局，成交额不足2012年的1/10。从成交结构看，移动钻井平台、移动生产平台和海洋工程船成交额分别为10.0亿美元、6.1亿美元和36.2亿美元，其中由海上油气设施退役以及海上风电场建设需求带来的特种海工作业船订单成为市场核心力量。

中国船舶工业经济与市场研究中心提供的数据显示，2016年，在全球海洋工程装备52.3亿美元接单额中，中国占47%，承接海洋工程装备24.8亿美元。排名第二和第三的是韩国和新加坡，分别为4.4亿美元和1.4亿美元。俄罗斯、挪威、荷兰等国凭借良好的客户关系或技术优势，也承接了一定规模的订单。

（2）技术水平和创新能力得到一定提升，关键系统和设备的制造能力有所增强。

2016年，在世界海工行业整体形势低迷的大背景下，我国海洋工程装备产业仍然取得长足的进展，在不少领域实现重大突破，技术水平和创新能力得到一定提升，关键系统和设备的制造能力有所增强。例如，自主研制的"海斗"号无人潜水器完成最大下潜深度10 767米，成为继日本、美国之后第三个拥有研制万米级无人潜水器能力的国家；21 000TEU超大型集装箱船承接批量订单；世界首制极地模块运输船、世界最大吨位的10

万吨级半潜运输船建成交付；中船集团与意大利芬坎蒂尼合资成立邮轮公司，我国豪华邮轮设计建造迈出实质性的步伐。

当然，我国海洋工程装备产业在发展中仍然存在一些迫切需要解决的问题。

（1）海洋工程配套设备技术水平较低，配套能力弱。配套设备是海洋工程装备价值链中的关键环节，占比高达55%。然而，由于海洋工程配套设备技术要求高、研制难度大，我国海洋工程装备的配套设备生产能力较弱、严重依赖进口。据统计，配套装备自给率不足30%，绝大部分国产装备、相关材料均无法配套海洋工程装备。尤其在核心配套领域，我国的自配套率低于5%。

（2）海洋工程装备企业产业链优势不明显，总承包能力较弱。海洋工程装备建造通常采用项目管理制，总承包商需要具备较高的项目管理能力，负责海洋工程装备的整体性能、可靠性等各方面，因此总承包能力对提高项目附加值至关重要。目前我国除个别项目外，绝大多数是分包项目，主要从事装备主体结构建造，多数企业仍不具备总承包能力。

**（五）节能与新能源汽车产业的发展现状**

经过多年的产业扶持与培育，我国的节能与新能源汽车产业得到迅猛发展，截至2016年年底，我国节能与新能源汽车的累计推广量已经超过100万辆，占全球市场保有量的50%以上。2016年，我国新建公共充电桩达到10万个，是2015年的10倍。北京、上海、深圳等地建成规模化的充电服务网络，充电基础设施建设得到稳步推进。

同时，我国新能源车技术水平也得到显著提升。目前，动力电池单体能量密度相比2012年提高1.7倍，价格下降60%，纯电动汽车的动力性、经济性、安全性以及舒适性，相比几年前都有大幅度提升，基本能够满足人们日常出行需要，社会认可度也有明显提高。

2016年，比亚迪、吉利、北汽等企业进入全球新能源汽车乘用车销量前10位，国产新能源客车技术水平达到世界领先，并已销往全球30多个国家和地区，实现产品、技术、标准和服务协同"走出去"。

受到"骗补"风波、补贴新政迟迟未出台等因素影响，2016年新能源汽车增长速度相对放缓。中国汽车工业协会数据显示，2016年，我国生产新能源汽车51.7万辆，比上年同期增长51.7%（见图2-9）。连续两年产销量居世界第一。其中生产新能源乘用车34.5万辆，比上年同期增长60.5%，生产新能源商用车17.2万辆，比上年同期增长36.8%。生产纯电动汽车41.7万辆，比上年同期增长63.9%；插电式混合动力汽车生产9.9万辆，比上年同期增长15.7%。

图2-9　2010～2016年我国新能源汽车产量及增速

据中国汽车工业协会数据，2016年我国新能源车销量为50.7万辆，比上年同期增长53%。纯电动汽车销量为40.9万辆，比上年同期增长65.1%；插电式混合动力汽车销量为9.8万辆，比上年同期增长17.1%。新能源乘用车销售34.4万辆，增长62.1%。其中，纯电动乘用车销售25.7万辆，比上年同期增长75.1%；插电式混合动力乘用车销售7.9万辆，比上年同期增长30.9%。新能源商用车销售17.2万辆，增长37.7%。其中，纯电动商用车销售15.2万辆，比上年同期增50.7%；插电式混合动力商用销售1.9万辆，比上年同期下降19.3%（见图2-10）。

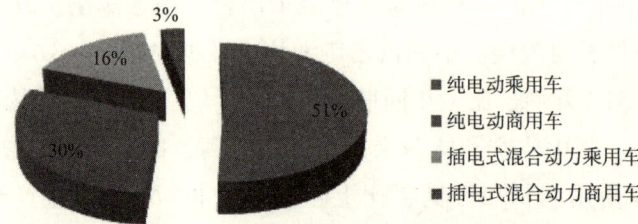

**图2-10  2016年我国新能源汽车销量构成**

2016年，我国节能与新能源汽车产业的发展呈现出如下较为明显的特征。

（1）政策支持向优势产品倾斜。为迫使新能源汽车企业加快降低成本，突出对优势企业和产品的支持，中央财政对新能源汽车补贴实行退坡制度。2016～2020年新能源汽车补贴政策继续实施退坡制度，2017～2018年补助标准在2016年基础上下降20%，2019～2020年补贴标准在2016年基础上下降40%。未来，中央财政将进一步发挥财政补贴推动行业技术进步的导向作用，提高购置补贴的技术门槛，支持有持续研发投入、水平不断提升的优势企业做大做强，淘汰落后产能和低质产品，倒逼企业不断提升产品品质。

（2）关键核心技术受制于人，自主创新能力偏弱。目前，我国主要汽车集团在乘用车平台技术、发动机系统、新能源电池等领域仍未完全掌握关键技术，尚未形成完整工业体系及能力。

（3）缺乏基础研究共性技术平台与创新体系支撑。目前，我国初步建立官产学研相结合的创新体系，但是由于产业组织结构、企业规模及治理模式等多种因素制约，对基础共性技术的研究仍偏弱，另外，目前尚无跨行业、跨领域、跨技术的协调管理机制。

（4）传统汽车产业整体技术水平和研发能力薄弱，供应链体系不完整，制约了节能与新能源汽车产业的快速发展。由于我国传统汽车及其相关产业的创新能力、研发投入强度相对薄弱，相关产业链尚不完善，部分关键零部件原材料和关键元器件依赖国外，制约了节能与新能源汽车产业的快速发展。

（5）商业运营模式、人文等软环境发展滞后，自主品牌培育仍需时日。目前，汽车产业主导的商业模式仍未确定，汽车文化环境建设滞后，同时国产汽车技术水平、产品质量、性能等方面仍与国际先进水平存在差距，缺乏核心竞争力。

**（六）电力装备产业的发展现状**

下面主要对我国的核电装备产业发展情况进行分析，2016年是我国核电装备产业稳步前行并取得可喜成绩的一年。

（1）我国核电装备产业稳步前行。2016年，核电累计发电量为2 105.19亿千瓦·时，约占全国累计发电量的3.56%，比2015年同期上升25.07%。与燃煤发电相比，相当于减少燃烧标准煤6 568.19万吨，减少排放二氧化碳17 208.66万吨、二氧化硫55.83万吨、氮氧化物48.60万吨。累计上网电量为1 965.68亿千瓦·时，比2015年同期上升24.65%。根据中国核能行业协会的数据，2016年，我国共投运7台核电机组。截至2016年12月31日，我国已投入商业运行的核电机组共35台，运行装机容量33 632.16MWe（额定装机容量），占全国电力装机约2.04%。

（2）核电装备"走出去"成为国家名片。核电技术成功进入发达国家。2016年9月29日，中广核集团和法国电力集团（EDF）在伦敦正式签署英国新建核电项目一揽子合作协议，标志着中国新一代核电技术真正出海。

（3）海上核电装备发展进入新时代。2016年11月，中广核海上小型堆ACPR50S建设正式启动，我国海上核电站建设进入新时代。按照计划，2015年年底列入《国家能源科技创新"十三五"规划》的海洋核动力平台ACPR50S将在"十三五"末建成首个实验平台，并实现下水和首次临界。ACPR50S作为在海洋应用的核能综合能源供给系统，由于能源输出高效、稳定、可靠，以及能源补给需求很低、安全性高等特点，将成为解决海洋能源问题的重要选择，也可作为海洋核动力的重要技术储备。

中国核电装备制造产业取得较大进展的同时，也应该看到其发展中存在的一些关键问题。

（1）中国核电装备制造的产业链仍有待健全。一个核电站的建设和运营需要几百个系统的协作，仅零配件数就达数万台/套，但我国目前的配套生产厂家比较分散，配套产业发展不足，协作配套能力较弱，尚未形成专业化分工、社会化配套的制造体系。核电的研发与装备各板块之间及核电装备制造业的配套服务链条尚未完全打通，科研成果难以有效转化，这些都制约了我国核电装备制造业的发展与创新。此外，产业链内组织体系较为松散。核电装备制造产业链各环节之间的联系还不是很紧密，产业链内组织体系较为松散，亟须龙头企业的带动整合，以形成一个强有力的产业链。

（2）研发环节等节点相对薄弱，自主创新能力较弱。我国核电装备制造的研发和设计能力较弱，关键设备的国产化率仍较低，自主创新能力不够，一些关键设备和材料仍然需要从国外进口。在核电装备制造方面，虽然这些年有了很大提高，但核电装备制造还没有形成完整的产业链条，自主创新能力还不强。

第二篇

中国高端装备制造的竞争力
评价与分析

高端装备制造产业是以高新技术为引领，处于价值链高端和产业链核心环节，决定着整个产业链综合竞争力的战略性新型产业，是现代产业体系的脊梁，是推动工业转型升级的引擎。大力培育发展高端装备制造业，是实现"中国制造2025"战略目标的重要途径，是实现从"中国制造"向"中国智造"转变的关键突破口。虽然我国装备制造产业的经济总量已经跃居世界首位，但高端装备制造产业贡献甚微。目前，我国部分高端装备制造产业进入门槛不高，不少企业盲目投入，低水平重复建设，造成部分新兴产业产能过剩，能够真正实现高端制造盈利的并不多。与发达国家相比，我国高端装备制造产业存在较大差距。在高端装备制造领域，大部分的集成电路芯片制造装备、汽车制造关键设备和先进集约化农业装备等仍依赖进口，拥有自主品牌的产品很少，企业竞争力整体不强。

根据《国务院关于加快培育和发展战略性新兴产业的决定》（国发〔2010〕32号）的要求，为推动"十二五"国家战略性新兴产业发展规划顺利实施，满足统计上测算战略性新兴产业发展规模、结构和速度的需要，国家统计局颁布了《战略性新兴产业分类（2012）（试行）》，该分类首次正式明确高端装备制造产业的统计范围包括航空装备产业、卫星及应用产业、轨道交通装备产业、海洋工程装备产业、智能制造装备产业五大产业。目前，我国正处于"十三五"开局之年，根据我国实施制造强国战略第一个十年的行动纲领《中国制造2025》的要求，包括高档数控机床和机器人、航空航天装备、海洋工程装备及高技术船舶、先进轨道交通装备、节能与新能源汽车、电力装备、农机装备这七个门类在内的十个优势和战略产业将成为今后大力发展的重点领域。本书认为这七个行业是在原来五大产业的基础上进行的继承和拓展，均符合高端装备制造业的特点，是富含多领域高精尖技术、设备复杂先进、产品功能巨大，并处于价值链高位和产业链核心部位的机械装备制造高端产业，新的分类更符合我国目前实际情况和未来发展方向，因此本书选择的样本企业由属于这七个门类的A股上市公司组成。本篇分为两部分：第三章介绍中国高端装备制造企业竞争力评价的理论与方法，以及竞争力评价的过程、结果；第四章对中国高端装备制造企业竞争力评价的结果从多个维度进行深入分析，提出相应的对策建议。

# 第三章　中国高端装备制造业上市公司
# 竞争力评价

　　客观科学地评价高端装备制造企业的竞争力，微观层面上有助于企业挖掘自身潜力、提高管理水平，中观层面上有助于行业的转型升级、在国际竞争中提升话语权，宏观层面上有助于资源优化配置、增强我国的综合国力。目前，国内外关于我国高端装备制造企业竞争力评价的研究尚属空白，评价高端装备制造企业的竞争力是亟待解决的问题。本书基于资源基础观和能力基础观构建企业竞争力评价的FPHIO-VRIO分析框架，设计相应的评价指标体系，为综合、客观、全面地评价高端装备制造企业竞争力夯实理论基础；本书采用基于熵权法的综合指数模型评价高端装备制造企业的竞争力，为企业竞争力评价的实践做出有益探索。

## 一、中国高端装备制造业上市公司竞争力评价的理论基础

### （一）企业竞争力的界定与来源

　　竞争是社会经济活动中的普遍现象。"竞争系个人（或集团或国家）间的角逐；凡两方或多方力图取得并非各方均能获得的某些东西时，就会有竞争"。❶ 竞争力正是各种竞争主体争夺某种东西或资源时的综合素质。竞争力的不同层次，通常分为国家竞争力、产业竞争力、企业竞争力和产

---

　　❶　乔治·斯蒂格勒.新帕尔格雷夫经济学大辞典 [C].北京：经济科学出版社，1992：532.

品竞争力。企业竞争是竞争的重要内容。由于市场中资源和需求的稀缺性，使得依靠资源、以市场需求为生的企业，为了各自的利益在市场中对竞争目标展开角逐。尽管可以从不同的角度来认识企业竞争力，而国内外的研究者对其进行的理论描述也有所差别，但总体来看，对企业竞争力基本含义的理解是大致相同的：企业竞争力是指在竞争性市场中，一个企业所具有的能够比其他企业更有效地向市场（消费者，包括生产性消费者）提供产品或服务，并获得盈利和自身发展的综合素质。

从早期战略管理思想到古典战略理论，从以迈克尔·波特为代表的产业结构学派再到资源学派、能力学派、知识学派等，战略管理学者们一直在苦苦思考和探索这样一些基本问题：企业竞争力的来源是什么；为什么有些企业在市场中能够脱颖而出，而有些企业却逐渐光芒暗淡。综述文献，可以发现，学者们从企业内部和企业外部两种视角进行研究，主要形成产业结构、资源、能力和知识四个流派，❶ 如图3-1所示。

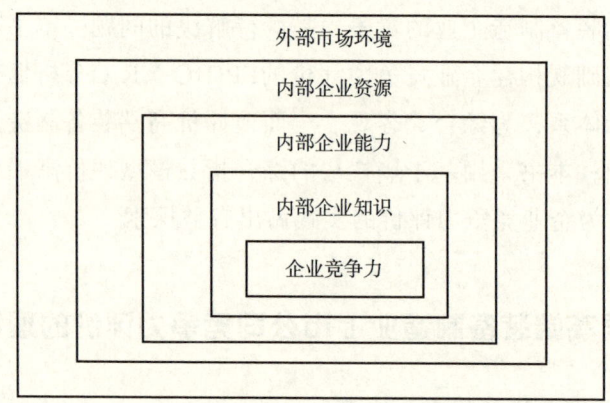

图3-1　企业竞争力的四种来源

产业结构流派的主要代表人物为迈克尔·波特（Porter）。波特（1985）❷ 把产业组织理论中的结构（S）—行为（C）—绩效（P）范式引入

❶ 余光胜. 企业竞争优势根源的理论演进[J]. 外国经济与管理，2002, 24（10）: 2-7.

❷ Porter M E. Competitive Advantage: Creating and Sustaining Superior Performance[M]. New York: Free Press，1985.

企业层面，通过创立价值链、五种竞争力量模型、三种基本战略以及竞争景框等工具和概念分析企业竞争优势的来源及其获取和维持等问题。波特（1985）认为竞争优势主要来自所处的产业结构环境，决定企业能够获利的关键因素为产业的吸引力，产业吸引力由现有竞争者、潜在进入者、供应商、购买者和替代品五种力量决定，由此形成企业竞争力的产业结构基础观（Industry Structure Based View，ISBV）。波特关于竞争优势的这些思想被称为竞争优势外生论。但是波特过于注重产业结构对企业竞争优势的决定作用，而忽视了企业内部的竞争优势来源。随着企业所处的内外环境的急剧变化，这一理论变得越来越缺乏解释力。

资源流派的主要代表人物为沃纳菲尔特（Wernerfelt）和巴尼（Barney）。沃纳菲尔特（1984）[1]把波特竞争战略模型中侧重的"向外看"的思维方式转变为"向内看"，认为特定的资源能够给企业带来收益：一方面，资源决定了企业的谈判能力和替代威胁；另一方面，企业能够使用异质资源构筑资源壁垒从而形成竞争优势。资源流派认为，企业是由一系列资源束形成的集合，其竞争优势主要来源于企业所拥有的各类资源，特别是异质性资源，外在的行业结构和市场机会虽然影响企业的竞争优势，但并非关键因素，由此形成企业竞争力的资源基础观（Resource Based View，RBV）。不同学者对资源的分类并不相同，沃纳菲尔特把资源分为两类，分别是有形资源和无形资源；巴尼（1991）[2]将企业资源划分成三类：物质资源、人力资源和组织资源；米勒（Miller）和山希（Shamsie）（1996）[3]将企业资源划分为两类，包括以知识为基础的知识资源（Kowledge Based Resources）和以所有权为基础的所有权资源（Property Based Resources）。

---

[1]　Wernerfelt B. A Resource-Based View of the Firm[J]. Strategic Management Journal, 1984, 5（2）：171–180.

[2]　Barney J B. Firm Resource and Sustained Competitive Advantage[J]. Journal of Management, 1991, 17（1）：99–120.

[3]　Miller D, Shamsie J. The Resource-Based View of the Firm in Two Environments: The Hollywood Film Studios from 1936 to 1965[J]. Academy of Management Journal, 1996, 39（3）：519–543.

能力流派的代表学者主要是普拉哈（Prahalad）和哈默尔（Hamel），普拉哈和哈默尔（1990）❶ 认为，企业能力将最终决定企业的竞争优势和绩效，指出企业的核心能力是"组织对企业拥有的资源、技能、知识的整合能力，即组织的学习能力，一套强有力的核心能力的存在是企业成长的源泉"，由此形成企业竞争力的能力基础观（Capability Based View，CBV）。

知识流派的代表学者主要是巴顿（Barton）。巴顿（1993）❷ 认为知识是企业核心竞争力的基石，隐藏在能力背后，决定能力的是企业的知识以及与知识密切相关的认知学习。企业的知识存量和认知结构决定了企业开发、配置和维持资源的能力，进而在市场上形成企业的竞争优势，因此，知识才是企业竞争优势的根源，由此形成企业竞争力的知识基础观（Knowledge Based View，KBV）。

以产业结构基础观（ICBV）为代表的企业竞争力优势外生论将企业竞争优势归结于企业所处的市场结构与市场环境等，认为企业竞争优势主要由企业外部的力量决定，其逻辑基础是企业的"同质性"假定，既存在逻辑上的漏洞，又无法解释同行业企业之间的竞争优势差异。❸ 资源基础观（RBV）存在一个隐含的假定，即资源的效用能够脱离人的活动而客观存在，但实际上客观存在的资源能够发挥多大的效用完全取决于使用它的人，资源异质性的背后是人的异质性。能力基础观（CBV）对资源基础理论进行了批判性的继承和发展，在探寻企竞争力的来源中，剥离了企业资源，企业竞争力的来源由具体的客观的资源变成资源开发、配置与维持的能力，认识向前推进了一步，却并没有对企业具备的核心能力以及部分企业在获得核心能力后，反倒因为出现"核心刚性"（Core Rigidities）而

❶ Prahalad C, Hamel G. The core competence of the corporation, [J]. Harvard Business Review, 1990, 68（3）: 275-292.

❷ Leonard-Barton D. Core capabilities and core rigidities: A paradox in managing new product development [J]. Strategic Management Journal, 1993, 26（1）: 154.

❸ 尹碧波，张国安. 以资源为基础的企业竞争优势理论的演进与发展趋势[J]. 华东经济管理，2010, 24（6）: 89-92.

最终失去核心能力等问题进行解释。❶ 知识基础观（KBV）认为企业各种资源发挥效果的差别都是由企业的知识决定的，能力差异的背后本质上是知识的差异，能力是知识的外在表现，缺乏知识的支撑能力将成为无本之木，但是由于知识资本的度量方法还处于探索和试验阶段，❷ 不同企业（特别是不同行业企业）或同一企业的不同部门拥有的知识资本不同，计量知识资本的指标与单位就存在差异，使得知识基础观的应用受到诸多限制。

纽伯特（Newbert，2008）❸ 创造性地将资源基础观和能力基础观统一起来，并融合了知识基础观，将企业竞争力的来源划分为五种：财务资源和能力（Financial Resources and Capabilities）、物质资源和能力（Physical Resources and Capabilities）、人力资源和能力（Human Resources and Capabilities）、知识资源和能力（Intellectual Resources and Capabilities）、组织资源和能力（Organizational Resources and Capabilities），并通过实证研究验证了具备价值性和稀缺性特征的资源与能力能够帮助企业获得竞争优势，本研究参照纽伯特的做法，也将企业竞争力的评价指标分为这五类。

### （二）中国高端装备制造业上市公司竞争力的分析框架

巴尼（1991）对企业资源、竞争优势和持续竞争优势进行了分析与讨论，基于资源异质性与不完全流动性两个假说，提出衡量企业资源是否能维持持续竞争优势的VRIS模型，即价值性（Valuability）、稀缺性（Rarety）、不易模仿性（Imperfect Imitability）和不易替代性（Imperfect Substitutability）。❹ 巴尼（2001）❺ 又将VRIS模型中的不易替代性并入不

---

❶　"核心刚性"由Barton（1993）提出，指因为能力的长期积累所导致的无法适应动态变化的一类惰性。

❷　梅小安，罗丽. 知识资本评价方法比较研究[J]. 现代管理科学，2004（12）：45-46.

❸　Newbert S L. Value, Rareness, Competitive Advantage, and Performance: A Conceptual-Level Empirical Investigation of the Resource-Based View of the Firm[J]. Strategic Management Journal, 2008, 29（7）: 745-768.

❹　Barney JB.Firm Resource and sustained competitive Advantage[J].Joarnal of managent，1991，17（1）: 99-120.

❺　Barney J, Wright M, Jr D J K. The resource-based view of the firm: Ten years after 1991[J]. Journal of Management, 2001, 27（6）: 625-641.

易模仿性，且增加组织性（Organization），构造了新的VRIO模型，认为企业要保持持续竞争优势，除了资源要具备价值、稀缺、不易模仿等特征外，还需企业能对资源加以有效的组织利用。

柯兹伦柯瓦（Kozlenkova）等（2014）[1] 回顾了资源基础观的定义、基本假设和以往学者对其的批判，并指出可以使用VRIO模型来分析各种资源能否成为可持续竞争优势的来源。考虑到纽伯特（Newbert，2008）的研究只考虑了价值性、稀缺性，并未考虑不可模仿性和组织性，本研究仿照柯兹伦柯瓦的做法，结合VRIO模型对纽伯特的研究进行拓展，提出中国高端装备制造业上市公司竞争力的FPHIO-VRIO分析框架，如表3-1所示。

表3-1　中国高端装备制造业上市公司竞争力的FPHIO-VRIO分析框架

| | 价值性（V） | 稀缺性（R） | 不易模仿性（I） | 组织性（O） |
|---|---|---|---|---|
| 财务资源和能力（F） | √ | √ | √ | √ |
| 物质资源和能力（P） | √ | √ | √ | √ |
| 人力资源和能力（H） | √ | √ | √ | √ |
| 知识资源和能力（I） | √ | √ | √ | √ |
| 组织资源和能力（O） | √ | √ | √ | √ |

FPHIO各参数的含义为：（1）财务资源和能力（Financial Resources and Capabilities），是指企业能用于实施其战略的所有资金资源和能力，包括与企业家提供的资本、股东所出的资本、银行提供的借贷资本、企业经营的利润等资源及运用这些资源的能力。（2）物质资源和能力（Physical Resources and Capabilities），指企业能用于生产经营的资产和能力，包括物质技术、[2] 企业的厂房设备、地理位置和原材料渠道等

---

[1]　Kozlenkova I V, Samaha S A, Palmatier R W. Resource-based theory in marketing[J]. Journal of the Academy of Marketing Science, 2014, 42（1）: 1-21.

[2]　程新章（2003）指出，物质资源的特例是企业的计算机硬件和软件、用于制造业的机器人和用于存货处理的自动仓库等物质技术。详见：程新章. 以资源为基础的企业理论的应用——企业竞争优势评估[J]. 财贸研究，2003, 14（3）: 75-80.

资源及使用这些资源的能力。（3）人力资源和能力（Human Resources and Capabilities），是企业员工的培训、经验、决策力、智力、关系和见识等的统称，不限于企业中高层管理人员，企业对技术人员和生产人员的培训也将塑造有竞争力的人力资源与能力。（4）知识资源和能力（Intellectual Resources and Capabilities），是能够为企业带来利润的有价值的知识投入和能力，是企业市场价值高于账面价值的部分，是以知识形态存在和运动、在企业的生产经营及其管理活动中积累起来的具有价值增值性的预付价值。❶（5）组织资源和能力（Organizational Resources and Capabilities），包含企业的管理系统、正式和非正式的计划、控制和调整机制、企业文化、商誉，以及企业与外部环境的协调能力。

VRIO模型各参数的含义为：（1）价值性（Valuability）。具备价值性的资源和能力可以让企业把握外部机会或降低潜在风险，如果资源和能力可以帮助企业对环境中出现的机会或存在的威胁做出有效反应，就是有价值的。（2）稀缺性（Rarety）。拥有稀缺性资源和能力的企业数量少于达到市场完全竞争状态时的企业数量，该资源能够形成竞争优势。（3）不易模仿性（Imperfect Imitability）。与已经获得某种资源和能力的企业相比，不拥有这些资源和能力的企业要么根本无法模仿，要么处于模仿成本劣势地位。（4）组织性（Organization）。企业要充分发挥资源和能力的作用，就必须对资源和能力进行合理的组织，只有当企业可以有效组织配置所掌握的资源和能力时，才能够维持可持续的竞争优势。

## 二、中国高端装备制造业上市公司竞争力评价指标体系的构建

### （一）企业竞争力评价指标体系的构建原则

结合FPHIO-VRIO分析框架设计企业竞争力评价指标体系，需要对照

---

❶ 陈晓红，李喜华，曹裕. 智力资本对企业绩效的影响:基于面板数据模型的分析[J]. 系统工程理论与实践，2010，30（7）：1176-1184.

和遵循一些原则，一些学者就此进行了探讨。王建华等（2002）❶ 指出，构建企业竞争力评价指标体系需遵循五项原则：目的性原则、科学性原则、全面性原则、定性与定量结合的原则、通用性和发展性相结合的原则。李卫东（2007）❷ 认为，企业竞争力影响因素的广泛性、层次性、系统性特征以及企业竞争力评价的目的性、实用性特征，共同决定了企业竞争力评价指标体系构建需遵循五条原则：科学性原则、系统性原则、可行性原则、体系的完备性和实用性相结合原则、指标体系的可比性和相对稳定性原则。张进财等（2013）❸ 认为，企业竞争力评价指标体系的设计，需建立在各类企业宏观的调查基础之上，先从实践中概括总结出适合一类别企业发展的评价要素，再把各个要素客观概括与抽离出来，用数据形式定量分析，设计该评价指标体系时需要遵循如下原则：科学性原则、效用性原则、可操作性原则、普遍性原则、全面性原则。王健等（2014）❹ 在构建企业竞争力评价指标体系时，坚持了四项原则：导向性原则、定性与定量指标相结合原则、合理性与完整性相结合原则、科学性原则。

综上所述，为了系统地、全面地、客观地、科学地评价企业的竞争力，本书遵循以下原则：（1）全面性原则。企业竞争力难以用少量指标进行全面说明，必须在充分考虑各类资源和能力的情况下，筛选相应指标去衡量各个方面的竞争力，从而实现对整体竞争力的评估。（2）重要性原则。不同的指标反映不同的内容和特征，选取指标时应考虑对竞争力影响的贡献程度，做到主次得当，取舍得当，集中选取直接反映企业竞争力的指标。（3）代表性原则。指标间并不是毫无关联的，而是有机联系的，指标间存在一定的替代性，考虑到指标间存在的这种关系，应选取代表性强的能有效反映企业竞争力的指标，以降低误差和提高效率。（4）可比性原则。竞争力指标应具备普遍适用性，其所涉及的经济内容、空间范围、时间范围、计算口径、计算方法应是可比的。（5）可行性原则。指标

---

❶ 王建华，王方华. 企业竞争力评价的指标体系研究[J]. 软科学，2002，16（3）：63-66.

❷ 李卫东. 企业竞争力评价理论与方法研究[D].北京：北京交通大学，2007.

❸ 张进财，左小德. 企业竞争力评价指标体系的构建[J]. 管理世界，2013（10）：172-173.

❹ 王健，张晓媛. 企业竞争力指标体系研究[J]. 山东社会科学，2014（11）.

的选取要充分考虑被评价对象的特点，所有指标的计算、赋值应充分利用评价对象公开的数据资料，对被评价对象竞争力状况做出尽可能客观的评价，设计的指标应尽量简化，从而使指标体系在实践中易于操作，切实可行。

### （二）企业竞争力评价指标体系的构建

根据本书前面提出的FPHIO-VRIO分析框架，企业竞争力由具备价值性、稀缺性、不易模仿性、组织性四类特征的财务资源和能力、物质资源和能力、人力资源和能力、知识资源和能力、组织资源和能力所决定，中国高端装备制造业上市公司企业竞争力评价指标体系划分如表3-2所示，共计分为5个一级指标，10个二级指标，40个三级指标。

**表3-2　中国高端装备制造业上市公司竞争力评价指标体系**

| 目标层 | 一级指标 | 二级指标 | 三级指标 | 指标说明 | 备注 |
|---|---|---|---|---|---|
| 中国高端装备制造业上市公司竞争力 | 财务资源和能力（F） | 财务资源（FR） | 价值性财务资源（FRV） | 营业总收入 | 正指标 |
| | | | 稀缺性财务资源（FRR） | 经营活动产生的现金流量净额 | 正指标 |
| | | | 不易模仿性财务资源（FRI） | 预付账款 | 正指标 |
| | | | 组织性财务资源（FRO） | 净利润 | 正指标 |
| | | 财务能力（FC） | 价值性财务能力（FCV） | 资产负债率 | 适度指标 |
| | | | 稀缺性财务能力（FCR） | 现金流/总资产 | 正指标 |
| | | | 不易模仿性财务能力（FCI） | 财务费用率① | 适度指标 |
| | | | 组织性财务能力（FCO） | 销售净利率② | 正指标 |

① 财务费用率=财务费用/营业收入。

② 销售净利率=净利润/营业收入。

（续表）

| 目标层 | 一级指标 | 二级指标 | 三级指标 | 指标说明 | 备注 |
|---|---|---|---|---|---|
| 中国高端装备制造业上市公司竞争力 | 物质资源和能力（P） | 物质资源（PR） | 价值性物质资源（PRV） | 总资产 | 正指标 |
| | | | 稀缺性物质资源（PRR） | 经济增加值③ | 正指标 |
| | | | 不易模仿性物质资源（PRI） | 办公电子设备+软件账面价值④ | 正指标 |
| | | | 组织性物质资源（PRO） | 固定资产 | 正指标 |
| | | 物质能力（PC） | 价值性物质能力（PCV） | 物质资源增值率⑤ | 正指标 |
| | | | 稀缺性物质能力（PCR） | 主要供应商采购额合计占比⑥ | 正指标 |
| | | | 不易模仿性物质能力（PCI） | 存货周转率⑦ | 正指标 |
| | | | 组织性物质能力（PCO） | 规模效率⑧ | 正指标 |
| | 人力资源和能力（H） | 人力资源（HR） | 价值性人力资源（HRV） | 员工人数 | 正指标 |
| | | | 稀缺性人力资源（HRR） | 员工培训费用⑨ | 正指标 |
| | | | 不易模仿性人力资源（HRI） | 职工福利费 | 正指标 |
| | | | 组织性人力资源（HRO） | 应付职工薪酬 | 正指标 |
| | | 人力能力（HC） | 价值性人力能力（HCV） | 人力资源增值率⑩ | 正指标 |
| | | | 稀缺性人力能力（HCR） | 技术人员占比 | 正指标 |

③ 经济增加值（EVA）是指从税后净营业利润中扣除包括股权和债务的全部投入资本成本后的所得，其核心是资本投入是有成本的，企业的盈利只有高于其资本成本时才会为股东创造价值，是一种全面评价企业经营者有效使用资本和为股东创造价值的能力。

④ "办公电子设备+软件账面价值"用于衡量企业的计算机硬件和软件这类物质技术资源。

⑤ 物质资源增值率=价值增值/净资产账面价值，价值增值=净利润+所得税+工资、福利。

⑥ 主要供应商采购额合计占比指年报中排名前五位的供应商采购额合计占比。

⑦ 由于高端装备制造企业的存货占据流动资产较大部分，实体性贬值、功能性贬值和经济性贬值的三重压力导致高端装备制造企业存货并不像其他行业那样容易变现，所以，在保证及时出货的前提下提高存货周转率，降低存货占用资金和报废的风险，对于高端装备制造企业至关重要，因此本研究选取存货周转率这一指标作为营运能力的衡量。

⑧ 规模效率是企业受规模因素影响的生产效率，由DEA方法计算得到，数值介于0~1，规模效率=综合技术效率/纯技术效率。

⑨ 员工培训费用以工会经费和职工教育经费衡量。

⑩ 人力资源增值率=价值增值/应付职工薪酬，其中价值增值同物质资源增值率。

（续表）

| 目标层 | 一级指标 | 二级指标 | 三级指标 | 指标说明 | 备注 |
|---|---|---|---|---|---|
| 中国高端装备制造业上市公司竞争力 | 人力资源和能力（H） | 人力能力（HC） | 不易模仿性人力能力（HCI） | 本科及以上学历员工占比 | 正指标 |
| | | | 组织性人力能力（HCO） | 利润分享度[11] | 正指标 |
| | 知识资源和能力（I） | 知识资源（IR） | 价值性知识资源（IRV） | 研发费用 | 正指标 |
| | | | 稀缺性知识资源（IRR） | 商标权+专利技术 | 正指标 |
| | | | 不易模仿性知识资源（IRI） | 非专利技术+特许经营权 | 正指标 |
| | | | 组织性知识资源（IRO） | 海外业务收入 | 正指标 |
| | | 知识能力（IC） | 价值性知识能力（ICV） | 知识资源增值率[12] | 正指标 |
| | | | 稀缺性知识能力（ICR） | 纯技术效率[13] | 正指标 |
| | | | 不易模仿性知识能力（ICI） | 博士、硕士人员占比 | 正指标 |
| | | | 组织性知识能力（ICO） | 海外业务收入占比 | 正指标 |
| | 组织资源和能力（O） | 组织资源（OR） | 价值性组织资源（ORV） | 未分配利润 | 正指标 |
| | | | 稀缺性组织资源（ORR） | 对外捐赠 | 正指标 |
| | | | 不易模仿性组织资源（ORI） | 政府补助 | 正指标 |
| | | | 组织性组织资源（ORO） | 商誉 | 正指标 |
| | | 组织能力（OC） | 价值性组织能力（OCV） | 管理费用率[14] | 适度指标 |
| | | | 稀缺性组织能力（OCR） | 市场占有率[15] | 正指标 |
| | | | 不易模仿性组织能力（OCI） | 销售费用率[16] | 适度指标 |
| | | | 组织性组织能力（OCO） | 综合技术效率[17] | 正指标 |

[11]　利润分享度=工资福利/价值增值，衡量的是公司员工的收入与公司的利润状况的关联程度。

[12]　知识资源增值率=价值增值/研发费用，其中价值增值同物质资源增值率。

[13]　纯技术效率是企业受技术因素影响的生产效率，由DEA方法计算得到，数值介于0~1，纯技术效率=综合技术效率/规模效率。

[14]　管理费用率=管理费用/营业收入。

[15]　市场占有率=企业营业总收入/∑企业营业总收入。

[16]　销售费用率=销售费用/营业总收入。

[17]　综合技术效率是对企业资源配置能力、资源使用效率的综合衡量与评价，由DEA方法计算得到，数值介于0~1，综合技术效率=纯技术效率×规模效率。

## 三、中国高端装备制造业上市公司竞争力评价的方法与数据

### （一）企业竞争力评价方法简介

常见的综合评价方法包括层次分析法、模糊综合评判法、TOPSIS评价法、灰色关联分析法、主成分分析法、综合指数法等。层次分析法较好地考虑和集成了综合评价过程中的各种定性与定量信息，但是在应用中存在评价过程中的随机性和评价专家主观上的不确定性及认识上的模糊性。模糊综合评判法能很好地解决判断的模糊性和不确定性问题，但确定隶属函数时会存在困难，确定各因素权重也带有一定的主观性。TOPSIS评价法对原始数据的利用比较充分，信息损失比较少，但当评判的环境及自身条件发生变化时，排序也会随之变化，导致评判结果不具有唯一性。灰色关联分析法根据因素间曲线形状的相似程度来判断因素之间的关联度，适用范围有限。主成分分析法根据综合因子贡献率的大小确定权重，克服了主权赋权的缺陷，但对样本量的要求较大。综合指数法是在确定一套评价指标体系的基础上，对各指标进行加权平均计算出评价综合值的方法，经济含义清晰且容易理解。在众多综合评价方法中，综合指数法在指标无量纲化方法变化时和评价样本容量变化时均具有较好的鲁棒性，❶ 因此，本书选取综合指数法对中国高端装备制造业上市公司的竞争力进行评价。中国高端装备制造业上市公司竞争力的评价模型为：

$$y_i = \sum_{j=1}^{m} w_j z_{ij} \quad ( i = 1, 2, \cdots, n, \quad j = 1, 2, \cdots, m ) \tag{1}$$

公式（1）中，$y_i$ 是第 $i$ 个被评价对象的综合评价值，$z_{ij}$ 是评价指标无量纲化后的数值，$w_j$ 是 $z_{ij}$ 的权重系数（$0 \leqslant w_j \leqslant 1, \sum_{j=1}^{m} w_j = 1$）。

本书采用熵权法确定模型（1）中的权重，熵权法是一种广泛应用于

---

❶ 张立军，陶璐. 多指标综合评价模型鲁棒性度量方法研究[J]. 统计与信息论坛，2011, 26（5）：16-20.

各个学科领域的客观赋权法，其出发点是根据各评价指标数值之间的差异程度来确定权重系数，熵权法在确定权重系数的过程中避免了主观因素的干扰，能够非常客观地反映各评价指标在综合评价指标体系中的重要性。

熵权法确定指标权重系数的步骤如下：

（1）计算第 $i$ 个被评价对象在第 $j$ 个评价指标上的指标值比值：

$$p_{ij} = z_{ij} / \sum_{i=1}^{n} z_{ij} \qquad (2)$$

（2）计算第 $j$ 个评价指标的熵值：

$$e_j = -\frac{1}{\ln n} \sum_{i=1}^{n} p_{ij} \ln(p_{ij}) \qquad (3)$$

其中，$0 \leqslant e_j \leqslant 1$。

（3）计算评价指标 $z_{ij}$ 的差异性系数。由公式（3）可知，对于给定的 $j$，$z_{ij}$ 的差异越小，则 $e_j$ 越大。当 $z_{ij}$ 全部相等时，$e_j = e_{\max} = 1$，此时指标 $z_j$ 对被评价对象之间的比较没有任何影响。当 $z_{ij}$ 的差异越大，则 $e_j$ 越小，指标 $z_j$ 对评价对象之间的比较作用就越大。在此基础上定义差异系数 $g_j = 1 - e_j$，$g_j$ 的数值越大，越应该重视该指标在综合评价指标体系中的作用。

（4）权重系数的确定：

$$取 \quad w_j = g_j / \sum_{i=1}^{m} g_j \qquad (4)$$

此 $w_j$ 即为各指标最终的权重系数。

**（二）中国高端装备制造业上市公司竞争力评价样本的选择**

样本筛选的规则如下：（1）选择2012～2016年持续经营的上市公司为样本，使研究样本保持连续性；（2）删除被ST、*ST、PT，或期间发生重大经营问题的公司；（3）删除由于并购或重组等事项变更主营业务或进行了重大的资产置换的公司。根据上市公司经营范围与主营产品介绍进行筛选，最终保留184家公司，其中，高档数控机床和机器人12家，航空航天装备22家，海洋工程装备及高技术船舶24家，先进轨道交通装备10家，节能与新能源汽车23家，电力装备90家，农机装备3家，如表3-3所示。

表3-3　高端装备制造业上市公司名单（按证券代码顺序排列）

| 高端装备制造业分类 | 证券代码 | 证券名称 | 证券代码 | 证券名称 |
|---|---|---|---|---|
| 高档数控机床和机器人 | 000837.SZ | 秦川机床 | 300076.SZ | GQY视讯 |
| | 002270.SZ | 华明装备 | 300161.SZ | 华中数控 |
| | 002520.SZ | 日发精机 | 300278.SZ | 华昌达 |
| | 002559.SZ | 亚威股份 | 300280.SZ | 南通锻压 |
| | 002747.SZ | 埃斯顿 | 600243.SH | 青海华鼎 |
| | 300024.SZ | 机器人 | 603011.SH | 合锻智能 |
| 航空航天装备 | 000738.SZ | 航发控制 | 600038.SH | 中直股份 |
| | 000768.SZ | 中航飞机 | 600118.SH | 中国卫星 |
| | 000901.SZ | 航天科技 | 600316.SH | 洪都航空 |
| | 002013.SZ | 中航机电 | 600343.SH | 航天动力 |
| | 002023.SZ | 海特高新 | 600372.SH | 中航电子 |
| | 002151.SZ | 北斗星通 | 600391.SH | 航发科技 |
| | 002190.SZ | 成飞集成 | 600677.SH | 航天通信 |
| | 002297.SZ | 博云新材 | 600765.SH | 中航重机 |
| | 300101.SZ | 振芯科技 | 600862.SH | 中航高科 |
| | 300424.SZ | 航新科技 | 600879.SH | 航天电子 |
| | 300456.SZ | 耐威科技 | 600893.SH | 航发动力 |
| 海洋工程装备及高技术船舶 | 000157.SZ | 中联重科 | 000880.SZ | 潍柴重机 |
| | 000425.SZ | 徐工机械 | 000923.SZ | 河北宣工 |
| | 000528.SZ | 柳工 | 002097.SZ | 山河智能 |
| | 000680.SZ | 山推股份 | 002204.SZ | 大连重工 |

（续表）

| 高端装备制造业分类 | 证券代码 | 证券名称 | 证券代码 | 证券名称 |
|---|---|---|---|---|
| 海洋工程装备及高技术船舶 | 300008.SZ | 天业通联 | 600150.SH | 中国船舶 |
| | 300123.SZ | 润邦股份 | 600320.SH | 振华重工 |
| | 600031.SH | 天桥起重 | 600685.SH | 中船防务 |
| | 600072.SH | 华东重机 | 600761.SH | 安徽合力 |
| | 002459.SZ | 天海防务 | 600984.SH | 建设机械 |
| | 002483.SZ | 太阳鸟 | 601608.SH | 中信重工 |
| | 002523.SZ | 三一重工 | 601890.SH | 亚星锚链 |
| | 002685.SZ | 中船科技 | 601989.SH | 中国重工 |
| 先进轨道交通装备 | 000925.SZ | 众合科技 | 300462.SZ | 华铭智能 |
| | 300011.SZ | 鼎汉技术 | 600495.SH | 晋西车轴 |
| | 300351.SZ | 永贵电器 | 600967.SH | 内蒙一机 |
| | 300407.SZ | 凯发电气 | 601766.SH | 中国中车 |
| | 300440.SZ | 运达科技 | 603111.SH | 康尼机电 |
| 节能与新能源汽车 | 000550.SZ | 江铃汽车 | 600104.SH | 上汽集团 |
| | 000572.SZ | 海马汽车 | 600166.SH | 福田汽车 |
| | 000625.SZ | 长安汽车 | 600213.SH | 亚星客车 |
| | 000800.SZ | 一汽轿车 | 600303.SH | 曙光股份 |
| | 000868.SZ | 安凯客车 | 600418.SH | 江淮汽车 |
| | 000927.SZ | 一汽夏利 | 600609.SH | 金杯汽车 |
| | 000951.SZ | 中国重汽 | 600686.SH | 金龙汽车 |
| | 000957.SZ | 中通客车 | 600805.SH | 悦达投资 |
| | 002594.SZ | 比亚迪 | 601238.SH | 广汽集团 |
| | 300491.SZ | 通合科技 | 601633.SH | 长城汽车 |
| | 600006.SH | 东风汽车 | 601777.SH | 力帆股份 |
| | 600066.SH | 宇通客车 | — | — |
| 电力装备 | 000400.SZ | 许继电气 | 300208.SZ | 恒顺众昇 |
| | 000585.SZ | 东北电气 | 300222.SZ | 科大智能 |
| | 000682.SZ | 东方电子 | 300274.SZ | 阳光电源 |
| | 002028.SZ | 思源电气 | 300283.SZ | 温州宏丰 |

（续表）

| 高端装备制造业分类 | 证券代码 | 证券名称 | 证券代码 | 证券名称 |
|---|---|---|---|---|
| | 002074.SZ | 国轩高科 | 300316.SZ | 晶盛机电 |
| | 002090.SZ | 金智科技 | 300393.SZ | 中来股份 |
| | 002112.SZ | 三变科技 | 300414.SZ | 中光防雷 |
| | 002123.SZ | 梦网荣信 | 300423.SZ | 鲁亿通 |
| | 002169.SZ | 智光电气 | 300427.SZ | 红相电力 |
| | 002176.SZ | 江特电机 | 300444.SZ | 双杰电气 |
| | 002184.SZ | 海得控制 | 300477.SZ | 合纵科技 |
| | 002202.SZ | 金风科技 | 300484.SZ | 蓝海华腾 |
| | 002218.SZ | 拓日新能 | 300490.SZ | 华自科技 |
| | 002255.SZ | 海陆重工 | 600089.SH | 特变电工 |
| | 002266.SZ | 浙富控股 | 600151.SH | 航天机电 |
| | 002298.SZ | 中电鑫龙 | 600192.SH | 长城电工 |
| | 002322.SZ | 理工环科 | 600202.SH | 哈空调 |
| 电力装备 | 002334.SZ | 英威腾 | 600268.SH | 国电南自 |
| | 002339.SZ | 积成电子 | 600290.SH | 华仪电气 |
| | 002350.SZ | 北京科锐 | 600312.SH | 平高电气 |
| | 002358.SZ | 森源电气 | 600353.SH | 旭光股份 |
| | 002366.SZ | 台海核电 | 600379.SH | 宝光股份 |
| | 002452.SZ | 长高集团 | 600406.SH | 国电南瑞 |
| | 002506.SZ | 协鑫集成 | 600416.SH | 湘电股份 |
| | 002527.SZ | 新时达 | 600468.SH | 百利电气 |
| | 002531.SZ | 天顺风能 | 600475.SH | 华光股份 |
| | 002534.SZ | 杭锅股份 | 600517.SH | 置信电气 |
| | 002610.SZ | 爱康科技 | 600525.SH | 长园集团 |
| | 002622.SZ | 融钰集团 | 600537.SH | 亿晶光电 |
| | 002630.SZ | 华西能源 | 600550.SH | 保变电气 |
| | 002665.SZ | 首航节能 | 600580.SH | 卧龙电气 |
| | 300001.SZ | 特锐德 | 600590.SH | 泰豪科技 |
| | 300018.SZ | 中元股份 | 600875.SH | 东方电气 |

（续表）

| 高端装备制造业分类 | 证券代码 | 证券名称 | 证券代码 | 证券名称 |
|---|---|---|---|---|
| 电力装备 | 300029.SZ | 天龙光电 | 600885.SH | 宏发股份 |
| | 300040.SZ | 九洲电气 | 601012.SH | 隆基股份 |
| | 300048.SZ | 合康新能 | 601126.SH | 四方股份 |
| | 300062.SZ | 中能电气 | 601179.SH | 中国西电 |
| | 300105.SZ | 龙源技术 | 601218.SH | 吉鑫科技 |
| | 300111.SZ | 向日葵 | 601616.SH | 广电电气 |
| | 300118.SZ | 东方日升 | 601700.SH | 风范股份 |
| | 300124.SZ | 汇川技术 | 601727.SH | 上海电气 |
| | 300129.SZ | 泰胜风能 | 601877.SH | 正泰电器 |
| | 300140.SZ | 中环装备 | 601908.SH | 京运通 |
| | 300141.SZ | 和顺电气 | 603806.SH | 福斯特 |
| | 300153.SZ | 科泰电源 | 603988.SH | 中电电机 |
| 农机装备 | 300159.SZ | 新研股份 | 603789.SH | 星光农机 |
| | 601038.SH | 一拖股份 | — | — |

**（三）中国高端装备制造业上市公司竞争力评价数据的处理**

本书对各指标进行了必要的可比价处理，均调整为以2007年不变价表示的可比值，具体做法如下：

（1）采用2007年为基期的工业生产者出厂价格指数，将营业收入、经营活动产生的现金流量净额、预收账款、净利润、经济增加值、未分配利润、对外捐赠、政府补助调整为以2007年不变价表示的可比值。

（2）采用2007年为基期的固定资产投资价格指数，将总资产、办公电子设备+软件账面价值、商标权+专利技术、非专利技术+特许经营权、海外业务收入、商誉调整为以2007年不变价表示的可比值。

（3）采用2007年为基期的工业生产者购进价格指数、城镇单位就业人员平均实际工资指数、固定资产投资价格指数的平均值作为研发投资价格指数的衡量，将研发费用调整为2007年不变价表示的可比值。

（4）采用2007年为基期的城镇单位就业人员平均实际工资指数，将员工培训费用、职工福利费、应付职工薪酬调整为以2007年不变价表示的可比值。

然后根据评价指标性质的不同，采用动态功效系数法对正指标进行无量纲化处理，采用隶属赋值方法对适度指标进行无量纲化处理。具体步骤如下。

（1）标准值的测算。评价指标的标准值分为优秀值、良好值、中间值、较低值和较差值五个档位，分别用95%分位数（$Q_{j5}$）、75%分位数（$Q_{j4}$）、中位数（$Q_{j3}$）、25%分位数（$Q_{j2}$）、5%分位数（$Q_{j1}$）衡量，各年的标准值根据当年的数据进行更新。

（2）标准得分的计算。评价指标的标准得分是对应五档标准值所确定的水平参数，用来计算指标实际值对应于五档标准值的得分，由低到高分别取值为0、1、2、3、4、5六个数值表示。

（3）评价指标的得分公式。若评价指标为正指标，评价指标的实际值处于哪一档位，就得到该档位标准得分；超过该档位标准的部分，依据实际值所处的上下两档，采用功效函数加以调整。评价指标原始数值$x_{ij}$无量纲化处理后的得分计算公式为：

$$z_{ij} = \begin{cases} 5 & x_{ij} \geqslant Q_{j5} \\[2mm] 4 + \dfrac{x_{ij} - Q_{j4}}{Q_{j5} - Q_{j4}} & Q_{j4} \leqslant x_{ij} < Q_{j5} \\[2mm] 3 + \dfrac{x_{ij} - Q_{j3}}{Q_{j4} - Q_{j3}} & Q_{j3} \leqslant x_{ij} < Q_{j4} \\[2mm] 2 + \dfrac{x_{ij} - Q_{j2}}{Q_{j3} - Q_{j2}} & Q_{j2} \leqslant x_{ij} < Q_{j3} \\[2mm] 1 + \dfrac{x_{ij} - Q_{j1}}{Q_{j2} - Q_{j1}} & Q_{j1} \leqslant x_{ij} < Q_{j2} \\[2mm] 0 + \dfrac{x_{ij} - \min x_{ij}}{Q_{j1} - \min x_{ij}} & x_{ij} < Q_{j1} \end{cases} \tag{5}$$

（4）适度指标的得分公式。若评价指标为适度指标，则采用隶属赋值方法，计算公式如下：

$$z_{ij} = \begin{cases} 2.5+2.5\sin\dfrac{\pi[(x_{ij}-(\max x_{ij}+Q_j)/2)]}{Q_j-\max x_{ij}} & x_{ij} > Q_j \\ 5 & x_{ij} = Q_j \\ 2.5+2.5\sin\dfrac{\pi[(x_{ij}-(\min x_{ij}+Q_j)/2)]}{Q_j-\min x_{ij}} & x_{ij} < Q_j \end{cases} \qquad (6)$$

其中，$Q_j$ 表示适度指标的适度值，经过公式（6）调整后的适度指标相当于已经进行无量纲化处理，数值介于0~5。

最后，将无量纲化处理后的数值代入公式（1）得出竞争力得分，将得分除以5再乘以百分之百，就得到归一化处理之后的数值，即竞争力评价指数，指数数值介于0~100，数值越大竞争力越强。

## 四、2016年中国高端装备制造业上市公司竞争力的描述统计分析

### （一）2016年中国高端装备制造业上市公司竞争力的行业比较

为了从行业角度考察中国高端装备制造业上市公司竞争力的水平高低，提供具有行业针对性的对策建议，本书对中国高端装备制造业上市公司竞争力进行了行业比较，表3-4和图3-2给出2016年按行业分的中国高端装备制造业上市公司竞争力的描述统计结果，可以看出：（1）从各行业的龙头企业来看，先进轨道交通装备的竞争力最强（84.97），电力装备次之（84.93），接下来依次是节能与新能源汽车（84.43）、航空航天装备（76.12）、海洋工程装备及高技术船舶（75.90）、农机装备（71.36）、高档数控机床和机器人（63.27）。（2）从各行业的平均水平来看，节能与新能源汽车的竞争力最强、航空航天装备次之、高档数控机床和机器人的则最

弱。（3）从各行业的企业差异性来看，先进轨道交通装备和农机装备的差异性较大。

表3-4　2016年按行业分中国高端装备制造业上市公司竞争力描述统计分析

| 行　业 | 个数 | 均值 | 中位数 | 标准差 | 极差 | 极小值 | 极大值 |
|---|---|---|---|---|---|---|---|
| 高档数控机床和机器人 | 12 | 50.77 | 51.42 | 9.36 | 29.28 | 33.99 | 63.27 |
| 航空航天装备 | 22 | 62.48 | 63.99 | 9.94 | 28.56 | 47.55 | 76.12 |
| 海洋工程装备及高技术船舶 | 24 | 60.14 | 63.11 | 10.54 | 37.36 | 38.54 | 75.90 |
| 先进轨道交通装备 | 10 | 57.80 | 54.34 | 12.72 | 42.12 | 42.85 | 84.97 |
| 节能与新能源汽车 | 23 | 68.06 | 67.65 | 10.97 | 39.12 | 45.31 | 84.43 |
| 电力装备 | 90 | 58.72 | 58.10 | 11.86 | 58.81 | 26.13 | 84.93 |
| 农机装备 | 3 | 57.18 | 55.60 | 13.46 | 26.77 | 44.59 | 71.36 |

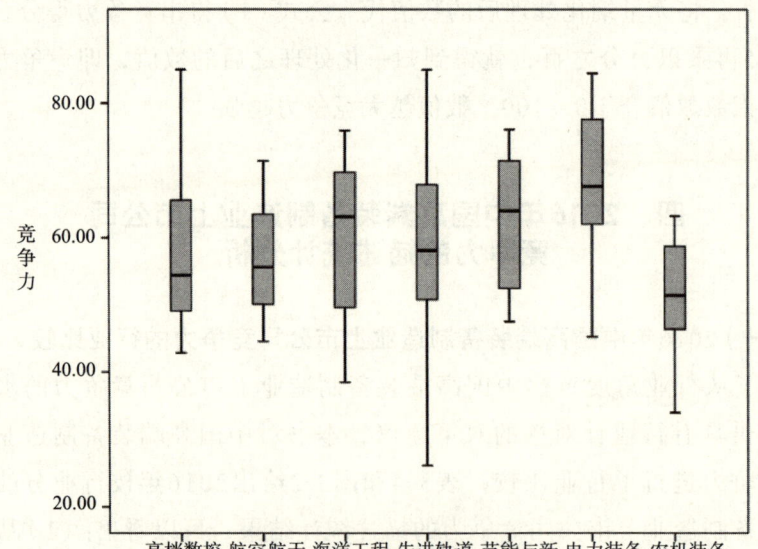

图3-2　2016年按行业分中国高端装备制造业上市公司竞争力箱线图

　　注：箱线图两端的线段分别代表极小值和极大值，箱子的两端分别代表下四分位数和上四分位数，箱子中间的线段代表中位数。

## （二）2016年中国高端装备制造业上市公司竞争力的地区比较

为了从地区角度考察中国高端装备制造业上市公司竞争力的水平高低，提供具有地区针对性的对策建议，本书对中国高端装备制造业上市公司竞争力进行了地区比较，表3-5和图3-3给出了2016年按地区❶ 划分的中国高端装备制造业上市公司竞争力的描述统计结果，可以看出：（1）从各地区的龙头企业来看，东部地区的竞争力最强（84.97）、西部地区次之（84.67）、中部地区第三（83.99）、东北地区最弱（71.15）。（2）从各地区的分布情况来看，东部地区、中部地区和西部地区呈现右偏分布、东北地区呈现左偏分布，这意味着东部地区、中部地区和西部地区的龙头企业相对于当地的其他企业而言优势非常明显，而东北地区则存在一些实力亟待提升的企业。（3）从各地区的企业差异性来看，东北地区最大、东部地区次之、西部地区第三、中部地区最小。

表3-5 2016年按地区划分中国高端装备制造业上市公司竞争力描述统计分析

| 地 区 | 个数 | 均值 | 中位数 | 标准差 | 极差 | 极小值 | 极大值 |
|---|---|---|---|---|---|---|---|
| 东部地区 | 111 | 59.13 | 58.31 | 11.71 | 52.22 | 32.75 | 84.97 |
| 东北地区 | 12 | 55.60 | 62.85 | 15.10 | 45.02 | 26.13 | 71.15 |
| 中部地区 | 32 | 62.60 | 61.89 | 10.67 | 41.14 | 42.85 | 83.99 |
| 西部地区 | 29 | 61.83 | 59.24 | 11.48 | 38.22 | 46.45 | 84.67 |

❶ 参照国家统计局2011年6月13日的划分办法，本书将我国的经济区域划分为东部、中部、西部和东北四大区域。东部区域包括北京、天津、河北、上海、江苏、浙江、福建、山东、广东和海南；中部区域包括山西、安徽、江西、河南、湖北和湖南；西部区域包括内蒙古、广西、重庆、四川、贵州、云南、西藏、陕西、甘肃、青海、宁夏和新疆；东北区域包括辽宁、吉林和黑龙江。

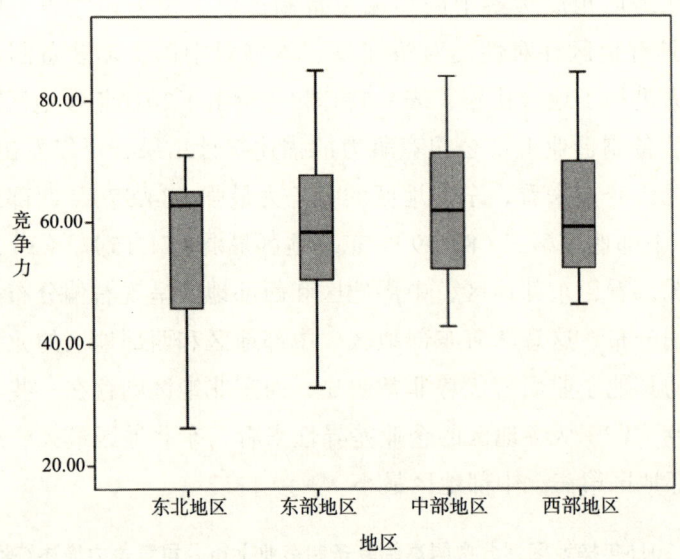

**图3-3　2016年按地区划分中国高端装备制造业上市公司竞争力箱线图**

### （三）2016年中国高端装备制造业上市公司竞争力的所有制比较

　　为了从所有制角度考察中国高端装备制造业上市公司竞争力的水平高低，提供具有所有制针对性的对策建议，本书对中国高端装备制造业上市公司竞争力进行了所有制比较，表3-6和图3-4给出了2016年按所有制划分的中国高端装备制造业上市公司竞争力的描述统计结果，可以看出：（1）从各所有制的龙头企业来看，中央国有企业第一（84.97）、地方国有企业次之（84.93）、民营企业最弱（83.99）。（2）从各所有制的平均水平来看，也呈现出和龙头企业类似的结果，中央国有企业第一、地方国有企业次之、民营企业最弱。（3）从各所有制的企业差异性来看，地方国有企业的最大、民营企业的次之、中央国有企业最小。

表3-6　2016年按所有制划分中国高端装备制造业上市公司竞争力描述统计分析

| 所有制 | 个数 | 均值 | 中值 | 标准差 | 极差 | 极小值 | 极大值 |
|---|---|---|---|---|---|---|---|
| 中央国有企业 | 46 | 65.85 | 67.75 | 9.74 | 42.12 | 42.85 | 84.97 |
| 地方国有企业 | 33 | 63.30 | 65.23 | 13.29 | 58.81 | 26.13 | 84.93 |
| 民营企业 | 105 | 56.28 | 55.05 | 10.80 | 53.00 | 30.99 | 83.99 |

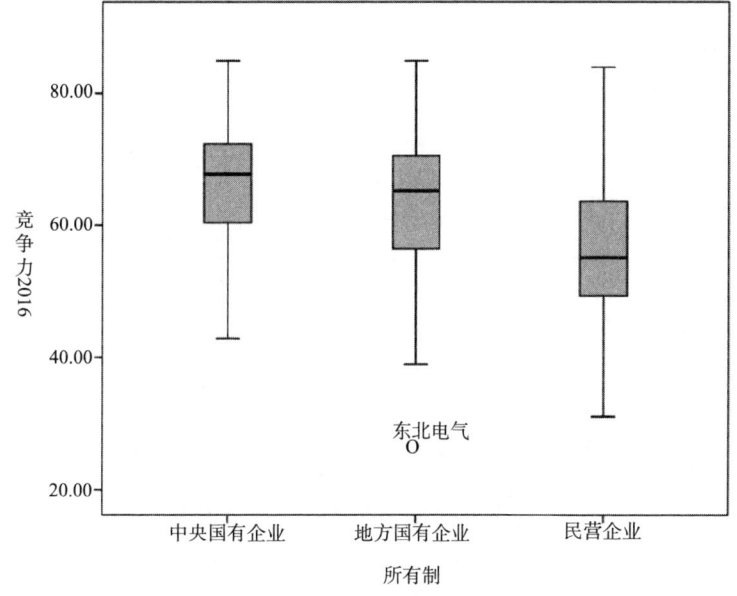

图3-4　2016年按所有制划分中国高端装备制造业上市公司竞争力箱线图

注：在SPSS绘制的箱线图中，把一个数值与四分位数的距离超过1.5倍的四分位差（上四分位数与下四分位数之差）定义为离群点，用○表示。

## 五、2016年中国高端装备制造业上市公司竞争力50强分析

### （一）2016年中国高端装备制造业上市公司竞争力50强名单

2016年中国高端装备制造业上市公司竞争力50强名单如表3-7所示，排名第一的企业为中国中车，接下来依次是上海电气、金风科技、上汽集团、宇通客车、长安汽车、国电南瑞、福田汽车、特变电工和长城汽车等。

表3-7　2016年中国高端装备制造业上市公司竞争力的50强名单

| 排名 | 股票代码 | 公司名称 | 高端装备制造业分类 | 省份 | 地区 | 所有制 | 2016年竞争力指数 |
|---|---|---|---|---|---|---|---|
| 1 | 601766.SH | 中国中车 | 先进轨道交通装备 | 北京 | 东部地区 | 中央国有企业 | 84.97 |
| 2 | 601727.SH | 上海电气 | 电力装备 | 上海 | 东部地区 | 地方国有企业 | 84.93 |
| 3 | 002202.SZ | 金风科技 | 电力装备 | 新疆 | 西部地区 | 地方国有企业 | 84.67 |
| 4 | 600104.SH | 上汽集团 | 节能与新能源汽车 | 上海 | 东部地区 | 地方国有企业 | 84.43 |
| 5 | 600066.SH | 宇通客车 | 节能与新能源汽车 | 河南 | 中部地区 | 民营企业 | 83.99 |
| 6 | 000625.SZ | 长安汽车 | 节能与新能源汽车 | 重庆 | 西部地区 | 中央国有企业 | 81.47 |
| 7 | 600406.SH | 国电南瑞 | 电力装备 | 江苏 | 东部地区 | 中央国有企业 | 79.98 |
| 8 | 600166.SH | 福田汽车 | 节能与新能源汽车 | 北京 | 东部地区 | 地方国有企业 | 79.90 |
| 9 | 600089.SH | 特变电工 | 电力装备 | 新疆 | 西部地区 | 民营企业 | 79.47 |
| 10 | 601633.SH | 长城汽车 | 节能与新能源汽车 | 河北 | 东部地区 | 民营企业 | 79.27 |
| 11 | 601877.SH | 正泰电器 | 电力装备 | 浙江 | 东部地区 | 民营企业 | 78.92 |
| 12 | 000400.SZ | 许继电气 | 电力装备 | 河南 | 中部地区 | 中央国有企业 | 77.90 |
| 13 | 601238.SH | 广汽集团 | 节能与新能源汽车 | 广东 | 东部地区 | 地方国有企业 | 77.71 |
| 14 | 002594.SZ | 比亚迪 | 节能与新能源汽车 | 广东 | 东部地区 | 民营企业 | 77.39 |
| 15 | 600418.SH | 江淮汽车 | 节能与新能源汽车 | 安徽 | 中部地区 | 地方国有企业 | 76.82 |
| 16 | 000768.SZ | 中航飞机 | 航空航天装备 | 陕西 | 西部地区 | 中央国有企业 | 76.12 |

（续表）

| 排名 | 股票代码 | 公司名称 | 高端装备制造业分类 | 省份 | 地区 | 所有制 | 2016年竞争力指数 |
|---|---|---|---|---|---|---|---|
| 17 | 600031.SH | 三一重工 | 海洋工程装备及高技术船舶 | 北京 | 东部地区 | 民营企业 | 75.90 |
| 18 | 600893.SH | 航发动力 | 航空航天装备 | 陕西 | 西部地区 | 中央国有企业 | 75.72 |
| 19 | 600875.SH | 东方电气 | 电力装备 | 四川 | 西部地区 | 中央国有企业 | 75.02 |
| 20 | 600525.SH | 长园集团 | 电力装备 | 广东 | 东部地区 | 民营企业 | 74.40 |
| 21 | 002074.SZ | 国轩高科 | 电力装备 | 江苏 | 东部地区 | 民营企业 | 73.75 |
| 22 | 600268.SH | 国电南自 | 电力装备 | 江苏 | 东部地区 | 中央国有企业 | 73.58 |
| 23 | 300124.SZ | 汇川技术 | 电力装备 | 广东 | 东部地区 | 民营企业 | 73.51 |
| 24 | 002013.SZ | 中航机电 | 航空航天装备 | 湖北 | 中部地区 | 中央国有企业 | 72.98 |
| 25 | 601179.SH | 中国西电 | 电力装备 | 陕西 | 西部地区 | 中央国有企业 | 72.53 |
| 26 | 600879.SH | 航天电子 | 航空航天装备 | 湖北 | 中部地区 | 中央国有企业 | 72.40 |
| 27 | 600320.SH | 振华重工 | 海洋工程装备及高技术船舶 | 上海 | 东部地区 | 中央国有企业 | 72.38 |
| 28 | 000425.SZ | 徐工机械 | 海洋工程装备及高技术船舶 | 江苏 | 东部地区 | 地方国有企业 | 72.29 |
| 29 | 000550.SZ | 江铃汽车 | 节能与新能源汽车 | 江西 | 中部地区 | 地方国有企业 | 71.87 |
| 30 | 300274.SZ | 阳光电源 | 电力装备 | 安徽 | 中部地区 | 民营企业 | 71.75 |
| 31 | 600677.SH | 航天通信 | 航空航天装备 | 浙江 | 东部地区 | 中央国有企业 | 71.59 |
| 32 | 600312.SH | 平高电气 | 电力装备 | 河南 | 中部地区 | 中央国有企业 | 71.52 |

（续表）

| 排名 | 股票代码 | 公司名称 | 高端装备制造业分类 | 省份 | 地区 | 所有制 | 2016年竞争力指数 |
|---|---|---|---|---|---|---|---|
| 33 | 600118.SH | 中国卫星 | 航空航天装备 | 北京 | 东部地区 | 中央国有企业 | 71.43 |
| 34 | 601038.SH | 一拖股份 | 农机装备 | 河南 | 中部地区 | 中央国有企业 | 71.36 |
| 35 | 600580.SH | 卧龙电气 | 电力装备 | 浙江 | 东部地区 | 民营企业 | 71.25 |
| 36 | 000901.SZ | 航天科技 | 航空航天装备 | 黑龙江 | 东北地区 | 中央国有企业 | 71.15 |
| 37 | 601989.SH | 中国重工 | 海洋工程装备及高技术船舶 | 北京 | 东部地区 | 中央国有企业 | 70.86 |
| 38 | 600372.SH | 中航电子 | 航空航天装备 | 北京 | 东部地区 | 中央国有企业 | 70.66 |
| 39 | 000157.SZ | 中联重科 | 海洋工程装备及高技术船舶 | 湖南 | 中部地区 | 地方国有企业 | 70.57 |
| 40 | 000528.SZ | 柳工 | 海洋工程装备及高技术船舶 | 广西 | 西部地区 | 地方国有企业 | 70.00 |
| 41 | 600006.SH | 东风汽车 | 节能与新能源汽车 | 湖北 | 中部地区 | 中央国有企业 | 69.93 |
| 42 | 002028.SZ | 思源电气 | 电力装备 | 上海 | 东部地区 | 民营企业 | 69.89 |
| 43 | 600967.SH | 内蒙一机 | 先进轨道交通装备 | 内蒙古 | 西部地区 | 中央国有企业 | 69.87 |
| 44 | 600416.SH | 湘电股份 | 电力装备 | 湖南 | 中部地区 | 地方国有企业 | 69.44 |
| 45 | 600761.SH | 安徽合力 | 海洋工程装备及高技术船舶 | 安徽 | 中部地区 | 地方国有企业 | 69.43 |
| 46 | 300001.SZ | 特锐德 | 电力装备 | 山东 | 东部地区 | 民营企业 | 69.25 |
| 47 | 600517.SH | 置信电气 | 电力装备 | 上海 | 东部地区 | 中央国有企业 | 69.11 |
| 48 | 600885.SH | 宏发股份 | 电力装备 | 湖北 | 中部地区 | 民营企业 | 68.95 |

（续表）

| 排名 | 股票代码 | 公司名称 | 高端装备制造业分类 | 省份 | 地区 | 所有制 | 2016年竞争力指数 |
|---|---|---|---|---|---|---|---|
| 49 | 000572.SZ | 海马汽车 | 节能与新能源汽车 | 海南 | 东部地区 | 民营企业 | 68.40 |
| 50 | 002527.SZ | 新时达 | 电力装备 | 上海 | 东部地区 | 民营企业 | 68.40 |

### （二）2016年中国高端装备制造业上市公司竞争力50强的行业分布

从2016年中国高端装备制造业上市公司竞争力50强的行业分布情况来看，如图3-5所示，电力装备最多（21家），节能与新能源汽车次之（11家）、航空航天装备第三（8家），接下来是海洋工程装备及高技术船舶（7家）、先进轨道交通装备（2家）、农机装备（1家），高档数控机床和机器人则没有入选企业。

从入选率来看，节能与新能源汽车入选50强的比例最高，占总数的比例为47.83%，航空航天装备入选比例为36.36%，农机装备的入选率为33.33%，电力装备入选比例为22.22%，海洋工程装备及高技术船舶的入选率为29.17%，先进轨道交通装备的入选率为20%。

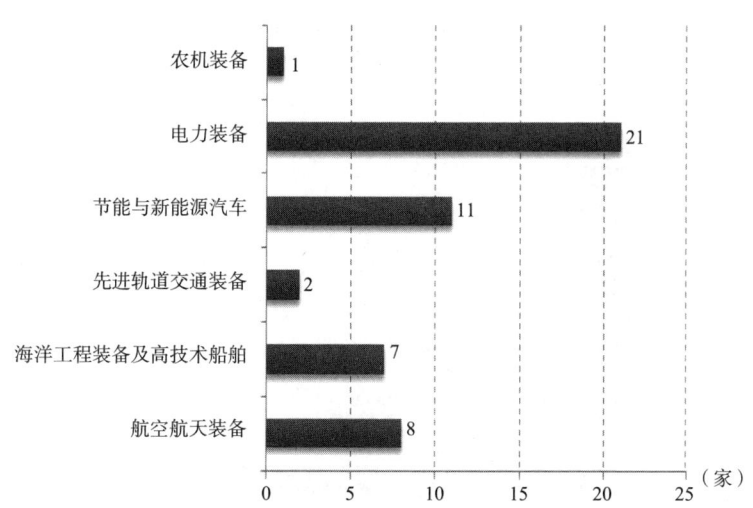

图3-5 2016年中国高端装备制造业上市公司竞争力50强的行业分布

**（三）2016年中国高端装备制造业上市公司竞争力50强的地区分布**

从2016年中国高端装备制造业上市公司竞争力50强的地区分布情况来看，如图3-6和图3-7所示，东部地区最多（26家），主要来自北京（6家）、上海（6家）、广东（4家）、江苏（4家）、浙江（3家），中部地区次之（14家），西部地区第三（9家），东北地区仅有1家入选。

从入选率来看，中部地区50强的入选率最高，为43.75%；西部地区的入选率次之，为31.03%；东部地区的入选率为23.42%；东北地区50强的入选率最低，为8.33%。

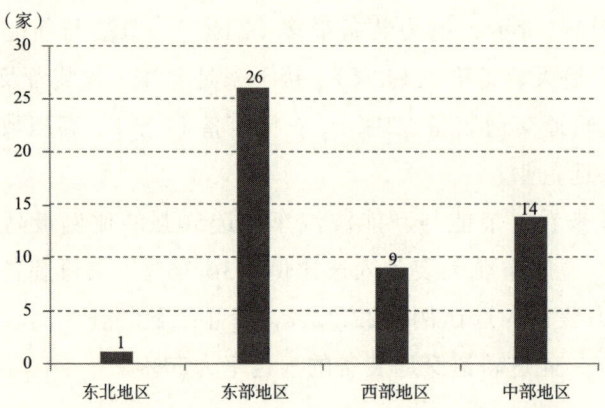

图3-6　2016年中国高端装备制造业上市公司竞争力50强的地区分布

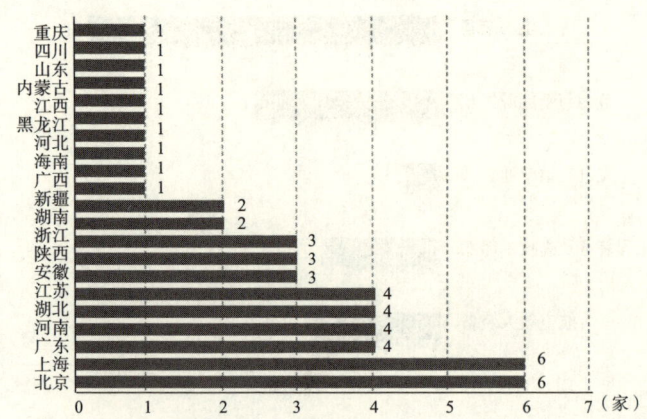

图3-7　2016年中国高端装备制造业上市公司竞争力50强的省份分布

**（四）2016年中国高端装备制造业上市公司竞争力50强的所有制分布**

从2016年中国高端装备制造业上市公司竞争力50强的所有制分布情况来看，如图3-8所示，中央国有企业最多（22家）、民营企业次之（16家）、地方国有企业第三（12家）。

从入选率来看，中央国有企业的入选率最高，为66.67%；地方国有企业的入选率次之，为36.36%；民营企业的入选率最低，为15.24%。

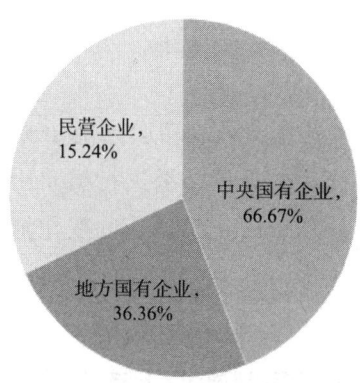

图3-8　2016年中国高端装备制造业上市公司竞争力50强的所有制分布

# 第四章　中国高端装备制造业上市公司的
# 竞争力分析

　　第三章对中国高端装备制造业上市公司竞争力评价的理论基础、评价方法进行介绍，并对2016年的评价结果进行横向比较，以下将对中国高端装备制造业上市公司竞争力2012～2016年的变化情况进行深度分析，以便观察竞争力的动态演变情况。

## 一、基于行业的高端装备制造业上市公司竞争力时间序列分析

　　现有研究强调产业综合竞争力即绝对优势的评价，缺乏高端装备制造产业细分行业的相对优势分析，导致研究结论局限于单纯的竞争力排序，难以对竞争力处于相对弱势的细分行业给予战略性指导与建议。鉴于此，本书对高端装备制造业七个细分行业的竞争力水平予以分析，以期为促进行业结构优化升级、带动高端装备制造业整体竞争力提升提供有益的参考。

### （一）基于行业的高端装备制造业上市公司竞争力变化趋势

　　进一步对2012～2016年的各行业竞争力进行分析，如表4-1和图4-1所示。（1）从各行业竞争力均值的情况来看，节能与新能源汽车的竞争力最强，2012～2016年竞争力均值一直处于70左右；高档数控机床和机器人最弱，竞争力均值基本徘徊在50上下；先进轨道交通装备和航空航天装备的竞争力稳中有升，竞争力均值从54.76上升至57.80。（2）从各行业竞争力

的差异性来看，先进轨道交通装备的龙头企业中国中车显著地优于同行业的其他企业，这主要是由于中国中车以国家重点（工程）实验室、国家工程（技术）研究中心、国家认定企业技术中心等为主体，构建了国内领先水平的技术创新平台。

表4-1　基于行业的高端装备制造业上市公司竞争力时间序列分析（2012～2016年）

| 行　业 | | 竞争力2012 | 竞争力2013 | 竞争力2014 | 竞争力2015 | 竞争力2016 |
|---|---|---|---|---|---|---|
| 先进轨道交通装备 | 个数 | 10 | 10 | 10 | 10 | 10 |
| | 均值 | 54.76 | 55.74 | 58.07 | 56.89 | 57.80 |
| | 中位数 | 53.99 | 54.88 | 53.99 | 53.41 | 54.34 |
| | 标准差 | 12.31 | 13.85 | 11.70 | 10.82 | 12.72 |
| | 极差 | 42.77 | 45.38 | 40.13 | 36.90 | 42.12 |
| | 极小值 | 42.13 | 41.71 | 47.05 | 45.37 | 42.85 |
| | 极大值 | 84.90 | 87.09 | 87.18 | 82.27 | 84.97 |
| 农机装备 | 个数 | 3 | 3 | 3 | 3 | 3 |
| | 均值 | 58.44 | 55.96 | 51.89 | 56.50 | 57.18 |
| | 中位数 | 52.16 | 49.36 | 52.69 | 52.01 | 55.60 |
| | 标准差 | 14.03 | 12.65 | 4.96 | 13.92 | 13.46 |
| | 极差 | 25.85 | 22.57 | 9.82 | 26.74 | 26.77 |
| | 极小值 | 48.66 | 47.97 | 46.58 | 45.38 | 44.59 |
| | 极大值 | 74.51 | 70.55 | 56.40 | 72.12 | 71.36 |
| 海洋工程装备及高技术船舶 | 个数 | 24 | 24 | 24 | 24 | 24 |
| | 均值 | 63.65 | 62.39 | 60.67 | 59.31 | 60.14 |
| | 中位数 | 65.85 | 62.41 | 64.96 | 60.99 | 63.11 |
| | 标准差 | 13.36 | 13.90 | 14.04 | 12.07 | 10.54 |
| | 极差 | 49.56 | 48.65 | 46.75 | 43.79 | 37.36 |
| | 极小值 | 37.24 | 35.72 | 32.21 | 31.71 | 38.54 |
| | 极大值 | 86.80 | 84.37 | 78.96 | 75.50 | 75.90 |

（续表）

| 行　业 | | 竞争力2012 | 竞争力2013 | 竞争力2014 | 竞争力2015 | 竞争力2016 |
|---|---|---|---|---|---|---|
| 电力装备 | 个数 | 90 | 90 | 90 | 90 | 90 |
| | 均值 | 57.01 | 57.08 | 57.64 | 58.15 | 58.72 |
| | 中位数 | 55.08 | 55.93 | 57.36 | 56.63 | 58.10 |
| | 标准差 | 10.46 | 11.68 | 11.09 | 11.48 | 11.86 |
| | 极差 | 50.37 | 51.14 | 48.43 | 55.78 | 58.81 |
| | 极小值 | 37.64 | 38.75 | 34.49 | 30.57 | 26.13 |
| | 极大值 | 88.01 | 89.89 | 82.92 | 86.35 | 84.93 |
| 航空航天装备 | 个数 | 22 | 22 | 22 | 22 | 22 |
| | 均值 | 62.27 | 61.98 | 61.63 | 61.70 | 62.48 |
| | 中位数 | 62.56 | 62.08 | 61.61 | 61.95 | 63.99 |
| | 标准差 | 10.93 | 10.30 | 11.26 | 10.46 | 9.94 |
| | 极差 | 39.55 | 38.55 | 38.78 | 37.30 | 28.56 |
| | 极小值 | 36.46 | 37.84 | 41.68 | 41.63 | 47.55 |
| | 极大值 | 76.01 | 76.39 | 80.46 | 78.93 | 76.12 |
| 节能与新能源汽车 | 个数 | 23 | 23 | 23 | 23 | 23 |
| | 均值 | 70.71 | 70.78 | 71.28 | 69.74 | 68.06 |
| | 中位数 | 73.11 | 71.97 | 72.47 | 69.84 | 67.65 |
| | 标准差 | 10.58 | 9.76 | 10.98 | 11.16 | 10.97 |
| | 极差 | 48.99 | 39.15 | 39.89 | 41.60 | 39.12 |
| | 极小值 | 40.19 | 43.81 | 45.49 | 43.28 | 45.31 |
| | 极大值 | 89.19 | 82.96 | 85.38 | 84.89 | 84.43 |
| 高档数控机床和机器人 | 个数 | 12 | 12 | 12 | 12 | 12 |
| | 均值 | 51.55 | 49.09 | 51.88 | 50.57 | 50.77 |
| | 中位数 | 49.17 | 47.22 | 51.96 | 50.90 | 51.42 |
| | 标准差 | 6.88 | 7.51 | 8.28 | 8.12 | 9.36 |
| | 极差 | 20.78 | 21.89 | 27.87 | 24.97 | 29.28 |
| | 极小值 | 44.38 | 40.13 | 38.12 | 35.96 | 33.99 |
| | 极大值 | 65.15 | 62.02 | 65.99 | 60.92 | 63.27 |

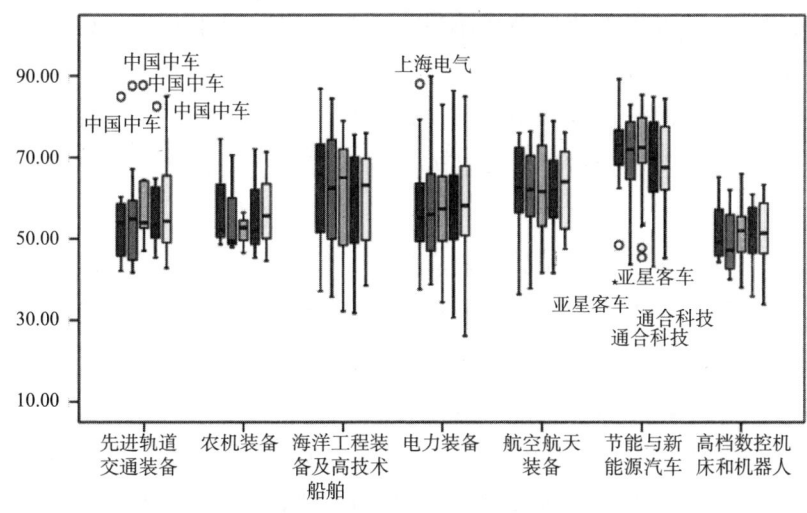

图4-1　基于行业的高端装备制造业上市公司竞争力

时间序列分析（2012～2016年）

注：在SPSS绘制的箱线图中，把一个数值与四分位数的距离超过1.5倍的四分位差（上四分位数与下四分位数之差）定义为离群点，用"○"表示；超过3倍四分位差定义为极值，用"＊"表示。

### （二）基于行业的高端装备制造业上市公司竞争力现状分析

目前，我国高档数控机床中的国产数控系统市场占有率仅为5%左右，高端机器人市场也主要被日本和欧美企业所占据。虽然2009年以来，政府通过实施重大科技专项大力推动高档机床国产化技术攻关，我国高档数控机床的数控系统软、硬件技术都取得重大突破，可以投放使用，但由于性能和可靠性与国外先进技术相比还存在差距，大规模应用很难实现。我国也基本掌握了机器人本体设计制造、控制系统软硬件、运动规划等重要技术，但精密减速器、伺服电机、伺服驱动器、控制器等关键功能部件技术与国外相比存在较大差距，长期依赖进口。

经过几十年的发展，我国的航空装备产业已经初具规模，已建立起较为完整的航空技术体系、产品谱系和产业体系，但全球以波音和空客为双寡头的垄断格局依然存在，我国面临航空装备产业规模偏小，航空发动机、机载系统和设备的核心技术不足，大飞机缺乏商业成功的实践经验等问题；航天装备的规模、性能及产业化发展水平也与美国、俄罗斯等航天强国存在一定差距，存在深空探测领域滞后、民用空间基础设施建设体系不完备、大容量高端通信卫星运载发展落后，运载和进入空间能力不足等问题。

我国部分海洋工程船舶品牌效应显著，装备制造水平不断提升，产业规模不断扩张，但技术水平提升有限，与全球先进水平相比，我国的海洋工程装备及高技术船舶行业仍有不小差距：海工装备以浅水和低端深水装备领域为主，高端装备设计能力有限，技术水平无法跟上国内外深海油气开发的要求，总体上仍位于产业链的低端；船舶配套业自主研发能力不强，关键系统和设备长期依赖进口，与日韩等造船强国相比，关键部件的本土化率水平较低。

我国轨道交通装备制造业经过多年的发展已经形成集研发、设计、制造、试验和服务于一体的完整体系，涵盖电力机车、内燃机车、动车组、铁道客车、铁道货车、城轨车辆、机车车辆关键部件、信号设备、牵引供电设备、轨道工程机械设备等10个领域。目前，我国高铁装备企业已形成高速动车组研发、制造和服务产业链，建立具有世界先进水平的高速动车组产品技术平台，已经掌握全车制造、接触网/牵引供电系统、列车运行控制系统等核心技术。然而，我国的轨道交通装备技术是在引进国外技术的基础上进行再创新而形成的，高铁转向架等核心技术仍然依赖进口，轴承等重要零部件以及加工高铁车辆的精密机床大部分仍然需要进口。

我国节能与新能源汽车技术研发能力近年来取得重要进展，混合动力汽车、燃料电池汽车、纯电动汽车和关键零部件技术都取得重要突破，截至2015年年底，我国新能源汽车累计产销近50万辆，已成为全球最大的新能源汽车市场。然而，节能与新能源汽车发展还面临一些问题，动力电池技术不足、快速充换电技术不足、充电设施布局滞后、售后维保体系不成熟等。

目前，我国的电力装备企业具备重大设备的制造和研发创新能力，大型水轮发电机组、光伏发电设备、超高压输电设备、风力发电设备、核电设备等一大批关键、重大电力装备均能实现自主设计、自主维护、自主制造，发电、输变电设备的技术水平达到国际水平，部分设备已经达到国际领先水平。然而，随着我国经济步入新常态，电力需求增速放缓，电力装备制造业面临市场趋冷的不利环境。

近年来，我国农业装备制造业迅速发展，已成为全球最大的农业装备生产和使用大国，农机工业生产总值、利润总额等指标连续多年增幅在20%以上。然而，我国农机装备存在运输机械偏多作业机械较少、中小机械为主大型机械不足、低档低效机具较多高档高效机具太少等产品过剩与产品短缺并存的问题。农副产品加工机械、果园管理机械、经济作物收割机械等方面的精细化农机制造，无论是与农业发展需求相比，还是与发达国家农机龙头企业相比，都有较大提升空间。

## 二、基于地区的高端装备制造业上市公司竞争力时间序列分析

高端装备制造业企业的地区竞争力是区域高端装备制造业在长期发展过程中形成的难以被模仿和取代的综合能力，这种综合能力是区域高端装备制造业的产业组织效率、市场运作能力、产业结构升级能力相互作用的结果，地区高端装备制造业长期发展形成的工业基础、规模优势和集群优势能够促进竞争力的提升。❶ 第一，地区高端装备制造业发展初期会培育一些具有相对比较优势的行业，资源禀赋和区位因素是选择的关键要素，此时地区高端装备制造业的竞争力主要表现为资源禀赋和区位优势带来的生产成本优势。第二，地区高端装备制造业往往具有明显的规模经济型，规模效应可以促使区域内零部件、机器和服务以及辅助性产品的制造企业、配套制造企业等不同类型制造企业高度专业化分工，优化产业链上的各个环节，提升高端装备企业抗风险能力和降低原材料的采购成本。第

---

❶ 于超群，綦良群.区域装备制造业核心竞争力形成机理分析[J].科技与管理，2009，11（3）：28-32.

三，地区高端装备制造业集群能够形成专业化经营、市场化联动、社会化协作效应，通过拉长产业链、提高支柱产业和传统工业的关联效应，延伸辐射领域，提高高端装备制造业的带动能力，增强企业和产品的市场竞争力。因此，考察分地区高端装备制造业的竞争力有助于发现区域竞争力的影响因素与形成机理。

### （一）基于地区的高端装备制造业上市公司竞争力变化趋势

进一步对2012～2016年各地区竞争力进行分析，如表4-2和图4-2所示：（1）从各地区竞争力均值的情况来看，东部地区和西部地区的竞争力稳中有升，东部地区的竞争力均值从58.59上升至59.13；西部地区的竞争力均值从60.28上升至61.83；中部地区略有起伏、大致徘徊在62上下；东北地区的竞争力则逐年下降，竞争力均值从60.96下降至55.60。（2）从各地区竞争力的龙头企业来看，高端装备制造业的竞争力呈阶梯状分布，东部地区最强，中部次之，西部、东北最弱。

表4-2　基于地区的高端装备制造业上市公司竞争力
时间序列分析（2012～2016年）

| 地区 | | 竞争力 2012 | 竞争力 2013 | 竞争力 2014 | 竞争力 2015 | 竞争力 2016 |
|---|---|---|---|---|---|---|
| 东北地区 | 个数 | 12 | 12 | 12 | 12 | 12 |
| | 均值 | 60.96 | 58.23 | 57.45 | 56.45 | 55.60 |
| | 中位数 | 64.09 | 62.43 | 62.45 | 60.81 | 62.85 |
| | 标准差 | 10.90 | 12.51 | 13.60 | 12.54 | 15.10 |
| | 极差 | 33.92 | 36.66 | 40.81 | 37.98 | 45.02 |
| | 极小值 | 40.57 | 38.75 | 34.49 | 31.87 | 26.13 |
| | 极大值 | 74.49 | 75.40 | 75.30 | 69.84 | 71.15 |

（续表）

| 地区 | | 竞争力<br>2012 | 竞争力<br>2013 | 竞争力<br>2014 | 竞争力<br>2015 | 竞争力<br>2016 |
|---|---|---|---|---|---|---|
| 东部地区 | 个数 | 111 | 111 | 111 | 111 | 111 |
| | 均值 | 58.59 | 58.65 | 59.09 | 58.92 | 59.13 |
| | 中位数 | 57.23 | 57.36 | 57.67 | 57.89 | 58.31 |
| | 标准差 | 12.00 | 12.30 | 11.77 | 11.72 | 11.71 |
| | 极差 | 52.73 | 52.05 | 49.06 | 55.78 | 52.22 |
| | 极小值 | 36.46 | 37.84 | 38.12 | 30.57 | 32.75 |
| | 极大值 | 89.19 | 89.89 | 87.18 | 86.35 | 84.97 |
| 中部地区 | 个数 | 32 | 32 | 32 | 32 | 32 |
| | 均值 | 62.92 | 61.71 | 61.94 | 61.85 | 62.60 |
| | 中位数 | 63.11 | 63.04 | 63.88 | 63.20 | 61.89 |
| | 标准差 | 12.53 | 12.54 | 12.17 | 11.91 | 10.67 |
| | 极差 | 42.51 | 40.63 | 44.43 | 43.25 | 41.14 |
| | 极小值 | 44.29 | 42.33 | 40.96 | 41.63 | 42.85 |
| | 极大值 | 86.80 | 82.96 | 85.38 | 84.89 | 83.99 |
| 西部地区 | 个数 | 29 | 29 | 29 | 29 | 29 |
| | 均值 | 60.28 | 60.57 | 60.96 | 60.92 | 61.83 |
| | 中位数 | 59.39 | 59.34 | 56.42 | 58.88 | 59.24 |
| | 标准差 | 11.30 | 13.76 | 13.60 | 12.55 | 11.48 |
| | 极差 | 36.57 | 50.09 | 52.32 | 42.06 | 38.22 |
| | 极小值 | 42.53 | 35.72 | 32.21 | 41.95 | 46.45 |
| | 极大值 | 79.11 | 85.81 | 84.54 | 84.01 | 84.67 |

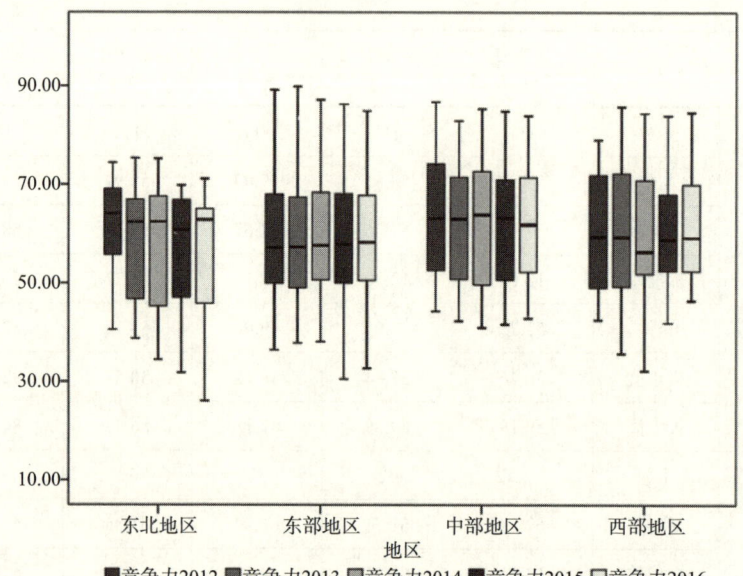

图4-2　基于地区的高端装备制造业上市公司竞争力
时间序列分析（2012～2016年）

## （二）基于地区的高端装备制造业上市公司竞争力现状分析

东部地区高端装备制造业竞争力的提升主要得益于东部地区的技术优势，例如，浙江日发精密机械股份有限公司大力加强轴承行业柔性自动线研发和建设，产品不仅在国内占有较高市场占有率，还远销美国、意大利、法国、日本等国家和地区。广东比亚迪、广汽乘用车等自主品牌汽车生产企业设计出一系列具有自主知识产权的整车、电动汽车以及发动机等关键汽车零部件。上海新时达电气股份有限公司完成首条机器人生产线开发，完成首台使用自主控制软件的机器人样机，微松机器人公司完成"基于模块化理念设计、针对智能手机屏柔性组装测试生产流程"的机器人化生产解决方案，首套设备顺利下线。

西部地区高端装备制造业的进步主要受到新能源装备、输变电装备的推动。西部地区发展新能源装备具有独特的大规模应用条件，尤其是经过20多年的技术引进再创新形成比较优势的技术基础。智能电网管理系统及技术、特高压、超高压交直流变压器、断路器、全封闭组合开关等输变电成套设备也将成为西部地区未来发展的重要方向。

中部地区高端装备制造业的发展主要源于产业结构调整效果显著、新兴产业增长迅速、产业集聚取得突破。例如，河南省通过引进富士康、中兴等龙头项目，发挥了龙头企业的辐射和拉动作用，2015年新能源客车产量位列全国第一；湖北省高技术制造业增速均高于全国水平；湖南省新兴产业的发展进步明显，南车时代电动汽车有限公司目前已成为国内最大的电动客车电驱动系统和关键零部件供应商。

东北地区高端装备制造业拥有较好的发展基础，形成若干特色鲜明的优势产业，早期表现较好。例如，辽宁装备制造业涵盖以机床和轴承为代表的基础类装备，以石化设备、重型矿山设备和输变电设备为代表的重大工程专用装备，以船舶、汽车和机车为代表的交通运输类装备，具备较强的重大技术装备研发、设计和制造能力；吉林省在交通装备、农业机械装备、光学精密机械、材料试验机、汽车专用模具、煤炭机械等领域具有较好基础；黑龙江省在农用机械装备制造、动力装备制造、航天装备等领域具有很好的基础。但受制于自主创新能力不足、制造业转型升级难、产业配套能力不足等瓶颈，后继发展乏力。

## 三、基于所有制的高端装备制造业上市公司 竞争力时间序列分析

随着经济体制改革的深入开展，所有制结构在所有制改革的推动下得以进一步优化调整。改革对多种不同经济成分的发展产生积极的影响，并促进了高效市场机制的形成。厘清不同所有制的高端装备制造上市公司竞争力情况，有助于促进各类企业之间相互比较和借鉴，并为我国的产权改革、混合所有制改革等提供更为科学合理的依据。不同所有制的高端装备制造业上市公司之所以有着不同的竞争力水平，主要是受到不同的产权制度和治理结构等诸多因素的影响。基于此，本书进一步分析了不同所有制

类型高端装备制造业上市公司的竞争力情况，以期为新常态下高端装备制造业的发展提供有益借鉴。

**（一）基于所有制的高端装备制造业上市公司竞争力变化趋势**

进一步对2012～2016年各所有制竞争力进行分析，如表4-3和图4-3所示。第一，从各所有制竞争力均值的情况来看：（1）中央国有企业的竞争力较为稳定，一直在66左右徘徊；（2）地方国有企业的竞争力略有下降，从66.97降到63.30；（3）民营企业的竞争力有所提升，从54.47上升至56.28。第二，从各所有制竞争力差异的情况来看：中央国有企业的竞争力比较均衡；地方国有企业存在竞争力偏弱的企业，例如东北电气；民营企业则涌现出一些优势企业，例如宇通客车。

表4-3　基于所有制的高端装备制造业上市公司
竞争力时间序列分析（2012～2016年）

| 所有制 | | 竞争力2012 | 竞争力2013 | 竞争力2014 | 竞争力2015 | 竞争力2016 |
|---|---|---|---|---|---|---|
| 中央国有企业 | 个数 | 46 | 46 | 46 | 46 | 46 |
| | 均值 | 66.67 | 66.21 | 65.78 | 65.57 | 65.85 |
| | 中位数 | 68.40 | 67.49 | 67.76 | 68.88 | 67.75 |
| | 标准差 | 9.15 | 10.23 | 10.90 | 10.47 | 9.74 |
| | 极差 | 39.29 | 43.93 | 42.50 | 42.37 | 42.12 |
| | 极小值 | 45.61 | 43.16 | 44.68 | 41.63 | 42.85 |
| | 极大值 | 84.90 | 87.09 | 87.18 | 84.01 | 84.97 |
| 地方国有企业 | 个数 | 33 | 33 | 33 | 33 | 33 |
| | 均值 | 66.97 | 66.20 | 65.85 | 64.22 | 63.30 |
| | 中位数 | 68.97 | 68.09 | 67.87 | 64.65 | 65.23 |
| | 标准差 | 12.08 | 12.82 | 13.15 | 12.62 | 13.29 |
| | 极差 | 48.62 | 54.16 | 51.86 | 47.64 | 58.81 |
| | 极小值 | 40.57 | 35.72 | 32.21 | 38.71 | 26.13 |
| | 极大值 | 89.19 | 89.89 | 84.08 | 86.35 | 84.93 |

（续表）

| 所有制 | | 竞争力2012 | 竞争力2013 | 竞争力2014 | 竞争力2015 | 竞争力2016 |
|---|---|---|---|---|---|---|
| 民营企业 | 个数 | 105 | 105 | 105 | 105 | 105 |
| | 均值 | 54.47 | 54.38 | 55.23 | 55.50 | 56.28 |
| | 中位数 | 52.51 | 52.69 | 53.54 | 54.42 | 55.05 |
| | 标准差 | 10.19 | 10.99 | 10.49 | 10.69 | 10.80 |
| | 极差 | 49.65 | 46.54 | 50.89 | 54.32 | 53.00 |
| | 极小值 | 36.46 | 37.84 | 34.49 | 30.57 | 30.99 |
| | 极大值 | 86.11 | 84.37 | 85.38 | 84.89 | 83.99 |

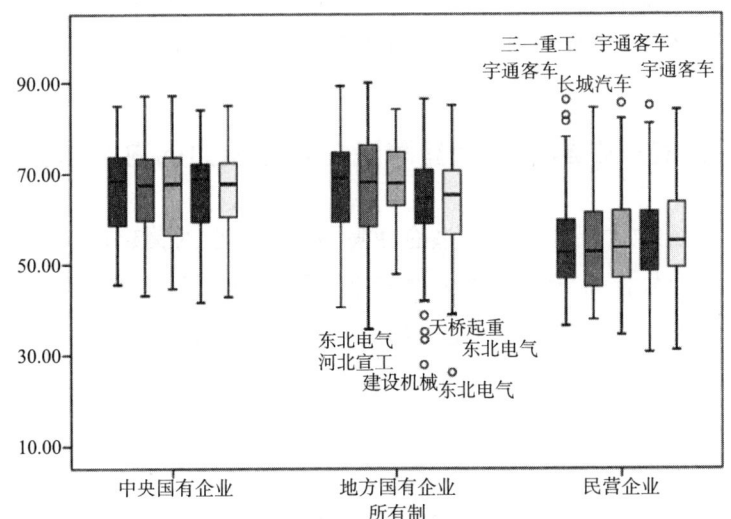

图4-3　基于所有制的高端装备制造业上市公司竞争力

时间序列分析（2012～2016年）

## （二）基于所有制的高端装备制造业上市公司竞争力现状分析

数据分析发现，我国高端装备制造业的结构调整取得重要进展。以国有企业和国有控股企业占主体地位的格局发生历史性的变化，资本结构趋向多元化。在国有企业承担重大科研项目的同时，民营企业也取得长足发展并形成一定规模，有力地促进了我国制造业的健康发展，真正体现了以公有制为主体多种所有制经济共同发展的思路。

中央国有企业是中国高端装备制造业的支柱企业，涉及高档数控机床和机器人、航空航天装备、海洋工程装备及高技术船舶、先进轨道交通装备、节能与新能源汽车、电力装备、农机装备这七个行业。在这些央企中，我国的高铁技术、航天制造均处于世界领先水平。然而由于历史原因，有些央企的产业重叠交叉、产业链过长，特别是房地产和金融投资等其他业务占据很大比重，因此，通过强强联合和兼并重组加快实现央企转型、突出主业、带动副业，对于提升高端装备制造业整体的水平和实力具有重要意义。此外，还能够减少同一领域内央企间的无效竞争，集中资源优势、减员增效、进而提升央企在国际市场中的竞争力。

## 四、提升中国高端装备制造企业竞争力的对策建议

### （一）提升中国高端装备制造企业竞争力的行业对策建议

（1）高档数控机床和机器人制造业需要企业加强市场拓展、行业合力突破技术、政府推行应用示范。第一，企业可以以市场需求为导向，找准产品定位，注重市场细分，培育有影响力的自主品牌；第二，行业可以构筑产业技术联盟，集中技术力量和资金，重点突破五轴联动以上高档数控系统和机床装备、六轴或以上高端工业机器人等高端产品的技术，应对国外企业的技术封锁；第三，政府可以推行国产数控系统和机器人的典型应用示范工程，出台推动国产数控系统和机器人技术走向应用的扶持政策。

（2）航空航天装备制造业需要企业积极参与项目对接、行业打造合作平台、政府集聚资源要素。企业可以牢牢抓住我国发展航空航天项目带来的机遇，积极参与到项目中，争取与项目对接，为航空航天项目提供配套产品；行业可以努力打造国内外航空航天企业交流合作的平台，营造良好

的投资和行业发展环境；政府可以加快集聚航空航天发展的资源要素，加快低空空域改革，促进航空航天制造业发展的军转民过程。

（3）海洋工程装备及高技术船舶制造业需要企业加快转型升级，行业制定关键标准，政府有效集聚资源。企业需要缩短新产品的更新换代周期，从产业链的中低端向附加值更高的核心高端转型；行业需要加快海洋工程装备及高技术船舶领域核心关键标准制定，实现与国际接轨；政府需要加强顶层设计，引导人才、技术、资本的有效集聚，遏制盲目扩大产业规模、低水平重复建设和过度投资。

（4）先进轨道交通装备制造业需要企业强化高端技术，行业完善中国标准，政府保护知识产权。企业需要加强高端产品的技术水平，进一步提高产品性能；行业需要完善专利的国际布局，规避专利风险，完善中国高铁标准，向世界推广中国标准；政府需要加强知识产权的保护，明确高校、企业和科研院所在轨道交通装备基础研究、技术集成工程化研究等领域的分工。

（5）节能与新能源汽车制造业需要企业做好后端市场、行业重视安全问题、政府完善充电设施。企业需要加快完善后端市场，如电池回收、操作维护、保养维修等，尽快寻找合适的盈利模式，避免过多的补贴依赖；行业需要建立新能源汽车操作规范、培养检测人才和普及检测装备、解决新能源汽车安全问题；政府可以将充电桩等配套设施建设纳入城市规划，跟进充电设施建设情况，探索多种模式共建充电设施，加速充电桩网络建设。

（6）电力装备制造业需要企业挖掘新增长点、行业推进制造转型、政府改善失衡局面。企业需要适应能源结构调整的大趋势，在高效清洁煤炭利用、重型燃机等领域挖掘新的盈利增长点；行业需要根据电力装备上下游配套关系，加快结构调整、企业联合和产业重组，向产业链的两端延伸，从生产型制造向服务型制造转变；政府需要大力推进分布式能源及智能电网建设，加快我国供电网络的铺设，逐步改善发电装备产业与输配电装备产业失衡的局面。

（7）农机装备制造业需要企业研发特色农机产品、行业搭建共享设计平台、政府倡导数字智能装备。企业需要紧贴市场实际需求，充分考虑农机装备易受田间作业条件限制和季节性的特点，致力于中国特色农机产品的研发；行业需要加强行业技术标准体系、行业信息化数据服务系统、行业试验检测能力、产品数字化设计平台建设；政府需要推动数字化、智能化技术与农机装备的深度融合，促进农业生产的自动化、智能化、专业化，提高农机装备的智能决策和精细作业能力。

**（二）提升中国高端装备制造企业竞争力的地区对策建议**

（1）东北地区需要加强区域自主创新能力建设、充分利用国防军工科研技术和生产能力。需要不断提高东北地区的创新能力，发挥创新驱动在推动东北地区装备制造业发展方面的积极作用，加快从要素驱动、投资规模驱动发展为主向以创新驱动发展为主转变，不断提升东北地区高端装备制造业发展质量。加大科研投入力度，集中攻克一批长期困扰东北地区高端装备制造业发展的共性技术。加快建设一批带动性强的国家级工程研究中心、工程技术研究中心、工程实验室等，提升企业产品开发、制造、试验、检测能力。推进以企业为主体的产学研密切融合发展，鼓励科研院所走进企业，支持企业培养壮大研发队伍。

（2）东部地区需要进一步加强创新、加速产业聚集。由于东部享有较多的政策支持，且存在地理、交通和科技优势，高端装备制造业发展情况较好。为保持东部地区的技术优势，需要推动大众创业、万众创新，让创新驱动成为东部高端装备制造业发展的持续动力；与此同时，需要进一步加速产业集聚，发挥产业的协同带动效应，促进效率的提升。

（3）西部地区可以积极承接产业转移，引导多种资源投资发展西部地区的高端装备制造业。西部地区要充分利用有效的合作途径，依托西部地区的市场、资源优势，积极引进战略合作伙伴，通过资金、技术、管理、品牌的引入，积极接纳产业转移，从而提升西部地区的整体实力。此外，在承接其他地区的产业转移的同时，还要高度重视自己区域内的其他产业向高端装备制造业的转移，引导其他产业投资也来发展高端装备制造业。

（4）中部地区可以强化区域合作，合理配置资源要素，培育竞争新优势。一是主动融入国家重大战略。以"一带一路"建设为统领，深度推进国际产能和高端装备制造合作，在承接产业转移和深化区域通关一体化领域支撑京津冀协同发展和长江经济带开发。二是全面推进双向开放。坚持招商引资引技引智并重，提高高端装备制造业利用外资的规模和水平；坚持"引进来"和"走出去"并重，提高高端装备制造业企业国际化水平和竞争力。三是深化产城融合与区域内合作。确保产业发展有利于推进新型城镇化，使高端装备制造业中心建设与中部地区几大城市群相互协同，开展区域内省市县三级在高端装备制造业领域的协调合作。

**（三）提升中国高端装备制造企业竞争力的所有制对策建议**

（1）以实现各种所有制资本取长补短、相互促进、共同发展为宗旨稳步推进混合所有制改革。要坚持政府引导、市场运作，坚持完善制度、保护产权，坚持严格程序、规范操作，坚持宜改则改、稳妥推进，切实保护混合所有制企业各类出资人的产权权益，调动各类资本参与发展混合所有制经济的积极性。要积极做好五方面的工作，按照国有企业功能界定和分类，分类推进国有企业混合所有制改革；从集团公司和子公司、中央企业和地方企业不同层面，分层推进国有企业混合所有制改革；鼓励各类资本参与国有企业混合所有制改革；建立健全混合所有制企业治理机制；建立依法合规的操作规则。

（2）大力实施创新驱动战略。"十三五"时期，要大力实施创新驱动战略，推进科技创新、管理创新和商业模式创新。最重要的是创新创新的制度，明确企业创新的经济属性，明确企业家也是创新的主体，遵循创新的经济规律，建立容错机制，使企业家和科学家能够享有创新的成果。要加快进入创新型企业步伐，中央企业要发挥优势地位带头作用，使科技创新贡献率、研发投入占企业销售额的比重继续提升，技术对外依存度逐渐降低。要提高自主创新能力，使企业自主创新站在国际技术发展前沿，力求在重点领域、关键技术上取得重大突破。要构建以企业为主体、市场为导向、产学研相结合的技术创新体系。

（3）把民营企业发展和国有企业混改结合起来，全面推进竞争性国有企业引进社会资本进行股权结构改革，发展混合所有制经济，鼓励民间资本控股经营。建立国有企业混改分类目标企业清单和招商项目库，完善民营资本与国有资本合作工作协商机制，搭建企业对接交流平台。鼓励民间投资主体对国有企业进行产权收购、股权收购、可转债认购、出资入股、股权置换，或与国有企业合资新设企业、参与企业经营管理等。

# 第三篇

## 中国高端装备制造产业的区域发展

区域经济理论，是研究生产资源在一定空间（区域）优化配置和组合，以获得最大产出的学说。生产资源是有限的，但有限的资源在区域内进行优化组合，可以获得尽可能多的产出。区域经济发展的微观基础是区域中的企业。企业在区域内部的空间分布，形成产业布局；产业布局又是区域结构空间的基础。所以，产业布局理论是区域经济研究的出发点。在地域上，我国高端装备制造产业各领域逐渐呈现出区域集聚发展格局，长三角、环渤海、珠三角和东北等地区形成鲜明的区域产业布局，各地区彼此分工、互相合作。

为揭示中国高端装备制造产业集聚发展的基础与机制，提出优化中国高端装备制造产业布局的对策，本篇运用区域经济学的相关理论，对高端装备制造产业的区域发展进行分析。本篇分为两章：第五章从区域视角分析各地高端装备制造集聚发展特点，揭示长三角、京津冀及环渤海、珠三角的产业集聚核心地区，以及基于自身工业基础产业发展迅速的中西部产业集聚地区的高端装备制造产业分布，揭示集聚发展的基础与机制，最后对中国高端装备制造基地进行分析；第六章则从产业视角揭示中国高端装备制造产业的整体布局，具体分析中国高端装备制造产业各领域的布局特点，揭示布局趋势，提出布局优化的策略。

# 第五章　中国高端装备制造产业的集聚发展

　　产业集聚（Industrial Agglomeration）又称为产业地理集中（Industrial Geographical Concentration），是指同一产业在某个具体地理区域的集中化分布，产业资本要素在区域内不断汇聚的现象，其实质就是企业聚集。作为产业聚集的空间载体，产业集聚区内的企业形成分工协作、竞争合作的互动式关联，有助于构成企业持续的创新发展动力和产品创新，推动产业结构优化升级和整体繁荣。大量聚集在产业聚集区的企业和经济资源，可以在充分利用密集的资源和生产要素的同时提高资源和经济要素的配置效率，形成效益最大化。这种自发形成的资本要素和企业效益的良性运作，提升了企业应对竞争和外界变化的水平，使产业集聚独具灵活性和整体竞争优势。作为一种适应经济发展新趋势的产业空间组织形式，产业聚集促进了行业竞争优势的形成，这也是一国在工业化或后工业化进程中产业发展的外部现象，具有群体竞争优势和规模效益的产业聚集是国际产业发展的内部动力。

## 一、中国高端装备制造产业的集聚发展特征

### （一）产业集聚的内涵

　　格莱泽（Glaeser, 1997）与艾莉森（Ellison）、龙（Long）和张（Zhang, 2011）提炼了两种企业集聚的形式：一种是相互关联少的部分大型企业聚集，如美国底特律的汽车产业；另一种是关联密切的许多各种规模企业聚

集，如硅谷。经过发展，产业集聚又被分为三种形式：一是水平型聚集。水平型聚集是指由于企业产品之间相互互补，而企业在各自的产业链中处于相近或相同的层次所形成的空间聚集。二是垂直型聚集。某一产业链的不同层次的上下游企业在某一空间的聚集，由于企业间被一个产业链所联系，生产流程具有较高的相似性，因而在这一经济空间内形成较稳定的生产协作关系。三是交错型聚集。这种空间聚集是由原材料、市场的共同需要形成的。区域内的企业可以共享信息、技术、资源，从而获得规模经济和正向外部性。

韦伯（Weber Alfred，1909）把影响集聚的因素分成两种：第一集聚是由企业的规模经济引起的，第二集聚是由企业间的分工协作和可共享的基础设施引起的。他认为集聚是一种优势，从区位分布的因素来考虑，可能会降低生产成本，可能是符合市场的生产战略。从以前的规律和研究可以总结出，聚集机制、企业自身动力和外部动力是推动产业聚集的主要动力。企业自身动力是推动产业聚集的根本动力，如区域内的自然资源、社会资源、要素禀赋程度、相关优惠政策、市场需求等；外部动力的主要来源是政府，如相关产业政策、对外贸易政策、投资政策等；聚集机制是由企业自身驱动形成空间聚集的过程，如规模经济、正向外部性、产业联系对聚集企业的作用。

作为工业化国家的主导产业和战略性产业之一，装备制造业以其高度的产业关联度、密集的资金技术为特点，通过规模经济的促进，形成最适宜以空间聚集的方式进行生产。从工业发展史可以看出，竞争力强的装备制造业多在某些地区规模集中，如斯图加特的机床产业群、索林根的刀具产业群、美国明尼阿波利斯的医学设备产业群等，都以降低生产成本和贸易成本而聚集。装备制造业明显的集聚和对自然条件依赖程度低有关，而且装备制造业会由于较强的正向外部性和规模效益递增进一步聚集；同时由于空间集聚所带来的群体创新、技术溢出和隐性知识转移也会推动装备制造业的技术进步。

由产业集聚发展来的产业集群被迈克尔·波特教授定义为，在某一领域（产业）内，相关的企业和厂商、专业供应商及有关的机构，如行业委员会、大学、制定标准机构、银行券商等所组成的空间内的产业组织。产业集群是一个由完整的内部产业链、健全的外部支持机构所组成的机动灵活的生产交易体系。"群"之所以称为群，是因为在某一空间内的企业、知识创造部门、中介和客户以完善的组织方式在产业链里灵活地联系、集聚并组成网络，从而形成规模协同效应，在当地创新、发展。这种动态的过程和结果推动了产业和地区的融合。集群的优势主要体现在：集群可以帮助企业降低成本，取得规模效益；在合作中学习新技术，研发新技术，从而达到共赢；集群还有利于提高本地市场准入门槛，联合攻破外部市场壁垒。

**（二）高端装备制造产业集聚发展的必然性**

高端装备制造业产业集群是一种大型的地域产业综合体，由整机制造企业为核心，由零件生产企业、辅助机构和相关配套部门支撑，以及和高端装备制造业相关的供应商、协会、公司和关联部门所组成。其中包括原料供应商、组装厂商、互补产品生产厂商、大型机器设备供应商、金融机构和专业化基础设施生产商，以及专业提供高端装备制造产品研究和技术支持的机构和部门、专门培养专业化人才的大学和机构。集群内部存在从原料采购到销售渠道的企业和研究机构间紧密的水平和垂直联系，内部合作与竞争并存。因而，高端装备制造业集群的要素有：核心的工业生产企业、上下游相关的零配件生产商、专业化服务机构、原材料供应商、竞争者、客户以及配套辅助的机构和企业等。

从发达国家高端装备制造产业的发展经验看，集聚发展是一种趋势。以美国为例，美国高端装备制造产业高度集中在大都市地区。比如，密歇根州的第二大城市大急流城（Grand Rapids）、俄勒冈州的波特兰市、堪萨斯州的威奇塔市等，专注于汽车、半导体、航空制造等高端制造业部门。展望美国全境，100个最大的都市区包含70%的美国高端产业就业机会。圣何塞是美国高端产业的主要枢纽，其劳动力就业总人数的30.0%集中在高端产业部门；威奇塔、底特律和旧金山等依次为15.5%、14.8%和

14.0%。总体而言，美国高端产业在近1/4的全国重要大都市区提供1/10的就业机会。

随着我国制造业的改造升级，目前形成的高端装备制造业产业集群已初具规模，如四川省德阳市、辽宁省沈阳市铁西、辽宁省大连湾和上海市临港新城等一批示范性基地；而其他细分的装备制造业，如工业机器人产业主要分布在芜湖、哈尔滨、上海、广州、沈阳等地；工程机械制造企业集中于长沙、柳州、临沂、徐州等地区；船舶和海洋工程装备制造业则分布在珠三角地区、长三角地区和环渤海地区。由于企业集中分布可以获得较强的专业化服务和较高的集聚经济效益，因而高端装备制造业产业集群一旦形成，不仅会带动先进驻的企业，还会不断地吸引新的相关产业的企业在此布局。集聚经济效益是企业区位选择的重要影响因素之一，我国的高端装备制造业之所以呈现当前的地理分布情况，正是由于较好地发挥了产业的集聚经济效益。

要想让高端装备制造业的集群效应真正有效地发挥其作用，除了企业在空间上的集中，还需要配套的产业布局、畅通的信息沟通技术交流的渠道、企业间良好的合作关系、紧密的技术交流、完善的原料物流运输系统等条件，有助于企业进行技术创新、制度创新、文化创新，形成浓厚的创新氛围，进而形成独特的企业文化和价值观，推动本地区的文化建设。本地政府在设计规划产业园区之初就应考虑到用整体的思想科学管理，引进与产业配套度高、联系紧密的企业。现有的多数高端装备制造业产业园多是在政府的扶持下，选取优越的地理区位所设立的，通过扫除企业发展所面临的问题难题，推出许多有利于企业发展的政策，鼓励和吸引高端装备制造业的相关企业进驻和发展，为高端装备制造业产业集群的形成和发展做了充分的准备。

总的来说，高端设备制造业是有着明显集群特征的产业，一个或几个公司的单一发展不能成功。从国外高端设备制造业学习发达国家的发展经验，明显可以观察出行业发展的新趋势是向着专业化知识密集区、经济发达地区聚集。由于规模经济、外部经济、技术溢出和信息采集的优势，集聚可以降低成本，降低风险，减少业务运营的不确定性，这使得高端设备制造业不可避免地向优势资源密集的区域聚集。具体来说，中国高端装备制造业将显示产业集聚，区域发展加快和产业布局扩大的三大趋势：更加集中在东部发达地区科研院所丰富和拥有较强的创新能力的省市，以及部分经济欠发达地区的中心城市；日益扩大的区域发展差距进一步推动了区域分工细化和专业化，工业发展热点将不断出现，产业布局将更加显示区域特色；而处在新兴行业的扩张阶段，还未定型的布局必将拓展。而目前中国的装备制造业还存在一些问题，如每当春节结束后企业都会面临用工荒，以及快速上涨的地租和工资无法与企业缓慢的利润增长相匹配的矛盾。根据布雷克曼（Brakman，1996）的理论分析，可以认为是由于该地区的某一产业过剩所导致的，即"拥挤效应"。由于该地区所能承受和消耗的产能有限，而过多的企业集聚则导致效率低下，增长点匮乏，企业成长缓慢，还会带来一系列的社会问题，这都是降低社会发展效率和无法促进资源优化配置的重要原因。所以，针对东部地区经济发达的省市已经或将要出现的产业集聚过剩而其化解能力又没有充分发挥效果的情况，要求政府必须开展宏观调控，制定能推动产业向中西部欠发达地区转移的产业政策；为促进产业均衡分布，根据高端装备制造业具有明显的技术密集性的特征，加快从国家层面倡导搭建技术创新平台，推动地区间的技术资源流动和共享，尽最大可能地提高欠发达地区的技术水平。除此之外，产业园区和产业集群的互动必不可少，产业园区的特质一定程度上决定着产业集群最终的发展方向，因此要利用产业园区的建设去推动高端装备制造业产业集群的发展，也是符合现代化工业进程的必然选择。

**（三）高端装备制造产业集群的特征**

随着国家对高端装备制造业的政策支持越来越积极，其发展势头迅猛，前景光明。此外，高端装备制造业具有明显区别于普通制造业的特征，如资本密集投入，技术壁垒高筑，寡头垄断明显等。

1. 资源高度集中

资源高度集中不仅体现在企业生产部门分布密集集中在某一空间，而且体现在知识要素的高度集中、技术要素的高度集中、资本要素的高度集中等。其中知识要素是最重要的一个环节，人才是最关键的一个要素。专业化的技术人才是推动高端装备制造业升级崛起的核心，而如何吸引人才、留住人才是高端装备制造业能否快速发展的要点。组建汇集创新人才、理论专业人才和技术专业人才的优秀人才队伍，辅以管理人才、经济人才和统筹协调人才；发挥高校、科研机构、企业及其他培训机构的人才培养作用，在实践中培养真正符合时代需求、符合产业发展趋势的高素质人才，创新模式，提高质量；同时加快从海外引进高素质专业化人才，加快国内智库建设，培养一批真正具有自主研发能力的专业人才为我所用；营造尊重人才、尊重技术的氛围，健全人才评价机制，充分激励人才发挥自己的潜能。

科技是第一生产力。一个企业只有真正掌握了属于自己的专利并运用到生产中，才能真正地在行业立足。集群使得大量相同或相似产业的企业聚集在一起，强烈的竞争会迫使各家企业研发真正属于自己的独特的核心技术；而且高端装备制造业的行业技术壁垒非常高，只有投入大量的人力物力财力才有可能获得对等的专业技术，将关键技术运用在生产中获得高额利润和丰厚的回报。同时关键、尖端技术可以捍卫企业在行业中的地位，夺取市场份额，有利于得到规模效益。龙头企业或者核心企业因为拥有大量的优质资源，更容易取得技术创新的成就，也会对行业发展有导向性和良好的示范效果。大量的企业研发会增加企业的专利和知识产权数量，树立品牌形象，也能赚取高额的专利费。因此，政府大力促进企业进行自主研发，突破国外或某个公司的技术垄断，通过增加政府投资和引进社会投资提高高端装备制造业的创新能力，推动技术进步。从国家级实验室、一系列科研中心的建设可以看出国家对于提高高端装备制造业的核心竞争力以及量产能力做了许多努力。

除了技术的密集需求，高端装备制造业对资金的需求同样很大，是典型的资本密集型产业。没有资金就无法发展技术，就要受制于别人，技术发展的前期需要大量的资金投入去做研发，因此，我国致力于开发多渠道、多类别的技术产业融资机制，鼓励虚拟经济发挥价值以推动实体经济的发展。国家还倡导金融创新，从金融产品的品种、投融资渠道、融资租赁模式等角度进行全方位的金融创新，同时融合高端装备制造业的产业特点，发挥现有资本的作用；推动符合条件的高端装备制造业企业上市，引进现代化的公司治理模式和财务制度，真正为推动高端装备制造业产业的发展贡献虚拟经济的力量。

各种资源的融合汇聚整体地作用于整个产业，企业不断地聚集人才、资本、知识帮助企业成长，而壮大后的企业还会吸引更多的人才、资本及研究机构的进驻，从而形成虚拟经济助力实体经济的发展，实体经济再反过来反哺虚拟经济的良性循环，它们共同影响促进优质的高端装备制造业企业集群。同时随着集群的不断壮大、竞争力不断提高、建立良好的品牌形象，产业集群内部能够更加便捷地吸引和利用优质的资源，帮助解决企业自身发展所面临的问题。中小企业还可以抱团取暖，组成行业协会，从规则、技术、标准各个方面推动产业发展。

2. 明显的正向外部性

产业集聚所带来的正向外部性主要表现在该地区的集聚产业的收益递增和区域经济的整体增长。产业集聚使得该地区的企业可以共享公共基础设施，降低了分散投资的资本量，而相近的地理位置有利于降低物流成本和信息获取成本。由于企业集群分布，这也导致劳动力市场可以相互共享，降低了招聘成本；技术创新也会产生溢出效应，即某个企业的新技术随着时间的推移会普及整个行业，成为行业的普遍标准，有利于生产的专业化。因为产业集群使得企业间彼此比较了解，当面临资金问题时，有利于同业拆借，降低了融资成本，也减少了投资风险，带来正向的货币外部性，促进资本的专业化分工和专业化投入。同业之间利用地理区位的接近性有利于开展合作，也可以通过行业协会、合资、合营的方式联盟，统筹安排生产、销售活动，既降低了原材料成本，也降低了运输费用，削减了边际成本。联合还有利于产业纵向一体化的发展，分解、拉长产业链，从而使产业链更加完整，产品越做越精细化。

3. 产业高度相关性

高端装备制造业具有产业链长、关联度高的特点，产业集群内部的相互影响非常显著。产业集群一旦形成便很难迁移，区域内的企业具有高黏性，随着产业链条全部转移至本地，各项环节的本地化，转移成本会逐渐升高，因而产业具有高度相关性。高端装备制造业从研发到生产所跨越的领域非常广泛，也关系到一些基础行业的技术升级和产业发展。大型机械设备的组装性、集成性强是不言而喻的，每一台既整体又分散，需要成千上万件零件，而这些组成的零件则涉及其他工业产业，单独企业或行业不可能独立完成。除此之外，产业集群还需要一些辅助行业给予支持，如物流、销售、财务公司等服务性企业。这样细化分工后有利于处于市场支配地位的核心企业进一步专注技术研发。从涉及国家安全的军工企业制造业装备到石油煤炭开采、交通运输等基础性产业，都离不开高端装备制造业的设备支持。高端装备制造业是一个国家国民经济发展和国家工业技术水平的重要体现，它代表着先进生产力，对于提升制造业核心竞争力，其他产业的转型升级起着重要的作用。

高端装备制造业的产业链条大致分为四个阶段：设计研发、生产制造、展销推广和运营量产。其中，核心零部件生产、普通零部件生产和加工拼装共同组成生产制造这一环节。一定地理范围内的企业通常只能涉及价值链的部分环节，无法全面包含，而区域内的核心企业掌握了该环节的核心技术，由于其技术水平要求高，壁垒使得普通企业难以进入，核心技术很难被模仿，核心企业也会越来越注重核心技术的研发和核心零件的生产，进而和普通环节的普通零件区分开来。区域内部的其他企业则会承包核心企业放弃的一般环节，逐渐占领低端市场，生产技术复杂或附加值高的环节，而低技术要求低附加值的环节则被进一步外包至区域外的企业。在上述价值链层层确认的过程中，企业会不断提升自身的技术水平，以谋求价值环节的升级和更高的利润；不同环节的企业充分发挥自身的比较优势，集中资源发展自身核心业务，以达到区域内的动态平衡。

4. 合作高度紧密

高端装备制造业集群内部多呈现既竞争又合作的局面，由于产业内部专业化程度高、分工细化，企业间互惠性显著、产品互补性强、生产工艺复杂，所以形成众多中小企业围绕在少数核心企业周围的格局，既合作又分工。（1）高端装备制造业具有明显的生产工艺复杂化、产业链条系统化的特征，既相关又可分解的专业生产技术能够容纳很多企业存在于一条产业链的不同环节，从而构成区域集群整体。同时由于每个企业又可独立地存在，能够将生产集中于产业链的某个环节或某个产品，从而达到精细化、专业化、规模化。高端装备制造业产业集群内部横向比较是互补产品或替代产品的生产商；纵向比较是不同环节的上下游企业的关联。（2）大量研发资金的投入和众多领域的关键技术使得高端装备制造业的技术突破很难依靠一家企业完成，而是由一个合作关系或者几家企业来共同实现。这时产业集群内部的科研机构、行业协会、高校则起到至关重要的作用，为企业的创新和发展带来良好的机遇，提供便利的条件。通过技术人才方和企业资金方的联合开发，能够做到产学研的良好结合，充分调动社会资源，从前期研发到后期生产进行全方位立体化全产业链的结合，从根本上推动高端装备制造业向全球高水平迈进。

为了谋求更高的市场份额和公司利润，尽管高端装备制造业内部存在激烈的竞争，但是这也会促进企业间协作分工，从而达到资源配置的最优化和生产效率的最大化。由于企业间形成互动性关联，这种关联形成的潜在利润和竞争压力有效地推动了企业的技术创新。但是，形成这种关联的关键是信用，产业集群内部的信用是黏合企业的核心和基础。由于企业间的信用程度高，能够有效地进行专业化合作，提升彼此的竞争力，进而产生强大的正向外部性，推动整个产业向前发展。从国内外产业发展历程来看，信用程度高的集群和企业有利于形成良好的合作关系，提高产业集聚的稳定性，降低企业间的交易费用，进而实现区域内的规模经济。

## 二、中国重点区域的高端装备制造产业分布

目前，我国高端装备制造业已初具规模，除了在航空、造船、汽车、轨道交通等领域取得巨大成绩之外，还逐渐形成长三角地区、京津冀及环渤海地区、珠三角地区的产业集聚核心地区，以及基于自身工业基础产业发展迅速的中西部产业集聚地区。

### （一）长三角地区的高端装备制造产业分布

高端装备制造业是我国战略性新兴产业，也是我国制造业现代化的重要突破口，而长三角地区作为中国经济发展的前沿地区，高端装备制造业发展最为成熟。以上海、江苏、浙江为核心的长三角地区的高端装备制造业在航空、海洋工程、智能制造装备领域特色较突出，目前已形成集设计研发、生产制造、售后服务于一体的产业链，将在更高层次上引领区域协同发展、提升参与全球合作竞争能力。包括上海、杭州、宁波、常州等许多区域重点城市在内的长江三角洲地区是高端装备制造业重要的研发、生产基地。作为我国经济活力最强的地区，长江三角洲地区既有许多大型跨国企业作为技术、资金的汇集平台，也有中小企业作为制造生产的实践平台。长三角地区是我国高端装备制造产业聚集区和我国经济重要增长极。

（1）上海市。上海市有强大的经济优势和广阔的经济腹地，开放时间早、程度深，具有深厚的制造业基础，已布局的重点产业集群有智能装备产业、半导体制造设备产业、工业机器人、大型船用设备、海洋工程、物流装备与工程机械装备、航空零部配套、装备再制造等。上海未来将以上海张江高新技术产业开发区为核心，联合上海周边城市和长三角域内城市，共同打造航空、造船、海洋工程、智能装备制造等产业集群。

（2）江苏省。江苏省是传统的制造业大省，过去5年，全省轨道交通装备、航空航天装备、海洋工程装备、智能制造装备、高端专用装备、卫星应用产业等高端装备制造业实现快速发展。轨道交通产业和航空航天产业在南京得到大力发展，南京有效依托当地的高校和科研机构，装备研发

成效显著，创新体系逐步完善，涌现出一批优秀企业，如南京南车浦镇车辆有限公司、南京南车浦镇城轨车辆有限责任公司、南京轻型飞机有限公司等重点企业。南通经济技术开发区是发展海工船舶装备工业的理想区域，重点发展海洋油气钻采设备及配套、高端船舶、港口机械设备、海洋风电装备等主导产业。目前，已有上海振华重工、惠生重工等众多优秀企业入驻。装备制造业服务化水平不断提升。常州市的高端航空装备、高端轨道交通制造业、卫星应用是优势产业，拥有江苏北斗科技、常州飞机制造厂、今创集团、新誉集团等重点企业。

（3）浙江省。浙江省装备制造业行业种类齐全，产业基础扎实，特色化产业优势突出，其中最具鲜明特色的产业是轨道交通装备零部件和数控机床产业，主要分布在省会杭州。其中，天马轴承股份、晋亿实业、中高柴油机重工有限公司等企业在行业中有较强实力。

**（二）京津冀及环渤海地区的高端装备制造产业分布**

京津冀地区的开放程度较高，科技资源丰富，经济环境充满活力，也是我国战略性新兴产业发展的核心区域之一，辽宁、山东两地拥有得天独厚的地理优势，海洋资源优势明显。京津冀及环渤海地区的科研实力雄厚，是全国重要的设计研发基地。北京、天津是智能制造、航空航天产业集聚区，河北、山东、辽宁是北方地区传统的制造业大省，加之三省的海洋资源，依托原有基础逐渐发展海洋工程装备、轨道交通装备以及数控机床产业。京津冀及环渤海地区产业层次梯度明显，分工体系初步建立，成为我国制造业发展的重要增长极和参与国际竞争合作的先导区域。

（1）北京市。作为全国的研发总基地，北京市集中了一批优势企业和科研机构，在国家的各类科技政策的扶持和推动下，在高端数控装备、航空航天、工程机械、卫星设备等领域取得较大发展，形成一批具有自主知识产权的技术和产品。北京依托自身雄厚的人才后备力量和众多院校及科研院所，让许多高端装备制造业企业成长为行业领军企业，特别是数控机床、航空、卫星等行业的研发中心，如中国航天科技集团、中航工业集团等。

（2）河北省。河北省竞争实力较强的制造业是轨道交通装备、船舶与海洋工程设备、环保与资源综合利用装备等，已形成唐山高速列车设备产业集群、焊接机器人产业集群和海洋工程装备产业集群，石家庄航空装备及高速列车设备产业集群。唐山轨道客车有限责任公司的客车动车组系列产品达到国际领先技术水平，河北省还有中石油曹妃甸海洋工程装备项目等重点装备企业与项目。

（3）山东省。除航空航天外，山东省大多数装备产业基础较好。而山东省的智能装备、海洋动力装备被列为重点扶持的战略性新兴产业，主要集中在青岛和济南，正在形成济南都市圈数控机床产业集群、青岛机车车辆产业集群。南车青岛四方机车车辆公司是国家高速列车研发制造基地，山东重工集团生产的重型汽车、工程机械及船舶发动机和工程机械制造能力具有较高的世界影响力。随着国家布局发展海洋经济，许多海洋工程装备制造项目落地实施，如青岛武船重工项目、中石油青岛基地、中海油青岛项目、蓬莱巨涛等项目。

（4）辽宁省。辽宁省的高端装备制造业以航空装备、轨道交通、数控机床、海洋工程装备为主，主要分布在沈阳和大连。大连重点发展海洋工程装备、智能制造、轨道交通装备产业，重点企业有大连船舶重工集团、大连光洋科技集团等。沈阳以航空装备、智能制造装备为主，重点企业包括沈鼓集团、沈飞、沈阳机床集团等。

**（三）珠三角地区的高端装备制造产业分布**

以广州、珠海、深圳为中心的珠三角地区，是具有全球影响力的先进制造业基地和现代服务业基地，是科技创新和技术研发的重要基地，能有效辐射带动华南、西南、华中地区的经济发展。珠江三角洲地区经济基础好，对外开放程度高，具有丰富的人力资源和技术资源。该地区的高端装备制造业主要集中在广州、深圳、珠江西岸经济带，以工业机器人、数控机床、海洋工程、航空服务业等产业为主。依托自身的轻工业基础，珠海地区通过产业升级未来必将发展为我国高端装备制造业的重要产业圈。

（1）广州市。广州市的主要高端装备制造产业有轨道交通、船舶及海洋工程装备等。轨道交通目前在航空航天制造业拥有交通部广州航道局港航工程公司、广州航新航空工程电子有限公司等重点企业，同时拥有广州北航新兴产业技术研究院新型研究开发机构。船舶及海洋工程装备制造业产品覆盖成品油船、集装箱船、滚装船、大型多功能化学品船等领域，中船龙穴造船公司单船生产能力居全国首位。广州力图打造国内最大的特种船建造基地和大中型集装箱船。

（2）珠海市。珠海市发力海洋工程装备和通用航空产业，凭借已形成的城市名片"珠海航展"大力发展通用航空设备生产、维修及运营服务产业。借力建设珠海航空产业园，打造全国一流的航空产业基地，成为航空零部件加工制造、通用飞机制造、航空航天会展、大型航空维修、航空运输、空港物流等航空产业集聚区。

（3）江门市。江门市努力建设成为未来轨道交通行业领域、物流运输及海工装备行业的重要基地。目前，南车集团、北车集团已扩大在江门的投资规模，大型的轨道交通产业基地正在逐步规划建设当中。规划显示，江门市要着重发展轨道交通装备制造和工程建设、城市轨道交通建设、电传动与电机电器产业、柴油发动机制造等产业。

（4）深圳市。深圳市"十三五"规划强调重点发展高端制造装备，智能制造装备，包括工业机器人产业、正在建设的华南地区的数控系统技术研发中心等，通过一系列产业扶持政策，助力企业做大做强，进而实现产业有质量地发展，推动工业制造业向高端装备制造业升级。

**（四）中部地区的高端装备制造产业分布**

中部地区范围广阔，地处内陆，开放程度较沿海地区不足，但由于历史因素和区域发展战略规划，中部地区的传统制造业优势较为明显。这有利于中部地区产业升级至高端装备制造业。湖南和山西分别以株洲和太原为中心，重点发展航空航天、轨道交通装备和智能制造装备；江西作为国家重点航空产业基地，重点发展航空装备制造。

（1）湖南省。从产业布局看，湖南省形成以中联重科、三一重工、中车株机、蓝思科技等龙头企业带动的产业链，初步形成轨道交通、机械工程和电工电气的优势产业集群。其中，长沙的工程机械产业集群和电子信息产业集群发展迅猛，株洲的轨道交通产业集群和航空装备产业集群实力雄厚。

（2）山西省。山西省大力发展与高速列车配套的车轮、电机、轮对、车轴、电机和传动系统等产品，完善电力机车、载重货车等从原料、关键零部件到整车组装的全产业链。为了全力发展轨道交通装备全产业链，山西省在全省重点城市建设了一批装备制造业产业园，如太原铁路装备制造基地、大同电力机车制造基地、运城铁路电机制造基地等。

（3）安徽省。安徽省的高端装备制造业主要分布在合肥、芜湖、马鞍山及安庆等市。安徽省高端装备制造业发展方向主要集中在航空航天和智能制造，其中细分包括航空器装备制造、智能测控装备制造、智能关键基础零部件制造、高精数控机床、工业机器人等。省内的骨干企业有芜湖恒升有限公司、合肥合煅机床等。

（4）湖北省。湖北省的高端装备制造业主要集中在武汉和襄阳两市。武汉市依托以华中科技大学为代表的高校和科研院所，深耕蓬勃发展的工业机器人产业，打造工业机器人全产业链，武汉·中国光谷机器人产业创新战略联盟也被列入省级联盟试点。湖北省的航空航天器设备制造产业展现出巨大发展潜力。省内建设有武汉中车轨道交通装备基地，武重集团"面向航空航天领域重大技术设备研制与产业化项目"的数字化车间建设，为装备制造实现智能化生产提供了示范。

（5）江西省。江西已成为我国重要的航空产业研发和生产基地，其航空产业主要集中在南昌。洪都集团和昌飞公司两家国家重点航空整机制造企业是江西省航空制造产业的龙头企业，在通用航空制造行业内实力雄厚。

**（五）西部地区的高端装备制造产业分布**

川陕地区凭借传统强势的技术实力和资源优势，强力发展高端装备制造业。西安将和成都、重庆等西部城市联手推动包括高档数控机床、航空航天、机器人在内的重点领域的产业协同发展。陕西的航空产业最完整，四川、重庆也正在形成机床、航空、卫星、轨道交通装备等产业的集聚区。

（1）四川省。四川省内的高端装备制造业产业集群遍布全省，成都、德阳、绵阳、资阳、眉山等地都有产业集群的分布，且行业广泛，发展良好。成都拥有国腾电子、中航成飞等一批重点企业，在航空装备、电气装备领域与卫星及应用装备方面表现抢眼。德阳是"中国重大技术装备制造业基地"，引进了投资总额高达80亿元的油气田装备产业园、电动科技汽车高性能电机研发和制造以及航空装备生产基地项目。绵阳市规划建设的航空城特色鲜明，眉山与资阳以轨道车辆制造与维修服务业为主。

（2）陕西省。为推进陕西省装备制造业智能化、高端化、集群化发展，省内大力开发高档数控机床、机器人、先进轨道交通装备等市场前景好、技术水平高、附加值高的对装备制造业发展有重大支撑带动作用的项目。在航空航天工业研发与制造、关键基础零部件、数控机床、输配电等重点领域实力雄厚。在中航西飞集团、中航陕飞集团、秦川集团等行业骨干企业的发展下，陕西省在航空航天领域拥有了全国领先的完整产业体系，也在数控机床等产业上表现抢眼。

（3）重庆市。"十二五"期间，重庆市两江新区把轨道交通装备、动力装备、精密数控机床等高端装备产业作为重点发展，建设了重庆千亿轨道交通产业园等重点园区，集聚了美国GE、中船重工、中国北车、重庆长客公司、重庆机电等多家国内外知名装备制造企业，大力拓展以轨道交通为主的轨道交通装备产业，以航空器整机、配套制造及运营为主的通用航空产业和以工业机器人为主的智能制造装备，加快打造千亿产值规模的高端装备产业集群。

# 三、中国重点高端装备制造产业基地

## （一）中国高端装备制造产业基地的介绍

以往，我国的高端装备制造业主要集中在环渤海地区，其他东部沿海地区也有分布。现在，我国工信部、发改委和科技部等有关部委以及各级地方政府积极促进高端装备制造业的发展，大力推动战略性新兴产业基地的形成。

自2009年起，工信部开始主持创建国家新型工业化产业示范基地，至今已有300多家产业集聚区被评为国家新型工业化产业示范基地，涵盖装备制造业、原材料工业、电子信息产业、军民结合等主要的工业行业和领域。其中近百家产业聚集区是以装备制造业为主导产业，更有甚者形成了相当规模和各自特色的高端装备制造业示范基地。从城市分布来看，在北京市、上海市、天津市、深圳市、西安市、武汉市、济南市、长株潭地区均有涉及高端装备制造业的综合性技术产业基地，而在西安市、沈阳市、哈尔滨市、成都市、安顺市还有大型民用航空产业国家高技术产业基地。从区域分布来看，环渤海地区有智能制造、轨道交通、航空航天及海洋工程装备制造等产业基地，长三角地区有航空、智能制造、海洋工程装备制造基地，珠三角地区有数控机床、智能机器人、海洋工程和航空服务业的研发和生产基地，此外海南也有海工装备制造基地等。由此可见，我国目前的建造力量和高端装备制造产业基地主要集中在沿海区域，西部、华中、东北地区少量分布。

我国高端装备产业的空间布局仍在完善与优化之中，已有个别核心集聚区域呈现出扩散趋势。未来，具有装备制造产业的新兴城市将会不断涌现，并带动周边地区的发展，形成区域性的产业集群，达成规模效应，细化分工；中西部地区也会在政策扶持下，依托资源优势，快速发展。

**（二）重点城市高端装备制造产业基地的分析**

1.上海的资源优势和产业区域分布特征

上海有南方客机设计总装和海洋工程基地。上海拥有国内较强的科技、人才等资源优势，高校、科研院所众多，为民用航空产业与智能制造装备产业的发展提供了技术支撑。同时，政策、交通、自然等配套条件优越，产业化氛围较好。天然的港口和岸线资源为发展船舶及其配套等高端装备制造提供了良好的条件。上海重点发展航空产业、海洋工程装备制造与智能制造装备产业。上海机床工业产量在全国所占比重较高，但是在数控化率方面与其他先进的国家和地区相比，仍有一定差距。

从区域布局来看，上海的高端装备产业主要布局在长兴岛海洋装备产业基地和临港产业区。临港产业区以发展海洋工程设备、船舶关键件制造、民用航空产业配套设备等高端装备产业为核心。其中，以中船集团长兴基地、中海长兴修造船基地和振华重工长兴基地为主的长兴岛海洋装备产业基地已经形成较为完备的船舶产业链。

上海电气机床集团在临港产业区投资建设的上海电气集团高级数控机床成批总装基地，将全面采用日本机床制造业现场管理方式。同时，上海拥有数量众多的造船企业，包括上海江南长兴造船有限责任公司、上海江南长兴重工有限责任公司和江南造船（集团）有限责任公司等。

上海国家新型工业化民用航空产业示范基地即位于临港产业区内。大型客机设计研发中心、大型客机总装制造中心、民用飞机客户服务中心和航电系统研发中心、民用航空配套产业基地四大区域构成上海国家新型工业化民用航空产业示范基地。中航商用大飞机项目落户上海，其中总部落户陆家嘴金融贸易区，研发中心落户张江，部分研发和客服中心选址闵行区紫竹科学园区，总装中心选址为临港产业区。

上海政府通过培育和发展交通运输装备、高端能源装备、高端智能装备、关键基础装备、先进成套装备等五大重点领域，着力提升先进重大装备的自主设计和制造能力，重点发展商用飞机发动机、支干线飞机、机载系统设备及零部件等民用航空产业，促进卫星及应用等航天产业发展；加快发展先进燃机、高效清洁煤发电、精密仪器仪表、特高压、轨道交通、数控机床等智能制造设备；积极发展海洋油气开采、特种工程船等海洋工程装备及关键配套系统；积极发展LNG船及装备系统，天然气输配装备及汽车加气系统集成装备。"十三五"期间，重点围绕智能制造、智能电网、智能汽车、新能源汽车、民用航空发动机与燃气轮机、大飞机、机器人、深远海洋工程装备、高端医疗装备等领域，实施一批重大战略项目建设，力争在关键核心技术领域取得突破。

2. 北京的资源优势和产业区域分布特征

北京是我国高端装备产业的研发中心和总部基地。北京具有丰富的教育、人力和科研资源，如北大、清华、北理工、北航等高校以及中科院、北京机械工业自动化研究所等科研机构，形成强大的科研体系。北京的高端装备制造产业基地囊括轨道交通、航空航天、卫星领域的研发中心和总部基地。但是，北京高端装备制造业仍面临如何充分发挥科技资源优势、找准产业定位、提升产业总体规模以及提高科技成果转化率等问题。

从区域布局来看，轨道交通制造重点布局在丰台轨道交通新型工业化示范基地，航空航天产业主要布局在以知春路和中关村为核心的中关村科学城、顺义区的北京航空产业园、大兴区的军民结合产业园等。轨道交通装备领域，汇聚了一大批国内知名的轨道交通装备代表性企业，包括中国中铁股份公司、北方国际合作股份公司、京津城际铁路股份公司等。航空装备领域，北京是中国航空工业集团公司的总部所在地，发展包括通用航空、客机组装与维修、航电设备在内的高端装备制造业。卫星及应用产业领域，以四维图新等重点企业助推北京成为国家卫星及应用装备的产业轴心。智能制造装备领域，拥有中航智控、安川首钢、北京第一机床厂、北京机床研究所、北京阿奇夏米尔等骨干整机企业。关键基础件方面，拥有华德液压、SMC、京冶轧机轴承等企业。

当地政府也积极投入建设，如丰台区正在建设"六园三网一中心"，拟打造国家轨道交通技术创新策源地、高端产业聚集地；大兴区的南航北京航空产业城和昌平的北京通用航空产业园项目也正在规划和启动中；沿中关村大街将打造"战略性新兴产业创新辐射中心"，沿知春路将打造"中关村空间技术国际港"。

3. 沈阳的资源优势和产业区域分布特征

沈阳是北方高端智能装备的制造基地，是东北重要的老工业基地，拥有良好的装备制造资源和雄厚的工业基础。沈阳拥有我国最早的飞机生产企业沈飞公司、全国著名的发动机生产企业黎明公司，还有一批知名的航空科研院所和高校。2009年，国家发改委同意授予铁西区打造国家级装备制造业聚集区，标志着沈阳铁西装备制造业聚集区装备制造业发展上升为国家战略。沈阳在全国最具竞争力的产业领域是以数控机床为代表的智能制造设备产业。同时，航空产业集聚程度也不断加强，有望成为沈阳市第一大支柱产业。

从区域布局来看，数控设备主要集中在沈阳国际特种机床装备城及沈阳经济技术开发区。目前，沈阳经济技术开发区已形成数控机床、重矿机械等为主导的产业集群，引进了一批国际顶级的技术项目。沈阳国际特种机床装备城致力于发展成为中国最大的专用数控机床全链条产业新区、千亿产出的数控机床制造销售基地，乃至成为世界级数控机床技术研发平台。

航空产业致力于建设沈阳（法库）通用航空产业基地和沈阳国家航空高技术产业基地两个航空聚集区。沈阳计划以民用航空国家高技术产业基地建设为载体，依托骨干企业，建设集研发、培训、制造、服务、运营、维修于一体的航空航天产业体系。沈阳拥有沈阳机床集团、北方重工集团、三一重装公司等一批国内行业领军企业。沈阳机床居于国内机床行业龙头地位，其产品已经批量进入汽车、国防军工和铁路船舶等重点行业的核心制造领域。北方重工在盾构机的设计、生产方面优势突出。沈阳飞机工业集团是以航空产品制造为核心主业，集科研、生产、试验、试飞为一体的大型现代化飞机制造企业，是中国重要歼击机研制生产基地，具备各类干线、支线飞机大部件制造能力和通用飞机和民用产品研制能力，拥有各类近百条飞机制造特种工艺专业生产线。

沈阳市政府的装备制造业规划提出以通用机械、重矿机械、数控机床、输变电装备为四大重点行业，以建设具有国际竞争力的先进装备制造业基地为目标，到2020年总产值实现8 300亿元，力争用10年，全力建设铁西装备制造业聚集区，建成5个公共服务平台，做大做强九大主导产业，重点发展20个基础产业集群，培育20个世界级企业，并打造出100个世界级产品。

4. 唐山的资源优势和产业区域分布特征

唐山是国内重要的轨道交通装备制造基地。唐山地处环渤海中心地带，是京津的重要门户和连接东北亚的主要枢纽，已形成以公路为脉络、铁路为骨干、海运空运为外延的海陆空一体化交通运输体系，拥有便捷的交通网络。唐山雄厚的工业基础和工业需求为高端装备产业提供了极大的发展空间。唐山已建立以冶金机械、铁路机车、汽车及其零部件等优势产品为主体的轨道交通装备制造产业体系。智能制造装备方面，已形成机器人产业集群，产品涉及建筑清洗机器人、巡线除冰机器人、焊接机器人、中厚板焊接机器人系统、矿用抢险探测机器人、管道爬行机器人等领域。

从区域布局来看，唐山正努力构建以丰润中国动车城、开平现代装备制造园、曹妃甸装备制造园、迁安西部工业区等工业聚集区为依托的产业发展格局。唐山拥有唐山轨道客车公司、住友建机道路工程机械、住友重机工业减速机、松下产业机器公司、唐山冶金矿山机械厂等骨干企业。唐山轨道客车有限责任公司生产制造的CRH3型时速350千米动车组，是世界上运营速度最高、完全拥有自主知识产权的国产化高速动车组。机器人产业以唐山开元、唐山松下、唐山开诚为领先，以天工数控、通博科技等企业为主体。

唐山市政府将以自动焊接设备、冶金装备、轨道交通装备、工程装备、修造船等为重点，加快高速动车组等一批重大装备制造项目建设，逐步树立先进装备制造业在第二产业中的主导地位，打造中国北方重要的装备制造业基地。

5. 西安的资源优势和产业区域分布特征

西安是西部地区最具实力的航空制造集聚地，拥有高等院校和一定的人才资源优势。西安的军工科技对高科技领域的发展起到了示范和带动作用，推动西安航空和卫星产业的发展。关中—天水地区更是上升为国家战略基地，为西安的发展提供了更高的政策扶持平台。

西安有两大特色优势产业，分别为航空和卫星产业。航空产业体系从过去单一的军机体系已经转变为军民结合、以民为主的发展体系。西安是全国唯一拥有完整卫星产业链的地区，已形成完整的科研、生产、试验、管控、运营体系，帮助支撑了北斗系统的研发。北斗系统使我国成为继美、俄之后世界上第三个拥有自主卫星导航系统的国家。该系统已成功应用于测绘、电信、水利、渔业、交通运输、森林防火、减灾救灾和公共安全等诸多领域，产生显著的经济效益和社会效益。

从区域布局来看，卫星及应用产业位于国家民用航天产业基地，航空产业分布在西安阎良国家航空高技术产业基地和西安经济技术开发区。经国务院批准，西安阎良航空基地升级为国家级陕西航空经济技术开发区，跻身国家级开发区行列，成为全国唯一以航空为特色的经济技术开发区，涉及整机制造、航空新材料、航空电子、航空测试、航空维修、航空零部件、航空技术服务等各个环节。西安经济技术开发区正在成为我国西部产业链条最完备、产业集群优势最突出的外向型航空产业发展平台，对卫星应用产业起到示范性带领作用。西安市重点的高端装备制造企业有中航陕飞集团、西安航空发动机集团有限公司、中航西飞集团、北车西安车辆厂等。西飞是中国大中型飞机的重要研制生产基地，西安车辆厂是中国铁路客车修理、货车制造、货车修理、车辆配件制造及国内唯一拥有铁路罐车设计、制造主导权的大型国有企业。另外，西安航天寰星电子科技有限公司的北斗导航接收芯片研发设计工作已取得阶段性成果。

2010～2013年，西安市政府培育了10个左右的综合性支撑平台、认定20个企业技术中心和50家骨干企业，每年实施100项重大投资项目，对于技术先进、市场前景广、带动系数大、综合效益好的重大项目，也可获得资金扶持。《西安市"十三五"工业发展规划》提出，到2020年年底，致力将西安打造成为"国家先进装备制造业基地"和"国家战略新兴产业基地"。对其他地方的战略性新兴产业建设起到示范带动和引领发展的作用。

6. 大连的资源优势和产业区域分布特征

大连是以重化工为主的老工业基地城市，工业基础雄厚，且地理位置优越，是中国北方重要的对外贸易港和东北地区最大的货物转运枢纽，也是东北腹地与国际市场连接的主要通道和航运服务中心。大连经过几十年的发展，已经形成从建造、修理、配套、技术研发及试验设施等为一体的船舶工业体系。机车制造则是全国轨道交通产业布局的重要组成部分。智能制造装备以及关键零部件产业的技术研发处于国内先进水平。

从区域布局来看，在长兴岛、旅顺口、开发区三个产业集聚区，大连船舶和海洋工程装备不断发展。其中有以船舶与海洋工程制造业、大型石化通用设备制造业等为主的大连湾临海装备制造业聚集区。旅顺口的大连大正港海洋工程基地，引入中远船务工程集团、大连港集团、葫芦岛泊船重工渤海造船有限公司作为战略合作伙伴，并将打造中国北方最大的海洋工程装备基地以及渤海湾内重要的支线港口。临港工业园依托STX（大连）造船基地形成位于长兴岛的韩国工业园和大连船舶配套产业园区，船舶制造配套产业链条也已经基本形成。

大连船舶重工、大连重工·起重集团公司、韩国STX等作为大连的龙头企业。半潜式海洋钻井平台GM4000、海上原油特种运输船"劳瑞森""库纳森"系列世界首座八角形钻井储油平台OCTABUOY等，都由中远船务工程集团公司近年来先后研发、建造。目前国内自动化程度最高、规模最大、作业水深最深400英尺自升式钻井平台"海洋石油942"就由大连船舶重工建成，大连船舶重工也因此具备与国际知名海工企业竞争的实力。大连机车车辆有限公司正在大力开拓城轨车辆市场，在轨道交通装备方面，大连瓦房店轴承集团拥有较高的海外市场份额。与美国罗宾斯、日本新日铁、德国克虏伯等国际知名公司合作的大连重工·起重集团，共同开发风电、核电、隧道掘进机/盾构机等高端装备产品。

近年来，大连市政府对重大技术装备、环保设备、船舶配套、汽车零部件、基础零部件等领域给予财政资金，用来支持技术创新和技术改造，如设立数控产业发展专项资金；大力推进"两区一带"临港临海装备制造业集聚区的建设。

7. 南通的资源优势和产业区域分布特征

随着国家战略的实施，通过沿海开发、长三角一体化为南通带来巨大的发展机遇。此外，南通是唯一既靠江又临海的城市，16.6万公顷滩涂、绵延200多千米的海岸线，这是发展造船业和海洋工程的独特的自然禀赋，为新一轮沿海开发提供了资条件。此外，南通已形成集海洋工程、船舶工程、游艇和配套业为一体的海洋工程船舶产业体系，拥有较为发达造船业。据统计，南通市产业规模居全国第二，占据全国海洋工程市场1/4份额。产业种类覆盖从近海到深海的所有种类。拥有大规模以上的海洋工程装备与船舶工业企业约500家，海工产品品种超过10个。

从区域布局上来看，产业主要分布在南通市内、如皋市和启东市。位于南通市的有国家新型工业化示范基地：南通经济技术开发区船舶及海洋工程特色产业基地。南通拥有中远川崎、江苏熔盛重工、振华重型装备、中远船务、韩通重工等龙头企业。振华南通项目主要从事大型铺管船、大型港口机械生产、总装、调试，大型钢结构，重型齿轮箱制造等。江苏熔盛重工是规划年造船能力800万载重吨的大型集团，并经国家发改委批准进行造船及海洋工程装备的业务。吉宝（南通）船厂、惠生重工海工及特种船舶为重点企业惠生（南通）重工有限公司主要生产海洋石油平台及港口、海洋起重机械产品。

2016年发布的《南通市"十三五"沿海前沿区域发展规划》提出打造"一港三带"，一港是建设上海国际航运中心北翼江海组合强港；三带是长三角北翼重要的先进制造业集聚带、功能配套完善特色鲜明的城镇带和具有江风海韵特色的旅游观光带。南通市政府找准产业带重点发展船舶海工、石油和精细化工、新材料、冶金建材、装备制造、能源产业、轻工食品等基地。南通的船舶海工产业通过加强研发设计，朝着高端绿色、关键配套方向发展。政策转向产业链条的延伸，目标是建设世界一流的船舶海工产业基地。

8. 齐齐哈尔的资源优势和产业区域分布特征

齐齐哈尔作为国家老装备工业基地和黑龙江省重点发展工业城市之一，是国家振兴东北老工业基地战略实施计划的国家重点新型工业化示范基地。其装备工业基础良好，轨道交通装备领域也在全国占有一席之地，其特色为重型装备产业以及军工装备。

从区域布局上来看，龙头企业主要分布在齐齐哈尔高新区、富拉尔基工业园区和铁锋区。作为中国机械行业百强企业，齐二机床集团公司和齐重数控股份有限公司是我国重特大机床生产基地；齐齐哈尔轨道交通装备有限公司是亚洲最大的铁路货车制造企业，也是世界铁路装备制造业500强企业，中国第一重型机械集团公司是我国重大技术装备制造行业排头兵企业，被国家多次列入重点保军企业，作为国家重点武器装备科研生产基地，齐齐哈尔北方机器有限公司、齐齐哈尔建华机械有限公司和黑龙江华安机械有限公司都是"一五"时期南厂北迁的国家重点建设工程企业。

齐齐哈尔市政府出台了推进装备制造业集群化发展优惠政策。市财政每年拿出一定资金，设立装备制造业集群化发展引导基金，用于企业技术改造和技术创新。贷款贴息鼓励装备制造业龙头企业按专业化分工裂变分离辅业，走专业化和规模化发展道路，引导配套企业借助龙头企业的带动和辐射加入集群。

9. 青岛的资源优势和产业区域分布特征

青岛作为山东省GDP排名第一的城市，拥有四通八达的陆路交通网络和得天独厚的众多优良港口。青岛还具有国家战略层面的山东半岛蓝色经济区，这一战略规划大大提高了青岛吸引国内外重大项目的成功概率，也加快了海洋工程装备产业的发展。

为促进海洋装备制造业的发展，青岛市大力引进大企业、大项目。前有美国麦克德莫特、中石油、中海油等世界500强的海洋装备制造企业来青岛投资；后有在青岛海西湾建设大型造修船基地的国内船舶巨头中船重工。青岛的海洋装备制造产业集群现已初步形成，多数的海洋工程设备项目具备国内先进水平，拥有海洋工程装备、船舶电力推进、船用柴油机、造修船等高技术水平、高资本体量、高市场份额的产业链条。2016年青岛市海洋设备制造业产出已达428亿元，《青岛市"十三五"重点产业创新路线图》提出，到2020年，船舶与海洋工程装备产业要实现产值1 000亿元的目标。

青岛市的海洋工程装备产业主要布局在青岛经济技术开发区，内有海西湾造修船基地、海洋石油工程基地、船舶海工基地等。南车四方股份有限公司和四方庞巴迪以城阳区工业园形成高速列车产业化基地。基地生产能力强，具备年产高速动车组200列、高档客车或内燃动车组300辆、城轨车辆1 000辆、检修高速动车组120列以及高速动车组不锈钢车体480辆的能力。

海西湾造修船基地作为国家船舶工业中长期发展规划三大造船基地的重点项目之一，现有骨干制造企业12家，包括青岛北海船舶重工有限公司、中国石油集团海洋工程（青岛）有限公司、青岛武船重工有限公司、海洋石油工程（青岛）公司等龙头企业。高速列车产业化基地以南车四方股份有限公司和四方庞巴迪为龙头，吸引了产业链上下游的其他企业入驻。青岛市政府拟将山东通用航空产业园打造成以航空研发、航材物流、航空制造、航空服务、航空培训为一体的航空产业集群。该园区将以直升机产业为重点，利用低空空域资源，引进知名航空企业。

# 第六章　中国高端装备制造产业的布局与优化

　　产业布局是指产业在一国或一地区范围内的空间分布和组合的经济现象，是产业运行规律在空间上的具体表现。从静态视角看，产业布局是指形成产业的各部门、各要素、各链环在空间上的分布态势和地域上的组合。从动态视角看，产业布局则表现为各种资源、各生产要素甚至各产业和各企业为选择最佳区位而形成的在空间地域上的流动、转移或重新组合的配置与再配置过程。中国高端制造产业在发展过程中，表现出较为明显的布局特点。本章将对中国高端装备制造产业的总体布局、各产业布局、布局趋势与布局的优化进行深入解析。

## 一、中国高端装备制造产业的总体布局

　　高端装备制造产业在中国的地理版图上逐渐呈现出区域发展模式，基于制造业发展进程中的"南下东进"以及"北上西进"，高端装备制造产业已基本覆盖中国地图的东半边，形成两核多中心的空间格局。

　　目前中国高端装备制造产业显示出初步集聚特征，集群化分布进一步显现，逐步形成以环渤海、长三角地区为核心，东北和珠三角为两翼，以四川和陕西为标志的西部地区为支撑，湖北、湖南、江西等中部地区快速崛起的产业空间格局。另外，高端装备产业相关的新型工业基地正在逐步形成，其中，集聚特征较为明显的地区分布在环渤海、珠三角、长三角地区以及中部三省。高端装备制造业重点城市的分布格局与原工业基地分布

较为一致，说明高端装备制造业的发展对工业基础要求较高。

就分布密度而言，东部地区最高，中部地区次之，西北地区最低，十分不均衡。从高端装备制造企业数量分布上看，东部地区数量最多，与其他城市形成巨大差异，随着区域经济和文化资本程度的发展层次不同，中国高端装备制造业呈阶梯分布趋势。由此可以看出，无论是空间分布还是密度分布，不同地区之间差异显著，空间结构分布上呈现出不均衡的态势。但动态地看，中国高端装备制造业空间分布集中程度与分布差异在逐渐缩小。

## 二、中国高端装备制造重点行业的布局

### （一）高档数控机床和工业机器人领域的布局

高档数控机床和工业机器人的制造和应用水平是衡量一个国家工业自动化发展程度的重要标志。中国经济现处于转型升级的关键时期，许多行业正在进行深度的产业结构调整升级，迫切需要高质量、高技术水平的机床装备，尤其在航空航天装备、船舶制造、能源电力、国防军工、汽车和工程机械等重点产业，推进高档数控机床的智能化、国产化、产品成套化更是迫在眉睫。数据显示，国产数控机床年产量为20万～30万台，市场中高档数控机床国产产品只占2%，高档数控机床国产化进程亟待加快。

面对国内自主化程度低的现状，国家自2009年起实施数控机床专项，8年间高档数控机床设计水平不断提高，重点领域装备生产能力不断提升，一定程度上缩小了与国际先进水平的差距。以五轴加工中心为代表的高档数控机床，在航空装备整装与零部件生产等领域实现批量应用，为大飞机、新型战机等国家重大专项和重点工程提供了关键制造装备。同时，我国机床行业的自主创新和可靠性水平有显著提升，标准和技术规范逐步完善，部分技术标准还被列入国际标准，行业国际竞争优势显著增强。

从地理分布来看，高档数控机床的生产和加工中心主要集中在东北、华东及西北地区，其中山东、北京、辽宁、陕西等地分布最为密集，如沈

阳机床厂、大连光洋科技、济南第二机床厂等。大连光洋科技生产的五轴联动数控机床拥有85%以上的自主化率，从核心技术切入产业链，不断钻研创新，大幅降低生产成本，技术接近国际先进水平，突破了欧美发达国家对我国的技术封锁。同时，光洋科技正在投资建设大连智能制造装备产业园，带动东北地区的高档数控机床产业实现联动发展。高档数控机床的核心研发环节主要聚集在上海、江苏、浙江金华、湖北武汉等华东、华中地区。武汉华中数控以华中科技大学为技术支持，产学研用紧密合作，长期探索具有自主产权的数控系统研发与产业化，是中国数控行业软件设计的领导者。而华南地区的数控机床产业相对薄弱。

除数控机床以外，工业机器人也是智能制造装备产业未来一个新热点。机器人集现代制造技术、新型材料技术和信息控制技术为一体，是智能制造的代表性产品，其研发、制造、应用成为衡量一个国家科技创新和制造业水平的重要标志。《中国制造2025》明确了机器人的发展方向：一是开发工业机器人本体和关键零部件系列化产品，推动工业机器人产业化及应用；二是突破智能机器人关键技术，开发一批智能机器人。现在各地都在以企业为核心，以共性技术平台为支撑，优先发展下一代工业机器人，推进产需对接，抢占发展制高点。

我国在机器人领域的研发起步较晚，与发达国家差距还比较大。目前的大部分机器人制造企业都集中在技术含量较低的集成领域，组装企业占多数。京津冀地区的智能机器人产业创新相对领先。北京地区服务机器人发展规模全国领先；天津以天津机器人产业园和滨海机器人产业园为核心，重点发展工业机器人、服务机器人和水下特种机器人；河北以发展工业机器人和特种机器人为主，重点打造若干特色产业基地及园区，其中唐山已成为金属焊接、矿用探险等行业机器人研发基地。

京津冀三地在机器人产业链、智力资源、创新平台、应用发展和政策环境等方面均各有优势。其中，京津冀地区作为中国机器人产业的重要发展基地，以北京、天津为核心的机器人产业发展政策方面具有非常大的优势，随着雄安新区的设立以及一系列产业政策的推出，该地区已逐步形成错位发展和优势互补的形势。京津冀地区拥有国内领先的研发创新资源，涌现出一批创新能力强的企业实体和核心产品。京津冀地区的金融环境在全国处于领先地位，平均金融增加值处于全国较高水平。机器人行业人才环境居全国前列，聚集了包括清华大学、北京航空航天大学、北京科技大学、中国科学院自动化研究所等在内的23家机器人领域重点科研院所。在智能机器人领域涌现出一批典型企业，已具备一定市场竞争实力，但仍存在自主研发企业稀缺、小企业较多且过于分散等问题。在产业结构方面，京津冀地区的层次较为丰富，北京在人形机器人、操作系统等机器人核心关键技术领域达到了世界先进水平，天津在智能平衡车、水下特种机器人等方面表现亮眼。由于京津冀地区的产业集聚水平一般，导致本地区规模效益实现受限，但随着后期重点打造若干特色产业基地及园区，规模效益会有一定程度的提升。

长三角地区作为我国机器人产业发展的重要区域，工业机器人产业起步早、发展基础较为雄厚，产业链较为完整，在上海、昆山、常州、徐州、南京等地已形成集聚效应。全球机器人巨头和国内龙头企业也纷纷落户长三角地区，形成研发、生产、应用等较为完整的产业链，集聚了上海机电、巨星科技、科大智能、埃斯顿等一批本体和功能部件企业、系统集成商和相关科研院所。

长三角地区人才环境在全国处于领先位置，聚集了上海交通大学、复旦大学、同济大学、浙江大学、上海电气中央研究院等近20家高水平院校和研究机构。长三角地区金融环境在全国处于领先地位，平均金融增加值占比仅次于京津冀地区。在产业创新能力上，长三角地区机器人产业平均研发投入占比在全国相对领先，高新技术企业总数也显著高于其他主要地区。区域分布上，长三角地区由于设有全球机器人巨头总部基地，机器人产业集聚度较高，长三角地区形成多点分布、错位竞争的特点。产业结构水平上，长三角地区正在形成从上游的减速器制造、零部件控制系统生产到中游的本体制造和下游系统集成服务等完整的产业链条，这些产业链条的大型企业又对其他关联企业产生强大的吸引力，进一步加快了机器人制造企业在长三角的集聚发展。长三角地区工业机器人产业规模效益明显，全球机器人巨头均在长三角特别是上海设有总部或基地，对长三角地区的产业效益贡献巨大，凭借规模效益、先进软硬件设计和生产能力，保持技术、市场优势，占据消费机器人高端和高附加值市场。

珠三角区域内深圳、广州、东莞、顺德等地在机器人产业发展方面已逐步形成多点发展、协同推进关系。珠三角地区机器人产业应用市场较为广阔、基础技术发展实力较强，已初步形成较为完备的产业链条。珠三角地区关键零部件和通用零件的生产异军突起，发展迅速。在机器人控制系统和伺服系统的相关技术处于全国领先位置。珠三角地区具备一定的机器人研发实力，聚集了包括华南理工大学、广东工业大学、中国科学院深圳先进技术研究院等近20家机器人院校及研究机构。

珠三角区域人才环境在全国处于中游位置，与长三角和京津冀地区相比具有一定差距。但珠三角地区金融环境良好，相关投资基金发展迅速、投资方式灵活、覆盖面较广，为机器人产业提供较为雄厚的资金支持。珠三角地区机器人产业平均研发投入占比仅低于长三角地区，高新技术企业数量较多，民营企业极具活力，在数控设备、无人物流、自动化控制器、无人机领域具备一定的领先优势。珠三角地区机器人产业集聚度较低，珠三角地区机器人自主品牌企业占比不高，中小型企业的核心零部件仍以进口为主，在自主品牌建设方面未来仍有较大提升空间。珠三角地区机器人本体研发及生产企业占比低于长三角和京津冀等地区，高端产品收入占比也没有优势，但平均核心零部件国产化率处于全国领先水平。珠三角地区机器人相关企业数量为747家，仅次于长三角地区。该地区企业积极与具有技术优势的国际机器人龙头企业对接，完成多项企业的引进合作。世界龙头企业的入驻，有力地推动了珠三角地区机器人产业规模扩大。

东北地区龙头企业对产业链带动作用明显，产业集聚水平较高，但创新能力和规模效益较差，产业发展环境一般，其中小企业的发展水平与长三角地区、珠三角地区差距较大；虽然中部地区机器人产业发展相对滞后，但中部地区的政策优势引发产业集聚效应初显；西部地区促进产业发展的各类资源仍较稀缺。

## （二）航空航天装备领域的布局

经过多年的发展，我国航空装备制造业研发和生产都具备了一定基础，逐步建立起较为完整的航空技术体系、产品谱系和产业体系。在国民经济快速发展和综合实力不断提高的经济形势下，对航空运输和通用航空服务的需求也在快速增长，航空工业发展的市场空间十分广阔。目前，中国航空装备制造业发展显现出集聚特征，区域分工、集群化分布日趋明显，初步形成以陕西、珠三角、东北地区为中心，以北京、天津、四川等研发、制造为支撑的航空装备产业格局。其中，既有依托国家三线建设、中国航空工业集团公司布局发展起来的传统航空工业强市，如哈尔滨、西安、成都、沈阳、南昌等；也有近年来抓住机遇快速发展的新兴航空城市。

整机制造在航空装备制造业布局中至关重要，能够推动零部件、原材料乃至运营服务等上下游产业的集聚。国内航空整机制造企业主要可分为两类：（1）中航工业旗下各企业，作为中国航空制造的龙头企业，中航工业承担了国内航空制造业的众多重大项目，产品涉及广泛，其布局对全国航空制造业产业布局起着决定性影响；（2）民营企业，如青岛海利等，由于资金、技术和政策限制，加上民营企业的市场导向性特点，民营航空整机制造企业主要集中在通用航空整机制造领域，以轻型飞机为主。目前国内航空装备制造业民营企业规模较小、数量较少，仍处于起步阶段；此外，由于国家政策限制，外商投资整机制造必须采取合资方式，考虑到市场和技术风险，国外整机制造企业多选择与中航工业旗下企业合作在国内建立生产基地，因此，国外企业在国内的布局基本与中航工业布局一致。

中航工业在国内航空装备制造业布局中作用显著，能在很大程度上带动航空制造人才、资金、技术等要素的汇集，西安、沈阳、成都等城市都是在中航工业布局带动下成长起来的航空制造强市。目前，国内航空整机制造分布仍主要以中航工业布局为主导，主要分布在陕西、四川、上海以及东北地区，近年来随着国产大飞机项目的推动以及通用航空的发展，中航工业对全国布局进行了一定的调整，上海、西安、天津等地随着一批重大项目的落地，航空装备制造业实力不断增强，此外，珠海、重庆等城市抓住通用航空发展的机遇，通过招商引资、争取资源，其航空装备制造业也在逐步崛起。

由于航空装备制造业具有明显的整机拉动特点，因此，国内航空配套及零部件业的布局与整机制造有极大的相似性，如中航电测、中航起落架等多家生产航空零部件企业。随着国内航空装备制造业生产制造水平的提升，许多国内大企业都进入了国家航空装备转包生产供应链，为国际航空巨头转包生产飞机零部件。由于技术差距，在航电设备和动力系统方面，国内企业仍主要集中于传感器、仪器仪表等零部件的制造。

**（三）海洋工程装备及高技术船舶领域的布局**

未来5～10年是我国海洋工程装备制造业发展的关键时期，既要把握海洋资源开发装备需求增加的机遇，又要应对国际竞争日益激烈的挑战；充分利用我国石油装备制造业和船舶工业已经形成的较为完备的技术体系、制造体系和配套供应体系，大幅度提升管理水平，加强技术创新能力建设，加大科研开发投入力度，实现我国海洋工程装备产业跨越发展。

我国在海洋工程装备制造领域已经具备一定的技术基础和较强的建造能力，产品开发由低端近海开始向高端深海逐渐突破，市场开拓由主要面向国内市场向国内外市场并重的方向发展。海工装备制造产业整体表现出长足进步：第一，逐步形成一批具有国际影响力的骨干企业，包括上海外高桥造船有限公司、大连船舶重工集团有限公司等，均在专业化制造以及市场开拓方面取得显著成就；第二，在全球市场所占份额不断扩大，甚至对海工装备制造传统强国韩国和新加坡发起了冲击。

《中国制造2025》中规划海洋工程装备的发展重点包括海洋油气资源开发装备、海洋矿产资源开发装备、海洋可再生能源开发装备、深远海探测与考察装备等。在高技术船舶方面，重点突破超级生态环保船舶、极地运输船舶、远洋渔业船舶、高性能执法作业船舶、大型豪华游船等类型船只的研发和自主化生产。

长三角地区是我国船舶工业的三大基地之一，是我国船舶工业综合水平和实力的代表，是最具备向船舶产业集群发展条件的区域。上海地区高技术船舶发展的中坚力量有江南造船集团、上海船舶研究设计院等企业和研究机构。这些造船企业先后批量建造了若干型具有世界先进水平的高技术、高附加值船舶，如17.4万立方米液化天然气（LNG）船、8.4万立方米超大型气体运输船（VLGC）、11.5万吨成品油船、1.75万吨化学品船等一批高技术、高附加值的船舶。2016年，中船集团承接工信部牵头的两个专项，分别是中船动力研究院牵头的"船用低速机工程"专项和中船集团第七〇八研究所牵头的"20000TEU及以上超大型集装箱船"专项。江苏省造船业起步较早，发展较快，是除上海以外的全国第一造船大省，拥有南通中远川崎、扬子江船厂等一批骨干企业。江苏省的船舶配套能力较强。浙江省将船舶工业定为建设先进制造业基地的重点发展产业。但是浙江省配套业相对比较薄弱，普遍存在"浙江造船、江苏配套"的现象。而传统的船舶制造重点区域珠三角和环渤海地区在高技术船舶的发展上与长三角地区有较大差距。

具体到海工装备业的总体布局，研发聚集于京沪，制造聚集在东南沿海地区。主要海洋工程项目均由中石油和中海油发起，并联合当地政府兴建，主要集中于珠三角、长三角以及环渤海地区。依托中国船舶工业集团和中国船舶重工集团两大集团，我国海洋装备制造及配套装备制造业拥有一批具备研发和生产能力的企业，主要分布在北京、上海、南通、青岛等地区。船舶制造业主要集中在天津、上海、大连等东部港口城市。

全国海工装备制造业主要呈现出环渤海地区、长三角地区和珠三角地区三足鼎立的局面。环渤海地区以大连、天津、青岛、烟台等地为主，聚集了大连船舶重工、大连中远船务、中海油天津塘沽基地、中集来福士、蓬莱巨涛等，产品集中在自升式钻井平台、半潜式钻井平台、钻井船等，而且拥有龙头企业大连船舶重工、中远船务和中集来福士。长三角地区以南通、上海等地为主，代表企业是上海外高桥、上海船厂、南通中远船务，产品侧重于高端装备，实力雄厚。该地区的产品种类丰富，除各类移动钻井平台外，还有居住平台、物探船等处于建造阶段。珠三角地区是我国南部的海工装备基地，主要以广州地区为主，包括招商局重工、广机海工等海工船建造企业。

海洋工程装备主要的制造商是中海油、中石化和中石油三家国有大型油气公司，其海洋工程装备制造业已初具规模，在低中端产品的生产方面具有较强的能力。最大的海洋工程装备制造公司是中海油，主要建造基地位于青岛、湛江等地。其中深水海洋工程装备产品的建造在青岛完成；固定式桩基平台上部组块和导管架的陆上预制、总装及装船在天津的塘沽区、深圳的赤湾、湛江、青岛等基地完成。东营桩西和龙口胜利港是中石化胜利油田的两个建造场地，固定式桩基平台上部组块和导管架的陆上预制、总装及装船等在这两个场地均可用。中石油在海洋工程装备的建造领域起步较晚，但是起点很高，可以完成固定式桩基平台上部组块和导管架的陆上预制、总装及装船。中石油主要海洋工程装备建造基地在山东青岛、宁波象山。我国现阶段有很多海洋工程装备建造的后起之秀，如中远集团在南通和太仓建立海洋工程装备建造基地，惠生集团在南通和舟山建立海洋工程装备建造基地，天津渤海油田在天津建立海洋工程装备建造基地，唐山曹妃甸规划了海洋工程装备建造基地等，中船集团是国内最大的造船企业，其下的各大船厂也具有一定的海洋工程装备建造能力。

**（四）先进轨道交通装备和农机装备领域的布局**

轨道交通装备制造业快速发展的主要原因是十几年来中国经济的飞速发展和稳步推进的城市化进程。我国的轨道交通制造业已初步形成具有系统研发、生产、服务的创新体系，不断扩大的产业能力，显著提升的研发水平，都为我国轨道交通运输业提供了智力支持和装备保障。而农业机械装备是发展现代农业的重要物质基础。"十二五"期间，我国农机产品种类不断增加、生产能力日益增强，一些大型高效、精准、节能型装备研发制造取得积极进展，为我国农机化事业快速发展提供了良好保障。

随着市场的不断扩大，我国轨道交通制造业保持稳定增长，2015年销售收入同比增长达15%，销售额约为6 250亿元。形成一批生产能力居世界前列的具有国际领先水平的制造基地，一条以主机生产企业为核心，以相关配套企业为骨架的辐射全国的轨道交通制造业产业链已初步形成。产业链上游主要包括基建企业，如大型工程机械设备生产企业、隧道桥梁、土木工程承包商类企业，中游主要包括通信系统、供电系统等电气设备生产企业和整车制造产业，下游包括公路铁路运输产业和运营产业。通过借鉴国外的先进生产经验并进行技术本土化的改进创新，轨道交通装备产业的研发能力和产品质量有了大幅提升，现已初步掌握城轨车辆、大功率交流传动机车、重载和快捷货运列车、高速动车组、大型养路机械、列车运行控制、行车调度指挥、综合监控、计算机联锁等产品制造技术。除此之外，一个由10家国家级研发机构、13家国家认定的企业技术中心、5家国家级创新型企业组成的国家轨道交通装备技术创新框架已初步形成。在未来五年，轨道交通制造业将朝着城轨产品多元化和建设模式多元化的方向发展。

《中国制造2025》指出，未来十年通过主机产品创新、关键零部件发展、产品可靠性提升、公共服务平台建设、农机农艺融合等五方面的发展，努力提升农机装备制造能力和促进现代农业发展。连续实施十年的农机购置补贴政策，带来了我国农业机械化水平大幅提升。2015年，全国农作物耕种收综合机械化率已达到63%，粮食生产实现"十二连增"，但同时粮食进口也一直在持续增长。为解决这一问题，也为降低我国粮食安全风险，关键是要进一步提升农机化水平，在有限的土地上提高生产效率同时，降低生产成本，提高国内粮食的竞争力。作为世界农机制造和使用第一大国，2015年，我国规模企业总产值近4 300亿元，增速7.39%，但也存在低端产能过剩，高端、个性化需求得不到满足的问题，农机技术升级对信息化、智能化等高新技术的需求越来越迫切。在国家重点研发计划2017年度项目立项名单中，智能农机装备专项被单独列入，中央财政总投入超过3.5亿元，充分证明智能农机装备在推进我国农业科技及农业机械化发展中的重要作用。

从地理分布的角度来看，我国轨道交通制造业及相关企业重点分布在全国的19个省份，东部和中部的省份企业数量占到全国的绝大多数。在南京、株洲、常州、长春、青岛、唐山、大连等城市中，已经有大量的人才、技术、资金的聚集，形成比较完整的产业链。它们凭借当地的资源优势、技术资本和强大的工业制造基础在轨道交通装备制造业快速发展，也成为"十三五"重点发展产业。从销售收入的角度来看，华东地区销售额最高，华中、华北、东北地区次之，华南地区销售收入比例低于1%，发展缓慢。根据波特五力模型分析轨道交通装备制造业，发现现有的行业结构中，中国中铁和中国铁建的市场占有率较高，但其他企业发展迅速，潜在竞争者压力增大；在建筑施工方面，供应商较为分散，其议价能力对企业影响不大。

　　由于中国的国情和历史因素，现有的先进的轨道交通装备制造企业大多是隶属于原铁道部。中国铁建和中国中铁是合计占到全国市场的80%以上的全国性企业，虽然现阶段其处于绝对领先的市场地位，但从长远来看，随着市场的放开和准入门槛的降低，其他符合建筑资质的有经验的企业会越来越多，中国铁建和中国中铁的寡头优势会逐渐消失，市场化程度会越来越高，市场竞争将更加激烈。深天健、粤水电以及广州和深圳的市政公司是珠三角地区的城市轨道交通建设主要建设单位。腾达建设、宏润建设和隧道股份是长三角地区的传统强势企业，但它们的业务方向也在向其他地区开展。

　　中国中车集团在全国的市场份额达到95%，除中车集团以外，还有广州机车车辆厂、柳州机车车辆厂、晋西机车厂等前机车车辆工业公司分离的企业也有轨道交通装备制造产业，以此一家寡头，几家公司形成现有的集中度较高的轨道交通制造业市场结构。由于我国轨道交通制造业特有的地理分布情况和市场扩大、竞争者增加、运营方式转变等特点，国家需要统筹规划产业发展方向，坚持市场在资源配置中的决定性作用，同时辅以政府调控，做到产业转移和产业升级相结合，控制行业盲目无序发展，推动产业结构进一步优化升级，依据科学发展理念，加快形成特点鲜明、布局合理、互利共赢的区域协调发展结构。凭借已有的众多制造基地，如大功率机车制造、货车制造、高速列车及城轨车辆制造、工程及养路机械制造等，通过明确各基地的优势和特点，加快培育形成集设计研发、生产制造、维修护理、现代系统装备、零部件组装等能力于一体的产业资源集聚基地。产业集聚基地要整合现有资源，通过加快轨道交通装备制造业的制造维修、网络控制系统、制动系统等系统的设计集成基地的建设，形成专业化规模化的以产业链连接的资源集聚基地，将各方优势和互利共赢结合。

### （五）节能与新能源汽车领域的布局

节能与新能源汽车是国家规划重点发展的战略性新兴产业之一，培育发展新能源汽车产业有利于加快我国汽车产业升级，有效缓解能源资源和环境压力，培育新的经济增长点。尽管我国节能与新能源汽车发展势头良好，但仍面临一些亟待解决的问题，主要表现在基础设施配套不足、关键技术有待突破、市场成长缓慢、政策有待落实等。随着推进生态文明建设和新常态下绿色发展方向的要求，节能和新能源汽车必将进入快速发展时期。

过去30年内形成的以东北、长三角和珠三角为核心的传统汽车核心产业已快速被节能与新能源汽车产区所替代，而最活跃的节能与新能源汽车生产地区则是以上海为核心的长三角地区。据不完全统计，2017年长三角城市群30城中有14城已拿到或规划有新能源汽车项目，涉及新能源汽车项目20个，累计计划产能279.5万辆，累计计划投资715.2亿元。毫无疑问，长三角正成为中国新能源汽车集群的"金三角"。产业链上下游企业配套齐全，产业基础深厚，提高产业化效率，帮助企业快速打开市场。长三角区域地方政府大力提供资金及政策支持，快速积聚的国际资本和民间资本，以其特有活力强有力地推动着地区经济快速发展，吸引着资本与技术。例如，长江汽车的总部定在余杭，余杭基地规划产能5万辆，计划投资51亿元，已投近30亿元；萧山经济开发区万向集团拟投资27.5亿元，规划5万辆增程式纯电动乘用车基地。FMC的南京基地计划产能30万辆，规划投资116亿元；博郡汽车的南京基地，计划产能10万辆，计划投资100亿元。长三角的基础设施和经济优势成为吸引厂商的重要因素，而除了生产企业广在长三角地区布局以外，更多的新能源汽车企业选择把设计研发中心设立在长三角地区，能有效依托长三角地区的强大智力支持，有众多优秀高校和科研机构助力发展，还有较为成熟的市场结构，更加国际化的视野，便于企业更好地把握市场动态和风向。除了整车组装，长三角地区也有新能源汽车大量的关键零件生产商在此布局。如中航锂电总投资达125亿元的12GWh锂离子动力电池项目在常州开工，国家电网未来要建设1万座充电站，12万个充电桩。

我国新能源汽车生产基地分布情况如图6-1所示

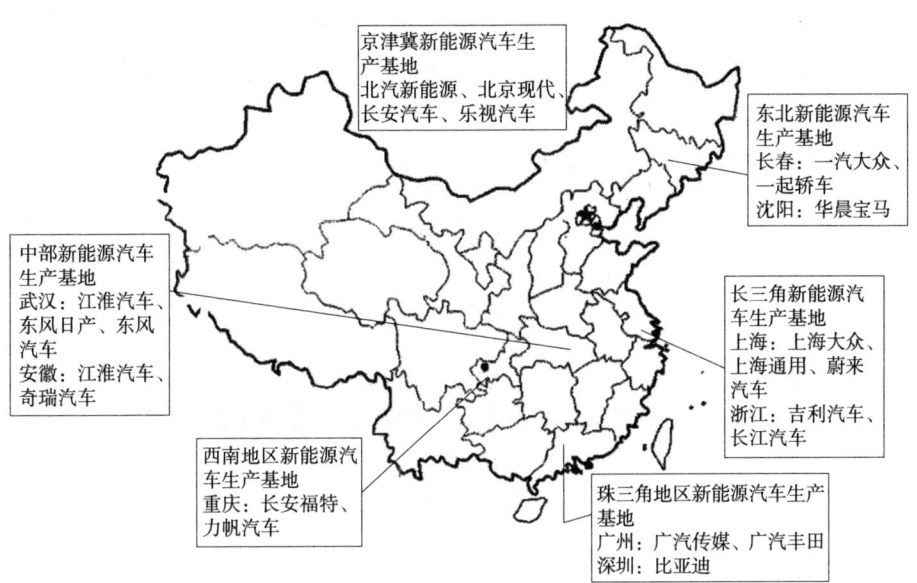

图6-1　中国新能源汽车生产基地

### （六）电力装备领域的布局

电力装备是实现能源安全稳定供给和国民经济持续健康发展的基础，包括发电设备、输变电设备、配电设备等。经过多年的发展，我国电力装备制造业取得了翻天覆地的变化，形成门类齐全、规模较大、具有一定技术水平的产业体系。我国现已成为名副其实的电力装备制造大国，但是我国大而不强的产业现状以及复杂的国际国内环境还制约着电力装备产业的发展。四个方面的转变是当下电力装备产业面临的新形势。

（1）经济发展新常态下要求电力装备制造业必须向质量效益型转变。避免重复建设和同质化、低水平扩张，化解淘汰过剩及落后产能，推进提质增效，大力实施产品质量控制、质量信用评价与品牌推进战略，不断提高产品附加值和品牌价值，努力提高企业竞争力，走可持续健康发展之路。（2）新一轮的科技革命与产业变革要求电力装备制造业必须向智能化转变。着力发展智能装备和智能产品，推进生产过程智能化，培育新型生产方式，全面提升企业研发、生产、管理和服务的智能化水平。（3）环境保护与污染治理要求电力装备制造业必须向绿色低碳转变。我国持续多年的高污染、高消耗的粗放式增长方式给环境带来巨大的压力，要求能源生产必须走绿色低碳路线，而电力供应缓和的局面则为这一转型提供了机遇和可能，推动火电"近零排放"、安全稳妥发展核电、加大可再生能源占比成为当今能源生产和利用的最主要方向，相关电力装备具有较大的需求空间。（4）制造大国向强国转变要求电力装备制造业必须实施创新驱动战略。要瞄准国际创新趋势、特点进行自主创新；将优势资源整合聚集到战略目标上，力求在重点领域、关键技术上取得重大突破。

## 三、高端装备制造产业区域布局的演变趋势

### （一）产业空间布局将从沿海向中西部扩散

通过观察全球高端装备制造业的产业集聚和地理区位能够看得出，高端装备制造业的核心环节，即设计研发环节都分布在高校、科研机构密集、经济发达的地区。未来，通过实现向知识（人才和科技）密集区集聚、向经济发达地区集聚、向园区集聚这三个方面的聚集，有利于加快资源整合，推动高端装备制造业的快速发展。现阶段，我国高端装备制造业东西部分布明显不均，东多西少的分布情况抑制了多地区的发展空间。多数产业仍然密集集中于东部沿海经济发达省份的创新能力强、科研机构多的城市，以及东北地区和西部少数中心城市。长三角、京津冀、环

渤海地区以及中西部的重点城市拥有雄厚的工业基础，加之研究类高校和科研机构院所的智力支持，有利于进一步激发行业创新动力，提高行业技术水平。但随着东部地区产业发展越来越密集，成本成为不可忽视的重要因素。东部地区土地资源稀缺，人力、资源成本上升，而中西部和东北地区的政策支持、成本较低、土地资源丰富都会吸引高端装备制造业转移扩散。

**（二）重点新兴城市将持续涌现，并带动周边地区发展**

随着高端装备制造业产业在重点城市的发展成熟，未来会更加依靠具有产业特色的新兴城市去推动区域的装备制造业发展。实力进一步增强的新兴城市会在一定程度上向周边地区扩散，有可能成长为区域热点城市，进而影响全国的产业格局。例如，德阳是"中国重大技术装备制造业基地"，国家首批"新型工业化产业示范基地（装备制造）"。德阳以《中国制造2025》为指导，提升制造业产品、装备及生产、管理、服务的智能化水平，通过引进大项目、大企业，目前已经初步形成智能制造、工业机器人、燃机与航空装备、轨道交通等产业集群；通过与国际先进制造业企业合作，帮助本土企业突破制约产业优化升级的关键核心技术，提高产业核心竞争力，完善产业链条，促进传统产业由价值链低端向高端跃升，全力建设国家高端装备产业创新发展示范基地。

珠海市将航空航天装备、交通运输装备、海洋工程装备、智能制造装备四大产业作为重点发展方向。以海洋工程装备为例，珠海将重点发展包括水面无人艇、钻井船、水下智能平台、港口机械在内的多种高端创新型产品，根据现有基础和优势，大力发展"总部经济"，聚集全球海工技术研发总部落户珠海，并引进建设一批国际化基地型项目，深耕海洋工程装备产业链。除海洋工业外，珠海还以航空产业园和富山工业园为基点，汇集了一批优秀高端装备制造业企业，如格力智能制造、中航通飞、中海福陆等。

**（三）研发总部与制造中心分离，区域分工更加明确**

设计研发的专业化要求使得多数高端装备制造业的研发机构集中在某

一地区知识资源丰富的城市，往往是地区的省会或中心城市。而周边城市通常会引进在中心城市布局产业的上下游企业，从而达到区域整体联动发展，中心城市带动周边地区，周边地区反哺中心城市，承接中心城市高端装备制造业产业转移的效果。随着市场化程度的提高和开放程度的加深，东部沿海城市的综合实力会进一步加强，国内外的高端装备制造业企业会在东部地区布局更多的研发中心；而中西部地区则将承接东部地区转移的开发、生产环节，在数控机床、轨道交通和航空工程等细分行业中有望实现更快的增长。

通过国外的发展历程，我们可以预见的是，未来制造业企业的设计研发中心和生产制造中心的分离是必然的趋势。从研发所需的各种要素来看，东部发达地区的技术水平、市场环境、科研技术人才、资金条件等都是吸引研发中心落地的重要因素。北京、上海、深圳具有庞大的高校组织、众多的科研机构和雄厚的资本实力，这都促使这三座城市必将成为中国高端装备制造业的研发、投资、营销的核心城市。

## 四、中国高端装备制造产业布局优化策略

《中国制造2025》是中国政府实施制造强国战略第一个十年的行动纲领。其组织实施了如大型飞机、航空发动机及燃气轮机、民用航天、智能绿色列车、节能与新能源汽车、海洋工程装备及高技术船舶、智能电网成套装备、高档数控机床、核电装备、高端诊疗设备等一批创新和产业化专项、重大工程，开发了一批标志性、带动性强的重点产品和重大装备，以提升自主设计水平和系统集成能力，突破共性关键技术与工程化、产业化瓶颈，组织开展应用试点和示范，提高创新发展能力和国际竞争力，抢占竞争制高点。五大集聚区域的核心城市在高端装备制造业各有所长，通过区域内城市之间的产业联动，部分领域形成具有产业集群的基础。"十三五"期间，各大重点城市积极部署各自领域的发展布局。高端装备制造产业带发展规划的诞生，也会推动区域内产业集群的进一步成型和

发展。各地的高端装备制造业在充分的资金支持和有效的政策扶持下，进行了高效的制造业升级和发展。地方政府从高端装备制造业的战略定位入手，紧扣高端装备制造业的地理区位分布特点，从产业发展配套环境、资源集聚实际情况考虑，为企业提供良好的发展平台。

**（一）产业精准定位，政策准确引导**

第一，地区产业定位应该与国家的产业整体布局相适应。由于新中国成立初期的国家发展战略和国际背景，我国的卫星技术、轨道交通运输、航空制造等高端装备制造业发展良好，形成健全稳定的产业格局。在上述整机领域中，特别是航空装备产业，新兴产业集群的建设难度较大，基本由产业内的大型企业投资推动发展。所以，工业基础良好的地区要根据国家产业布局政策来清晰定位地区主要发展产业。

第二，为推动产业由低端化向高端化迈进，要依靠本地的优势资源基础。国务院有关政策指出，要"加强对各地发展战略性新兴产业的引导，优化区域布局、发挥比较优势，形成各具特色、优势互补、结构合理的战略性新兴产业协调发展格局。各地区要根据国家总体部署，从当地实际出发，突出发展重点，避免盲目发展和重复建设"。所以，当地政府要立足自身的特点，充分利用资金、土地、人才、基础设施等优势资源，提高区域内的核心高端装备制造业企业的竞争力，在产业合理布局的情况下，充分发挥市场在资源有效配置中的决定性作用，推动重点企业与重大项目的建设。

第三，确定战略定位所需要满足的区域要素有很多，如城市经济水平、交通区位、人才、教育科研水平、产业配套等。地方政府要想在"十三五"期间乃至以后长期在高端装备制造业有长足的进步和发展，既要充分解读国家政策与产业总体布局，又要立足地区发展高端装备制造产业的核心竞争力，客观分析高端装备制造业在区域中的层级和定位，制定切实可行的产业战略，才能充分把握发展的时机，贴合战略性新兴产业的相关政策。

第四，政府从本地区高端装备制造产业的战略定位出发，对于产业发展规划、科学技术发展规划与产业园区规划三者统一协调——产业发展规划有利于找准产业的着重点和发展重心，科学技术发展规划引导技术发展方向和关键技术的突破，园区规划帮助产业布局规划与提高服务企业的措施。用于规划高端装备制造业一到两个五年计划的发展战略，地方政府要科学地考察论证，结合国内外已有的发展历史和经验，对未来的发展趋势有初步的判断，进行充分的调研分析，结合专家学者和企业代表的意见以后再做决定。当地政府要加强国家技术改造专项资金的应用，使资金利用高效准确，真正推动技术进步；还要加快产业政策平台建设，完善交流服务平台，推出产业示范性工程，通过搭建平台进行合理的专项资金投放。

**（二）加强区域统筹，促进资源集中**

从国家层面考虑，加强政策倾斜和引导，要由主管部门牵头，科学地编制产业发展规划，结合行业内部发展现状制定产业园区的准入条件，避免恶性竞争和无效建设，协调区域分工和产业布局。从本地区发展特点和重点出发，以现有的高端装备制造业生产能力和组织水平为基础，积极推动经济发达地区的高端装备制造业向世界领先水平发展，扶持一批具有自主研发水平和高知识产权的世界知名企业，并向周围辐射，带动周边的中小企业发展，形成规模效益。同时将从东部转移出的企业结合当地工业产业特征落户中西部，建设特色的高端装备制造业产业链。依托东北原有的雄厚工业实力，组织以高校、研发企业等人才聚集单位，发展具有集成化、信息化、智能化特征的世界级高端装备制造业产业研发基地，实现弯道超车，振兴东北。

由于高端装备制造业是典型的资本和技术密集型产业，因而加强人才、技术、资本等优质资源向高端装备制造业聚集十分必要。（1）要着力推进企业研发中心、高校、科研院所等优势技术人才资源向重点企业重点区域集聚，通过鼓励人才落户，形成尊重技术尊重人才的社会氛围，帮助企业留住人才。（2）要明确地方高端装备制造产业发展方向和模式，因地制宜，发挥地方优势，突出区域的优势和特征，建立竞争力强、优势突出、特色鲜明的高端装备制造产业集群。大力推进以全产业链为纽带、以优质资源要素为节点的产业集聚地建设，以"布局合理、特色鲜明、集约高效、生态环保"为原则，创建一批国家新型工业化产业示范基地。大力发展互助性大、辐射性强的龙头企业，健全产业链合作分工体系，提高区域专业化生产水平，引导区域内高端装备制造业更好更快速发展。

**（三）提升配套服务，推动产业集聚**

为推进产业融资、技术研发、技术转化等一系列公共平台的建设，形成完整的产学研合作框架，要从集群发展和专业服务两个角度入手。"十二五"期间，已大体形成产学研用有机结合的高端装备技术创新体系，而后，核心企业的研发经费占销售收入的比例将超过5%。注重服务平台的建设，全方位地提高园区的竞争力。为推动高端装备制造业持续发展，政府努力提升产业配套服务，组建产业联盟和协同创新中心，搭建公共服务平台，创新形成以企业为主体，辅以产学研和金融机构的全阶段、一体式的技术研发体系，努力推动研发成果尽快投入生产，鼓励企业突破核心技术，攻克技术难关，提高自主研发和生产能力。

要努力发挥资本在技术创新进步上的重要作用，重视科技金融和产业金融与高端装备制造业的结合，构建有利于产业发展的风险投资体系。由于高端装备制造业需要大量的资金支持、强大的技术创新支持，并能带动相关产业和地区的发展，所以针对这些特点，国家创新发展高端装备制造业的金融服务体系，为推动产业发展建设融资担保制度、研发专业产业保险，鼓励金融公司和企业开展融资租赁，降低企业运营成本，创新金融产品和金融衍生品，为企业融资清障，支持高端装备制造企业融资、规模化发展，同时引进风险投资和创投资本可降低门槛进入行业，降低企业融资成本，增加企业融资渠道。用新机制鼓励资本和技术向高端装备制造业聚集。加快完善企业信用体系建设，建立商业性、政策性、互助性的行业系统信用担保体系，提高各方担保融资的承担能力，有效分担和降低担保的系统性风险，结合地区实际开发适应当地的产业融资需求的担保方式，稳步放开可质押的范围，规范扩大权利质押的抵押品。提高高端装备制造业配套金融服务企业的服务质量，站在企业的立场切实为解决企业融资的问题，规范业务的操作流程，建设风评体系、授权授信制度、企业信用评级等可量化的机制，改进一批服务程序，去除原有的不必要的程序和审批手续，可以为企业量身定制信贷产品以适应不同的企业需求。针对行业内地区内的掌握核心技术的企业、市场占有率高的企业、具有明显未来发展趋势的前瞻性企业给予特殊的信贷政策支持，鼓励它们在产业结构调整升级中发挥带动作用，在贷款利率、还款期限、利润分配等方面的细节给予倾斜。开展高端装备制造业产业金融的创新合作试点工作，支持金融机构设立专门的分支机构进行专业的支持，并开发科技成果估价抵押等推动技术研发科技创新的金融产品，以解决企业核心研发的资金问题。

**（四）完善产业链条，形成产业集群**

各地区政府要遵循行业发展规律和趋势办事，根据本地区和各级政府的资源，制定有关装备制造业的细分产业的发展战略。充分考虑产业和企业的分工协作程度和产业关联度，对区域产业进行准确定位，根据上下游产业链进行专业分工，加快调整产业结构，重点发展链式产业。按照"大项目—产业链—产业集群—特色产业"的链条式特色发展模式，进行产业扩张、项目集中，实现高端装备制造产业跨越式发展。以核心企业为"链心"，形成核心企业强势驱动、产业集群整体发展的健康有层次的产业发展格局；以骨干企业为"链结"，通过骨干企业的有效链接，辐射配套企业扩大生产，以中小企业为"链环"丰富产业链，将产业链不断进行纵向延伸，形成具有强大竞争能力的全产业链产业集群；地方政府坚持依靠全产业链招商，用国际化的眼光考量园区企业布局，用强大的产业链优势吸引企业，争取形成世界级企业、国内知名企业和民企有层次的丰满格局。除此以外还要坚持战略引导，优化产业布局，为项目建设减少阻碍，为产业聚集创造条件。

各地区还要依托原有的装备制造业基础，将高端装备制造业产业和传统装备制造业结合，推动传统装备制造业的改造升级。加快新兴产业如物联网、云计算、人工智能等与传统装备制造产业的融合，开发新技术，培育新的产业增长点，用新兴装备制造产业集群助力传统装备制造产业快速转型升级。为开拓高端装备制造业的新市场，以及推动传统装备制造业的产业升级，既要结合医药和生物技术、新能源、节能环保、新材料等战略性新兴产业的发展，又要逐渐淘汰冶金、石化、轻工、纺织、建材等传统产业的传统技术，开发使用新型环保生产技术。

**（五）立足行业特点，优化产业结构**

不同的产业结构布局适用于不同的产业内细分行业。要想形成布局合理、特征明显、合作共赢的区域产业协调发展的格局，要在全面掌握产业内现有行业的分布情况和发展趋势的基础上，达到政府指导和市场机制的有机结合，产业向欠发达地区转移和本地产业升级换代结合，企业间分工协作和合作共赢结合，整合行业内资源，科学规划产业布局，避免盲目发展，推动产业结构进一步优化升级。除了在国内引导产业升级，还要向海外迈进，加大海外投资力度，结合我国高端装备制造业产业优势和劣势，利用全球资源和国际化的眼光布局。继《中国制造2025》出台之后，国务院发布《关于推进国际产能和装备制造合作的指导意见》，提出以与中国产业契合度高、具有良好合作基础的发展中国家为重点，同时开拓发达国家市场，在基础设施建设、工业产品和能源资源等方面的多个重点领域推进国际产能和装备合作。中国将在全球范围内布局国际装备制造业，这也标志着中国资本在全球投资进入新阶段。

# 第四篇

中国高端装备制造产业的
国际化发展

2015年，《中国制造2025》规划确定"高端数控机床与机器人，航空航天装备，海洋工程装备及高技术船舶，先进轨道交通装备，节能与新能源汽车，电力装备，农机装备"等十个领域为我国"十三五"期间的重点支持领域。自2015年6月工信部联合财政部启动智能制造专项以来，政府已投入中央财政资金21.5亿元，支持了93个重点项目。2016年，两部门继续实施智能制造专项，已立项133个重点项目，以加快智能制造关键技术装备的集成应用，系统推进智能制造。这些项目支持了国家智能制造标准体系的建设，夯实了智能制造装备自主安全可控发展的基础。

近年来，我国对外国际直接投资迅猛发展。2015年，我国成为仅次于美国的世界第二大国际直接投资来源国，中国对美直接投资超过150亿美元，首次超过美国对华直接投资，实现途径以企业并购为主，投资主体从以国企为主转向私企为主。2016年，我国对"一带一路"沿线国家直接投资145亿美元。高端装备制造领域在其中起着举足轻重的作用，高端装备制造企业的国际化发展处于起步走向迅猛发展的阶段。由于高端装备制造产业各细分领域的特征差异巨大，加之各领域内不同的企业拥有的资源、能力在数量与质量方面都存在较大差异，其在国际化各方面的特征也各不相同。本篇针对高端装备制造的七个细分领域，从国际化发展方式，国际化发展的地理分布，国际化发展的动因，国际化发展的资源支持以及国际化发展的效益和风险等方面，全方位、细致且深入地描述七大领域为代表的高端装备制造领域国际化发展状况。

需要说明的是，由于一年时间相对于企业国际化来说过于短暂，本篇各章节先从整体上分析各领域相关企业的国际化发展状况，再专门就2016年各领域企业国际化发展动态进行深入分析。

特别说明：鉴于中国香港特别行政区自由港的特点和中国企业国际化发展的实际情况，大多数中国企业都将到我国香港特别行政区设立分支机构作为国际化发展的起点，为全面考察企业国际化历程，本书将企业到我国香港特别行政区发展业务视为国际化行为。这一点不包括任何政治意义。

# 第七章　高档数控机床和机器人领域的国际化发展

　　高端数控机床和机器人领域是《中国制造2025》提出的高端装备制造首个重点领域，这是由机床是"工业制造母机"的地位所决定的。机器人代表了机械制造未来的新方向，是智能化、信息化和系统化的重要代表，也是高端数控机床发展的方向。在高端数控机床和机器人领域，虽然我国数年来一直是全球最大的市场，也是未来最有潜力的市场，但是生产方面没有那么乐观。国内市场被国际知名品牌企业垄断，核心技术和关键零部件严重依赖进口的局面并没有扭转。国内企业小、散、弱的局面严重制约企业竞争力提升。在国际市场开拓上，为数不多的领头企业已经开始通过并购、合作研发、组建战略联盟等方式提升竞争力，积极布局，谋求"走出去"。

## 一、高档数控机床和机器人领域国际化发展的概况

　　进入21世纪以来，中国高端数控机床和机器人领域企业的国际化发展呈现出以下鲜明的特征：第一，企业国际化的动因经历了市场寻求性为主向资源或优势寻求性为主的转变，由利用优势向发展优势转变。第二，企业国际扩张的方式以出口和国际直接投资尤其是股权式国际扩张为主。第三，国际扩张的公司组织结构以参控股子孙公司为主，母公司谋求对子公司的控制。第四，国际化扩张的财务安排以现金支付为主，资源支持除了

企业本身在国内市场的发展作为支撑力以外，母国政策支持成为企业国际扩张的主要支撑资源。第五，企业国际扩张的区位以欧美为主，地理分布的比重依次为欧洲、美国、拉丁美洲和亚洲，非洲的比例有所上升。第六，从企业国际扩张的效果看，出口的利润普遍较低，以资源寻求为动机的国际扩张大部分初步实现了扩张的目标。

根据相关分类，高端数控机床和机器人领域共有17家上市企业，其中14家企业有海外营收，占比为82%。7家企业在海外拥有参控股子公司，占比为41%。2011年以来，7家企业曾经实施海外市场并购。如表7-1所示，出口方面，大多数企业主营收入中外销占比不超过10%，说明企业主要以国内市场为导向。少数企业如华昌达、日发精机、华东数控主营收入中外销占比较高，分别是47.47%、63.95%和41.49%，但这与日发精机和华昌达自2014年以来海外投资扩张大幅度展开有关。不过，除了日发精机和华昌达外，大部分企业近两年主营收入中的外销占比呈现逐步提升态势。除了积极扩大对外出口，企业还积极通过国际并购、飞地投资及组建企业联盟等积极实施战略布局，实施国际扩展。

表7-1 高端数控机床和机器人领域国际化发展概况

| 证券代码 | 证券名称 | 海外参控股子公司 | 出境并购 | 主营收入海外占比（%） |
|---|---|---|---|---|
| 000410 | 沈阳机床 | 否 | 有 | 2.56 |
| 000837 | 秦川机床 | 是 | 有 | 12.07 |
| 002248 | 华东数控 | 是 | 无 | 41.49 |
| 227000 | 法因数控 | 是 | 无 | 9.42 |
| 002520 | 日发精机 | 是 | 有 | 63.95 |
| 002559 | 亚威股份 | 是 | 有 | 10.51 |
| 002747 | 埃斯顿 | 是 | 有 | 5.93 |
| 300024 | 机器人 | 否 | 无 | 2（2015年年报） |
| 300076 | GQY视讯 | 否 | 有 | 0 |
| 300161 | 华中数控 | 否 | 无 | 0 |

（续表）

| 证券代码 | 证券名称 | 海外参控股子公司 | 出境并购 | 主营收入海外占比（%） |
|---|---|---|---|---|
| 300278 | 华昌达 | 是 | 有 | 47.47 |
| 300280 | 南通锻压 | 否 | 无 | 1.73 |
| 300503 | 昊志机电 | 否 | 无 | 2.89（2015年年报） |
| 600243 | 青海华鼎 | 否 | 无 | 0 |
| 600806 | *ST昆机 | 否 | 无 | 5.01（2014年年报） |
| 603011 | 合锻智能 | 否 | 无 | 5.98 |
| 603088 | 宁波精达 | 否 | 无 | 26.66（2015年年报） |

资料来源：根据wind金融终端和IFIND金融终端数据整理。

如表7-2所示，秦川机床、华东数控等7家企业拥有海外参控股子公司。其中华昌达在美国、英国以及巴西和墨西哥成立或并购多家控股子公司。国际扩张由制造业向房地产、投资公司等行业实施多元化扩张。日发精机自2014年开始对外进行投资扩张，同一年在法国、美国、德国、意大利同时进行扩张。2014年为日发精机并购的意大利MCM成为其海外生产、组装、销售的基地，其在德国、美国和法国的孙公司从事销售。华昌达在我国香港地区和卢森堡拥有控股子公司，在欧洲拥有研发中心。2016年，华昌达投资新设英国、墨西哥和美国子公司。其海外分支机构主营范围较广，从制造业、房地产中介到投资公司、航空货运物流均有涉猎。

表7-2　高端数控机床和机器人领域企业海外分支机构一览

| 企业名称 | 被参控公司名称与成立时间 | 设立方式 | 被参控公司主营业务 |
|---|---|---|---|
| 000837<br>秦川机床 | 秦川美国工业公司，2007 | 全资新设 | — |
| | 联合美国工业公司，2003 | 并购 | 拉刀 |
| 002248<br>华东数控 | 威海华东数控（香港）有限公司，2011 | 全资新设 | 服务业/投资、技术引进与交流；产品销售及技术出口；与主营业务有关的设备进口业务 |
| 002270<br>华明装备 | Huaming Overseas Company Limited（华明海外有限公司） | | 分接开关销售 |

（续表）

| 企业名称 | 被参控公司名称与成立时间 | 设立方式 | 被参控公司主营业务 |
|---|---|---|---|
| 002270<br>华明装备 | HM ELEKTROMEKANIK üRETIM ANONIM SIRKETI, 2015 | 合资 | 分接开关生产、销售 |
| | 俄罗斯华明，2016 | 合资 | 电力分配和调节设备的生产、安装、维护和维修；电机、发电机和变压器的安装、维护和维修；电气和电子生产设备的批发；其他批发业务 |
| | 法国华明（huaming Lyon Tap Changer） | | 贸易 |
| | 华明电力设备（香港） | | 商业投资 |
| | 华明集团（香港） | | 商业投资 |
| 002520<br>日发精机 | Rifa Europe R&D Center S.R.L, 2016 | 全资新设 | 制造业 |
| | MCM FRANCE S.a.r.l, 2014.8 | 并购 | 销售 |
| | Colgar International S.r, l2015 | 并购 | 在意大利及海外生产、组装、销售机床及相关零部件/制造业 |
| | MCM U.S.A.Inc, 2014.8 | 并购 | 销售 |
| | M.C.E.S.r.l, 2014.8 | 并购 | 软件开发 |
| | 意大利Machining Centers Manufacturing S.p.A公司，2014.8 | 并购 | 制造业 |
| | MCM DEUTSCH. G.m.b.h, 2014.8 | 并购 | 销售 |
| | Bluesky group S.a.r.l卢森堡，2016（香港公司设立） | 全资新设 | 制造业/投资、咨询、进出口贸易 |
| | 日发精机（香港）有限公司，2016 | 全资新设 | 制造业 |
| 002559<br>亚威股份 | SMD欧洲销售公司，2012 | 全资新设 | 机床销售 |
| 002747<br>埃斯顿 | 埃斯顿国际有限公司，2013 | 全资新设 | 贸易（数控系统，交流伺服系统） |

（续表）

| 企业名称 | 被参控公司名称与成立时间 | 设立方式 | 被参控公司主营业务 |
|---|---|---|---|
| 002747<br>埃斯顿 | Estun Automation India Private Limited，2014.9 | 合资，海外市场开拓 | 贸易 |
| | Estun Otomasyon Limited Sirketi，2014.8 | 全资新设，海外市场开拓 | 贸易 |
| | Euclid Labs SRL,2016 | 并购 | 互联网软件与服务 |
| 300278<br>华昌达 | Total Construction Solutions LLC，2015 | | 未经营 |
| | W&H Systems Acquisition Corp，2015（2015年报） | 股权投资 | 航空货运与物流 |
| | Autoline Equipamentos Inteligentes Do brasil LTDA，2014 | 新设 | 制造业 |
| | Dearborn Mid-West Company LLC，2015 | 并购/股权投资 | 制造业/综合类行业 |
| | Huachangda Cross America,Inc，2015 | 新设 | 投资公司 |
| | Huachangda UK Limited，2015 | 全资新设 | 投资公司 |
| | Dearborn Realty,LLC，2016 | 新设 | 房产中介 |
| | DMW&H SYSTEMS,INC，2015 | 并购 | 制造业 |
| | DMW Mexico Holding,LLC，2016 | 新设 | 投资公司 |
| | Dearborn Holding Company, LLC，2016 | 新设 | 投资公司 |

资料来源：根据各公司年报、WIND及IFIND咨询终端数据编制。

埃斯顿在我国香港地区、印度和土耳其拥有全资控股子公司，这些子公司均以贸易为主营业务，且均与母公司合并报表。2016年，埃斯顿并购获得英国子公司，从事互联网软件和服务，与母公司主营业务存在差异。华明装备2008年9月上市，2010年与全球主要钢结构数控商意大利菲赛普建立战略合作。其在我国香港地区、土耳其控股子公司从事贸易或销售业务，公司产品已经远销海外近百个国家和地区，但国际市场（除中国以外）市场占有率仅为5%左右，有很大的提升空间。秦川机床早在1998年9月上市，2007年就通过并购或增资拥有两家全资美国子公司，分别为秦川美国工业公司和联合美国工业公司，主要从事机床及配件的销售，该公司自2011年以来尚未有明显的对外投资扩张行为。2008年6月，华东数控在深交所上市。2012年，其香港全资子公司威海华东数控（香港）有限公司成立，主营技术研发与引进，以及产品设备技术等进出口，但是该公司未有与母公司合并报表。至2016年，华东数控尚未有海外扩张的行为。亚威股份早于2012年已经成立全资子公司SMD欧洲销售公司，开拓欧洲市场并针对欧洲市场提供技术及售后服务支持等，与母公司合并报表。但至2016年年底，亚威股份尚未有海外投资扩张行为。

国际并购方面，2011年以来，高端数控机床和机器人领域共发生9起对外并购案例，且同一家企业连续多次对外并购实现战略布局。其中，日发精机2014～2016年连续进行了4次以MCM股权为标的的并购，其中2014年并购MCM股份公司80%股权的行为以失败告终，之后的2015年再次发起同样标的的并购，并顺利完成。GQY视讯发起两起并购，并购标的分别是Meta公司3.617%股权和Jibo公司1.1%的股权。华昌达2014～2015年发起3年并购，两起是针对DMW LLC公司的股权和资产，一起是针对W&H Corp.100%股权。

2016年，高端数控机床和机器人领域共发生2起企业海外并购。一是日发精机通过购买MCM股份公司16%股权是继2015年8月并购之后的再次并购，目的是收购MCM公司剩余股权，整合公司资源，增强公司内部协调能力，提高公司整体治理水平和盈利能力；二是GQY视讯收购Meta公司3.617%的股权，这可以视为GQY视讯对外扩张的一小步。

## 二、高端数控机床和机器人领域企业国际化发展的动因分析

研究发现，高端数控机床和机器人领域企业国际扩张有着较为鲜明的动

因：由市场寻求为主转向优势或资源发展为主，由利用优势向发展优势转变。

根据分类，高端数控机床和机器人领域17家企业中有14家企业有海外营收，7家企业有海外参控股子（孙）公司。这14家企业选择出口方式对欧美等地区和国家进行国际化扩张，表明企业拥有所有权优势和内部化优势，但不具备区位优势。大部分企业拥有的企业特定优势主要是劳动力成本和其他投入低带来的价格优势，因此，企业选择出口主要是为了通过出口获取低廉要素成本造就的特定优势从而获取利润。除此之外，有7家企业拥有海外控参股子孙公司，与销售类似，大部分企业建立海外控参股子公司是为了利用已有的企业特定优势如价格优势等获取利润，这种现象对于建立销售为主营业务的子公司的企业也适用。详见表7-3。这些海外参控股子公司的建立均是为了利用已有母公司特定优势，获取利润，属于市场寻求性的国际扩张。

表7-3　高端数控机床和机器人领域企业海外分支机构主营业务

| 公司名称 | 海外分支机构 | 主营业务 |
|---|---|---|
| 亚威股份 | SMD欧洲销售公司 | 销售 |
| 秦川机床 | 秦川美国工业公司 | 机床及配件的销售 |
| | 联合美国工业公司 | 机床及配件的销售 |
| 埃斯顿 | 埃斯顿国际 | 贸易 |
| | 印度子公司 | 贸易 |
| | 土耳其子公司 | 贸易 |
| 华明装备 | Huamin Overseas Company Limited | 销售 |
| | HM ELEKTROMEKANIK üRETIM ANONIM SIRKETI | 分接开关的生产销售 |

资料来源：根据各公司年报数据收集所得。

不过，自2014年起，全球正在掀起第六次并购浪潮，中国企业积极参与，通过并购实施国际扩张。中国企业海外扩张动机由市场寻求转向资源或优势寻求性为主。以日发精机为例，日发精机三年间连续针对同一标的发起多次并购，旨在通过并购获取航空航天领域发展的技术，日发精机通过引进意大利MCM公司自主研发的JFMX系统，开发柔性系统管理领域的软件，实现国内企业的智能化工程，助力日发精机布局航空航天板块。华昌达的情况与日发精机类似。2014年后，该领域企业国际化扩张由寻求市场，利用垄断优势获取利润转向以获取技术、企业关系等竞争优势和资源为主，以提升和发展企业国际国内竞争优势。详见专栏7.1和专栏7.2。

---

专栏7.1　日发精机国际并购助力布局航空航天装备产业

　　日发精机2014～2016年连续进行了4次以MCM股权为标的的并购，其中2014年并购MCM股份公司80%股权以失败告终，之后的2015年再次发起相同标的的并购，并购顺利完成。

　　该公司自2015年下半年接管MCM公司以来，不断安排技术人员和装配人员前往意大利学习MCM先进的技术和工艺，国产化产品样机已完成装配。2014年收购意大利MCM公司后，日发精机在铣镗方面进入国际水平行列，未来会在行业上下游进行整合，如复材制作设备等，利用资本市场，使企业能够快速发展。

　　2014年收购的意大利MCM公司自主研发的JFMX系统，为开发柔性系统管理领域的软件未来将通过2015年在杭州所设立的子公司引进，为国内广大企业的智能化工程提供软件支持，使公司产品真正走向智能化，为公司未来业绩增长打下坚实基础。

　　资料来源：年报及公开调研记录。

---

专栏7.2　华昌达通过出境并购开启国际化

　　华昌达2014～2015年发起3起并购，其中两起是针对DMW LLC公司的股权和资产，一起是针对W&H Corp.100%股权。2014年并购美国全资子公司Dearborn Mid-West Conveyor Co是华昌达第一次收购境外标的公司，标的资产所属业务位于成熟的发达国家市场，发展历史悠久，并且与传统汽车产业巨头保持长期合作关系。华昌达因这次跨境并购实现首次布局北美汽车工业供应商体系，并且为中国制造的机器人生产线等业务出口海外市场开辟了通道。最主要的是通过共享双方的技术与知识产权，提高自身技术能力，向成为国际一流的自动化成套设备供应商迈进。

　　资料来源：年报及公开调研记录。

### 三、高端数控机床和机器人领域企业国际化发展的方式分析

高端数控机床与机器人领域企业国际化的方式以贸易和股权式扩张为主，其他方式如特许经营、战略联盟、研发合作等较少。另外，横向扩张是主要的扩张类型。

数据分析表明，高端数控机床领域中，80%的企业都有海外营销收入，说明进出口成为企业走出国门、参与国际市场竞争的基本途径。通过出口，企业不仅可以提升利润，扩大市场占有率，更重要的是可以接触到世界其他市场的消费者，与其他国家的企业一起参与竞争，有助于企业提升竞争力。了解同业竞争企业的产品和竞争战略，了解最新的产品和技术发展，了解国际消费者的需求及其最新的变化趋势，这些都将为企业进一步参与市场竞争合作，提升竞争力打下良好的前提基础。

除此之外，日发精机、华昌达等7家企业在其他国家或地区已经通过直接投资或并购建立全资控参股子孙公司，包括通过全资独建，合资以及并购获取控制权，实施股权方式的国际扩张。如表7-4所示，依据2016年报数据，该领域所有的控参股海外子孙公司共有28个，无论是通过直接投资还是并购，母公司对子公司拥有绝对控制权的占到90%。绝对的控制权意味着子公司可以很好地执行母公司的战略意图，也能更好地服务于企业获取和发展竞争优势的海外扩张动机。

表7-4　高端数控机床与机器人领域企业海外参控股子孙公司股权分布

| 股权式海外参控股子孙公司数目 | 28 |
| --- | --- |
| 股权比例≥80% | 26 |
| 50%≤股权比例<80% | 1 |
| 20%≤股权比例<50% | 1 |
| 股权比例<20% | 0 |

资料来源：根据WIND金融咨询等数据整理。

相对于战略联盟等非股权式扩张，股权式扩张面临的文化冲突较少，

而2013年以后，并购途径以股权式扩张应用得更为广泛，这意味着文化距离较远时，并购更容易实施。同时并购还可以利用本土企业已有的技术，企业网络等资源和优势，相对于合资和全资新建更加适合获取和发展竞争优势这样的扩张动机。合资所占比例较低原因在于，中国企业由于背后政府政策的支持以及战略需求和并购标的企业所处背景等共同决定了中国企业风险规避倾向并不高。合资方在合资子公司中所占比例不大，如华明装备俄罗斯有限公司建立时，俄方股权占比只有0.01%。在合资受到所在国政府股权比例限制的国家，中方股权比例基本尽可能地高，以不超过当地政府规定界限为准，如华昌达2014年合资成立巴西子公司，股权比例80%。在并购途径实施股权式扩张过程中，增资和协议收购成为主要的并购方式，如图7-1所示。增资方式保护了被并购标的公司原股东权益，而且可以尽快地解决标的公司财务困境，成为2013年以来该领域出境并购的主要方式之一。协议收购也是本着协商解决的方式实施并购，有关股权比例等都通过协议沟通来达成，比较适合于原股权比较集中的标的企业，有利于并购顺利实施。

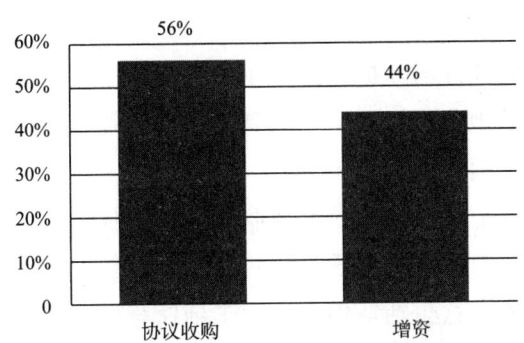

图7-1　高端数控机床和机器人领域企业海外并购方式

资料来源：根据WIND资讯终端数据整理所得。

从并购目的来看，横向整合是主要的并购目的。多元化战略有逐步增多的趋势，纵向并购很少发生。母公司与子公司主营业务同属相同行业的共有21家，占比75%，其中子公司从事销售的有13家，从事直接生产及售后服务的10家。这说明企业海外扩张以横向扩张为主。其他7家与母公司主营业务各不一致的子公司一般从事投资公司、房产中介以及多元化经营。且这种情况在2013年以后才开始出现并有所增多，说明企业多元化扩张意识增强，纵向并购比例非常少。

横向扩张涉及从事相同业务企业间的并购，不仅可满足企业扩大生产规模和市场份额的需要，从而达到规模经济效益，而且有可能通过收购方高效管理服务的输出提高被收购方的管理效率；混合型扩张是从事不相关业务企业间的联合，混合扩张可以满足企业多元化经营的需要。通过对目标公司的股权收购，企业可以比较快速地实现以上三种类型的扩张战略。

## 四、高端数控机床和机器人领域企业国际化发展的资源支持

高端数控机床和机器人领域企业国际化扩张发展迅速，说明企业具备海外扩张的实力，支撑企业国际化扩张的资源可以分为三大类，分别是：（1）企业自身特定优势，如技术优势、市场优势等；（2）前期国际化经验积累和国家支持；（3）集群效应。这三个方面的实力为企业国际化扩张提供了坚实的基础。

第一，大多数进行国际扩张的企业在国内市场已经深耕数年，本身在行业领域有一定的地位。企业本身与其他国内企业相比，无论是技术，还是市场地位都处于领先位置。

日发航空装备是国内唯一一家企业化运行的数字化装配供应商，拥有装配基础，加工能力强，技术质量比较高。日发航空拥有世界上最长最全的航空领域产品线。这包括从铝合金加工到钛合金以及高温合金的加工，从普通零件的加工到精密零件的加工，从金属材料的加工到非金属材料的加工，从零部件加工到飞机的数字化生产线，包括提供高效的售后服务。亚威股份在国内金属成形机床行业排名前三。主要产品中，数控折弯机、数控卷板加工自动化生产线业务排名国内第一，数控转塔冲床业务则数一数二。其数控激光切割机业务的市场认可度和客户满意度不断提高。沈阳机床作为国内机床的龙头企业，品牌效应大，本土优势强。目前公司旗下

37家4S店遍及全国，海外有4家子公司，沈阳机床凭借强大的售后网络，提供高质量的机床销售的后续服务，包括24小时响应，以及两年售后服务质保期等售后服务。公司在产品核心技术上均拥有专利，公司及控股子公司累计拥有各项专利100余件，在国内处于技术领先地位。

埃斯顿是自主化率最高的国产工业机器人上市公司，企业生产规模相对较大。工业机器人产品的核心部件，包括控制器、交流伺服系统、手腕关节减速装置等在内核心部件，公司已经能自主研发生产其中绝大部分。公司的智能制造系统业务基本使用自主品牌工业机器人，仅在部分特定工艺要求的工位使用国外品牌机器人。

作为先进企业，埃斯顿国内市场管理能力和市场占有率较高，这意味着企业有足够的实力通过并购或者新建等方式进行国际化扩展，对引进的技术有较强的消化吸收能力，同时庞大的国内市场也有利于新技术成本的快速回收。

第二，国际化的经验很重要。渐进国际化理论的北欧学派认为，企业国际化经营是一个发展过程。表现为企业国际市场占有率的逐渐提高、逐步适应和连续不断的过程。总体上，企业的海外经营可以分为四个不同的发展阶段：（1）不规则的出口活动；（2）通过代理商出口；（3）建立海外销售子公司；（4）从事海外生产和制造。不同阶段企业的活动是一个连续不断和逐步提升的过程，相互推动相互影响。很多学者实证研究表明，企业早期在海外市场的经验以及有关海外市场的知识多寡对于企业区位选择和国际化扩张的方式有明显影响。国内企业在国内市场上进行竞争，竞争伙伴很多是国际竞争企业，在多年的竞争和合作中，关于国际企业及国际竞争的知识已经有了一定程度的积累。同时很多企业在国内已经和国际企业进行长期的合作，对国际市场的产品、国际市场的竞争者等有充分的了解，对国际企业的跨国经营也积累了相应的知识。这对于它们进行海外扩张有一定的助力。这种直接或间接的经验有助于企业国际化发展，已有的国际化经验奠定了国际扩张的深厚基础。该领域大多数企业拥有多年的出口经历，绝大多数企业注重科技创新，注重与科研院校、来华外资企业进行研发合作（见表7-5）。机器人公司2013年与澳洲墨尔本地铁合作，走出国门，并长年持续对其他国家或地区进行业务跟踪。日发精机等企业海外控股子公司已经运营多年。日发航空装备与科研院校有着紧密的合作关系，积极与中国高校（如浙江大学、复旦大学等）及国外科研机构进行合作，汲取先进的技术概念与涵养。沈阳机床现有研发模式，为与德国专业机构合作模式。目前已与中航工业西控、汉德车桥、上海伊斯曼、唐山技师学院等企业院校达成合作意向，正在进行方案设计。这些经验对企业成功实施国际扩张，提供了非常有益的指导。

表7-5　已有国际化经验深刻影响企业后续国际扩张

| 序号 | 企业名称 | 详　　情 |
|---|---|---|
| 1 | 机器人 | 机器人公司2013年与澳洲墨尔本地铁合作，走出国门，并长年持续对其他国家或地区进行业务跟踪 |
| 2 | 日发航空 | 2011年公司依托浙大专利成功开发蜂窝加工设备，取得较好的市场影响力。公司的平行双主轴车铣复合中心和高速卧加等，则为与日本一科研机构的合作成果 |
| 3 | 沈阳机床 | 沈阳机床与外企合作也由来已久，2016年4月在中国国际机床展上推出中德合作、德国标准、中国制造的ASCA系列产品；以及与德国西门子协同研制的锐捷铣、锐捷车产品都取得良好的市场效应沈阳机床现有研发模式，为与德国专业机构合作模式。目前已与中航工业西控、汉德车桥、上海伊斯曼、唐山技师学院等企业院校达成合作意向，正在进行方案设计 |

资料来源：年报及公开调研记录。

第三，国家的政策支持。"一带一路"倡议提出后，国家积极推动装备制造企业走出去。2014年，中国政府提出"一带一路"经济发展倡议；2015年，又提出《中国制造2025》规划。"一带一路"沿线国家基础设施落后，意味着装备制造业"走出去"的市场前景广阔。政府大力支持装备制造业企业走出去，从融资、产业环境等方面都为其国际扩张提供了有力的支持，也使企业坚定了海外扩张的信心。

第四，产业集群的群体响应效应。在企业"走出去"的过程中，企业集体出海，发挥产业链整体优势，参与国际竞争共同谋求发展的情况并不少见。华明装备利用本行业全产业链的优势，经过充分的市场调研，选择俄罗斯作为临近中国的海外市场，其现有电力设备陈旧，线路使用的电力开关技术参数同中国国内市场使用的开关相似，存在巨大的市场空间。俄方能源部在中俄能源部长会谈中谈及上海华明，希望上海华明的产品早日启动俄罗斯本土化的生产，并希望列入下次能源部长会议议程。以全产业链的优势，利用上市公司的资金优势、原有体系的人才高地以及现有的实验设备，拓展业务领域，增加新产业的模式，将募投项目进一步实现。抱团出海，发挥集群效应，对于集团里单个企业国际化扩张竞争力提升，乃至成功国际化提供了非常有力的支撑。

## 五、高端数控机床和机器人领域企业国际化发展的地理分布

国际化发展的地理分布整体上呈现出多样化的特征，区位因素、文化因素、扩张动机共同决定了地理分布。国际化扩张首先和扩张动机关联密切，向非洲和拉丁美洲以及俄罗斯等国家或地区的国际扩张以市场寻求性为主，资源或优势寻求性扩张则向欧盟和美国集中。2011年以来，该领域的并购主要集中在美国和意大利。一方面是由于该领域企业刚刚开始国际化布局，进行海外并购的企业及并购数量较少；另一方面这一局面是由同一企业为了实现战略布局连续对同一标的企业股权进行并购造成的。最根本的原因则是2011年以来企业海外扩张的主要动机是为了寻求技术，发展竞争优势。

海外参控股子（孙）公司的地理分布中，截至2016年年底，该领域海外参控股子公司共有33个，其中美国9个，欧盟13个，中国香港地区7个，亚洲其他地区2个，拉丁美洲2个。这说明向技术先进国家和地区扩张是主要的方向，这主要是由扩张动机决定的，区位因素则主要是欧盟和美国拥有先进的技术和先进的管理经验，这两者对接是欧盟和美国成为该领域企业国际化扩张的主要区位选择。文化距离也是海外扩张的重要影响因素。

我国香港地区作为一个自由港，拥有国际化发展的良好政策和经济条件，同时还具备文化距离接近的巨大优势，这使我国香港地区成为内地企业国际化扩张的第一站。

## 六、高端数控机床和机器人领域企业国际化发展的效益与风险

企业国际扩张的效益有多种衡量方法及衡量标准，主要的衡量标准分为两大类：一类衡量标准试图通过国际扩张实施后的业绩变化来衡量企业国际扩张的效益；另一类衡量指标则试图通过企业战略的实施分析来综合判断国际扩张的效益。也就是说，企业效益分析包括业绩类的，如市场占有率、利润率等财务指标的衡量，也包括成功进入某个领域，获取或接近某项资源或优势，均可以作为参照依据综合判断企业国际扩张战略的实施。

笔者认为，我国高端数控机床和机器人领域企业的国际扩张大多处于初期阶段，主要或全部采用财务指标衡量企业国际发展的效益并不合适，而应以企业战略实施得顺利与否作为主要的效益衡量指标。以此为基础，该领域企业国际扩张基本实现了发展战略。

日发精机通过并购意大利MCM公司实现了国际化的重大发展。日发精机通过并购MCM获取了技术、市场以及渠道，不仅顺利在欧洲市场而且凭借MCM原有的网络和资源将实现全球布局。在国内市场，凭借MCM的技术进军国内装备制造市场，打开了航空领域发展的战略；在国外市场，在维护欧洲市场的基础上，逐步打开美国、俄罗斯、乌克兰等市场。

根据年报资料，华昌达一直致力于引进技术面向国内市场。数年来，该公司连同境内外的多家优秀的合作伙伴，包括境内一流投行华泰联合证券、境内外知名的金杜律师事务所、境外法律顾问Varnum、GrantThornton致同等，试图通过资本市场收购兼并国内外行业龙头企业和中小型企业，提升竞争力，发展成为世界一流机器人及数字化工厂集团。华昌达多次并购DMW，实现布局美国汽车工业生产体系，并为进一

步拓展国际市场、实现跨区域协同效应奠定基础。其收购DMW的协同效应明显，主要包括：第一，制造外包成本、机械设计、电器与控制外包成本节约25%～65%；第二，作为全球排名位列前20的智能装备制造商DMW及其与北美汽车制造商长期合作的关系使其可能成为公司在北美开展焊接机器人业务的基地；第三，DMW将成为华昌达在美洲开展业务的前沿，将业务拓展到加拿大、墨西哥等国家。GQY通过并购入股美国Meta公司介入AR领域，参与世界领先的增强现实产品的研发、应用、生产和制造的过程中，在AR生态圈中占据制高点。这为公司实施增强现实和机器人产业双驱动的产业模式，及其进一步地国际扩张非常有利。

秦川机床早在2003年就通过海外并购入主联合美国工业公司，并通过后续增资成为其控股股东。UAI公司有80年的历史，拥有3家子公司（美国拉销机床刀具公司、北亚当斯制造公司、阿伯机床公司），位于世界制造公司的总部、研发中心聚集地——底特律，具有雄厚的技术实力和广泛的用户群（美国三大汽车公司、通用电气等），曾获美国总统出口奖。秦川机床通过绝对控股UAI公司，获取了拉、磨共用的核心技术，建构起横跨国内国外的产业布局，成为中国高端数控机床成套装备以及齿轮加工成套装备面向北美的最大的供应商之一。同时，秦川机床获取了系列精密齿轮磨床制造、系列精密外圆磨床制造等业务之后，再次获得具有世界先进水平的拉削工艺和拉削设备制造能力，跻身于世界装备技术产业的中、高端。除了销售业务外，秦川美国工业公司逐步发展成为秦川机床在美国的集产品与销售、装配、研发、咨询服务、房屋租赁为一体的综合性公司。

企业国际化扩张，面临风险种类繁多，且风险损失不易估量。结合中国企业国际并购的现状，高端数控机床和机器人领域企业海外并购面临的风险种类有经济风险、汇率风险、利率风险以及政治风险等。其中政治风险在近几年较为突出。企业在国际扩张中应当保持谨慎，多方位采取监管措施，一方面检测风险，另一方面则提高企业自身竞争力，增强抗风险的能力。

2015年7月以来，中国企业总计已放弃11项大型收购项目，主要原因在于美国、澳大利亚、欧盟都以"国家安全"为由对中国企业提出的并购案进行手续繁复且旷日持久的审查程序。比如在美的收购库卡长达3个月的拉锯战中，德国政府正计划修改法律，让欧盟各成员国在面对非欧盟国家企业在成员国间发起企业并购时能有更广泛的禁制权。最近中国福建宏芯基金并购半导体设备制造商爱思强一案在美国的阻拦下以失败收场。所以，政治风险集中突显是当前我国企业海外并购面临的主要风险之一。

# 第八章  航空航天装备领域的国际化发展

　　航空航天装备领域原属于国家重要防务领域，身份特别。党的十八届三中全会以来，我国实施军民融合，多数产业启动了军工民化的转变。随着我国中低空域逐步放开，小机场越来越多地投入使用，航空航天装备领域市场前景越来越大。2016年，政府启动北斗导航体系建设，国家"十三五"信息化规划将航空发动机及燃气轮机上升为国家战略，政府还批准组建中国航发作为实施两机专项的主要载体。航空航天装备领域内的企业无论是资金还是政策支持上都将获得非常有力的支持和倾斜。目前航空航天装备领域企业共有23家上市公司。国有企业（包括地方国有企业和中央国有企业）占比非常高，主要的技术和产品市场份额均掌握在国企手里。但民营企业也表现出强大的市场活力，未来发展前景较好。

　　总的来看，航空航天装备领域企业的海外扩张还处于起步阶段，大多数企业的主要精力在于进入国内航空航天装备领域或者在该领域谋篇布局，其国际化发展要么停留在出口阶段，要么主要是为国内市场布局谋篇出力。当然，国际化状态与行业特点也密切相关。

## 一、航空航天装备领域国际化发展的概况

　　中国航空航天装备领域的国际化发展起步于2010年前后，尽管发展时间较短，但其较之于其他装备制造领域，在扩张动因、扩张方式及扩张的资源支持上都具有明显的特点。中国航空航天装备领域国际扩张的动因主

要是为了获取国内市场进入或战略布局所需的资源或优势。国际化发展的方式也较为独特，其中通过国际合作或转包，参与国际产业链，以及建立海外销售分支机构成为主要的扩张方式。与其他领域相比，来自政府的支持成为企业国际化发展的主要支撑要素。由于海外扩张方式比较保守，国际化发展的风险较少，效益明显，基本实现了扩张目的。

到2016年年底，我国航空航天装备领域共有上市企业23家，具体如表8-1所示。出口方面，有61%的企业主营收入中有海外销售收入。其中成发科技2016年中报披露的外销收入占主营收入比例67%，中航高科和洪都航空这一比例均为18.26%，其他企业的这一比例多低于10%。这说明出口是企业国际化发展的重要方式之一。另外，绝大多数企业出口占比要么与往年持平，要么略有下降，说明近两年的国际化发展尚未取得突破性进展。

表8-1　航空航天装备领域企业国际化发展概况

| 序号 | 证券代码 | 证券名称 | 海外参控股子公司 | 出境并购 | 主营收入中海外占比 |
|---|---|---|---|---|---|
| 1 | 000738 | 中航动控 | 否 | 无 | 8.4% |
| 2 | 000768 | 中航飞机 | 否 | 无 | — |
| 3 | 000901 | 航天科技 | 否 | 有 | |
| 4 | 002013 | 中航机电 | 否 | 无 | 4% |
| 5 | 002023 | 海特高新 | 是 | 有 | |
| 6 | 002151 | 北斗星通 | 否 | 无 | — |
| 7 | 002190 | 成飞集成 | 否 | 无 | 9.52% |
| 8 | 002297 | 博云新材 | 否 | 无 | 10.51% |
| 9 | 300101 | 振芯科技 | 否 | 无 | |
| 10 | 300424 | 航新科技 | 否 | 无 | 9.64%（2015年报） |
| 11 | 300456 | 耐威科技 | 否 | 有 | 6.99% |
| 12 | 300474 | 景嘉微 | 否 | 无 | |
| 13 | 600038 | 中直股份 | 否 | 无 | 1.36% |
| 14 | 600118 | 中国卫星 | 否 | 无 | 1.77% |
| 15 | 600316 | 洪都航空 | 否 | 无 | 18.26% |
| 16 | 600343 | 航天动力 | 否 | 无 | — |

（续表）

| 序号 | 证券代码 | 证券名称 | 海外参控股子公司 | 出境并购 | 主营收入中海外占比 |
|------|----------|----------|------------------|----------|--------------------|
| 17 | 600372 | 中航电子 | 否 | 无 | 1.45% |
| 18 | 600391 | 成发科技 | 否 | 无 | 67.43% |
| 19 | 600677 | 航天通信 | 否 | 无 | 7.23% |
| 20 | 600765 | 中航重机 | 否 | 无 | 5.76% |
| 21 | 600862 | 中航高科 | 否 | 无 | 18.26% |
| 22 | 600879 | 航天电子 | 否 | 无 | —— |
| 23 | 600893 | 中航动力 | 否 | 无 | —— |

资料来源：根据WIND金融终端数据整理。

　　中国航空航天装备领域五家企业拥有海外分支机构，分别是航天科技、海特高新、北斗星通、耐威科技和中国卫星。航天科技通过并购以及投资新设的方式建立海外分支机构，其经营行业涉及机动车零配件与设备制造，传感器研发、制造销售以及电子制造，并向资本运营扩张，经营范围向投资及商业服务提供扩张。

　　海特高新通过海外扩张涉足航空培训产业上游飞行模拟设备研制领域，进军全球民用模拟机制造销售市场，公司已实现航空培训多领域、多机种、业务全球覆盖的战略布局，市场占有率稳步提高，其独立第三方航空培训机构领先地位继续增强。至2016年年底，北斗星通已于我国香港地区、卢森堡、匈牙利、德国和加拿大投资设立全资子公司或孙公司。其海外扩张主要通过香港子公司实施。所有海外控参股子公司或孙公司均通过投资新建的方式成立，且主营业务均为导航定位，与母公司主营一致。2016年，中国卫星公司子公司航天恒星科技与其他三方共同成立合资的老挝亚太卫星有限公司（以下简称"老挝亚太公司"），持股比例为15%，主营业务卫星通信。航天恒星科技委派董事一名，能够对集团海外子公司老挝亚太公司施加重大影响。中航电子海外发展除了出口外，基本不曾进行过其他形式的国际扩张，但其在国内通过与台港澳合资成立爱迪西显示测控有限公司，间接持股75%，主要从事制造业，通过合资企业与国际竞争者或业界保持沟通交流，积极实现技术和资源的吸收和创新。详见表8-2。

**表8-2　航空航天装备领域企业海外分支机构一览**

| 公司名称 | 被参控公司 | 设立方式 | 区位 | 被参控公司主营业务 |
|---|---|---|---|---|
| 航天科技 | IEE International Electronics and Engineering S.A. | 并购 | 卢森堡 | 机动车零配件与设备制造 |
| | TIS CIRCUITS SARL | 并购 | 突尼斯 | 电子制造 |
| | IEE SENSING USA Inc. | 并购 | 美国 | 传感器研发、销售 |
| | IEE Sensing Slovakia | 并购 | 斯洛伐克 | 传感器生产制造 |
| | IEE Sensing Korea Limited | 并购 | 韩国 | 传感器研发、销售 |
| | IEE MALTA Holdings Ltd | 并购 | 马耳他 | 投资、控股 |
| | IEE Langfang Ltd | 并购 | 河北廊坊 | 传感器研发、生产制造、销售 |
| | Navilight S.à r.l | 并购 | 卢森堡 | 投资及提供商业服务等 |
| | Hiwinglux S.A. | 并购 | 卢森堡 | 投资及提供商业服务等 |
| | ALL CIRCUITS SAS | 并购 | 法国 | 投资、控股 |
| | IEE MALTA Limited | 并购 | 马耳他 | 投资、控股 |
| | IEE SENSING GERMANY | — | 德国 | — |
| | IEE SENSING SINGAPORE | — | 新加坡 | — |
| | BMS CIRCUITS SAS | 并购 | 法国 | 电子制造 |
| | MSL CIRCUITS SAS | 并购 | 法国 | 电子制造 |
| | As-hitechlux Sarl | 新设 | 卢森堡 | 投资、控股 |
| | IEE SENSING JAPAN K.K. | 并购 | 日本 | 传感器销售 |
| | IEE MALTA Trading Ltd | 并购 | 马耳他 | 投资、控股 |
| | PTE. LTD | 并购 | 新加坡 | 传感器销售 |
| | As-hitec International Co. Limited | 新设 | 中国香港地区 | 投资、控股 |
| | GmbH | 并购 | 德国 | 传感器研发 |
| 中航机电 | 海力达（Hilite） | 并购 | 欧洲 | 无 |
| 海特高新 | Aviation Safety And Training Pte. Ltd. | 并购 | 美国 | 航空培训 |
| | Sinosinga Aircraft Leasing Company Limited | 新设 | 爱尔兰 | 航空租赁 |

（续表）

| 公司名称 | 被参控公司 | 设立方式 | 区位 | 被参控公司主营业务 |
|---|---|---|---|---|
| 海特高新 | 天津海特宜捷公司 | 投资设立 | 中国 | 从事公务机的维修、管理和固定基地运营服务等相关业务 |
| | Sinosinga Aircraft Leasing Pte.Ltd | 新设 | 新加坡 | 航空租赁 |
| 北斗星通 | Luxembourg Investment Company 134S.àr.l | 投资设立 | 卢森堡 | 导航定位 |
| | Wain Oriented investment（Hungary）Kft | 投资设立 | 匈牙利 | 导航定位 |
| | 东方北斗投资有限公司 | 投资设立 | 中国香港地区 | 导航定位 |
| | 北斗星通控股（香港）有限公司 | 投资设立 | 中国香港地区 | 导航定位 |
| | BDStar GmbH（Germany） | 投资设立 | 德国 | 导航定位 |
| | 北斗星通导航有限公司 | 投资设立 | 中国香港地区 | 导航产品进出口 |
| | BDStar Holding（Canada）Co.,Ltd | 投资设立 | 加拿大 | 导航定位 |
| 成飞集成 | 中航锂电（美国）公司 | 投资设立 | 美国 | 共同研发电动汽车动力总成系统 |
| | * | 合资新设 | — | 锂超级电容的研制等项目 |
| | * | 投资设立 | 美国 | 订单出口 |
| 博云新材 | 博云新材与霍尼韦尔的合资公司是商飞C919唯一供应商 | 投资设立 | 中国 | 无 |
| | 博云新材与美国NAPA合作，由子公司博云汽车为该公司单独供货 | 国际合作 | — | — |
| 耐威科技 | Silex Microsystems Inc | 并购 | 美国马萨诸塞州 | 销售 |
| | Silex Securities AB | 并购 | 瑞典 | 人事 |
| | Silex Microsystems AB | 并购 | 瑞典 | 技术开发/销售/代工生产 |
| 中国卫星 | 老挝亚太卫星有限公司 | 合资新设 | 老挝 | 卫星通信 |

| 公司名称 | 被参控公司 | 设立方式 | 区位 | 被参控公司主营业务 |
|---|---|---|---|---|
| 中航电子 | 爱迪西显示测控有限公司 | 台港澳与内地合资 | 中国 | 制造业 |

资料来源：根据年报、调研记录、WIND咨询终端等收集所成。

*表示资料保密。

国际并购方面，航空航天装备领域自2011年以来共有3家企业对外进行并购扩张，分别是海特高新、耐威科技和航天科技，共发生海外并购3起，其中2起发生在2016年，1起发生在2012年。国际并购作为国际扩张的方式被采纳的较少，同时这与企业国际化的动因以及程度尚处于起步阶段也不无关系。

## 二、航空航天装备领域国际化发展的动因分析

航空航天装备领域以国有企业为主，民营企业进入该领域大多始于2014年。领域内几乎所有企业发展始终以服务国内市场为主要目标。虽然领域内70%的企业均有海外营收，有一些企业的海外营收占比还相当高。但是，这些企业开展进出口业务的主要目的是实现企业在利润或规模等整体上的发展目标，国际市场占有率以及海外市场利润目标等并未成为企业的发展内容。

对于航空航天装备领域的企业来说，2014年是一个转折点。2014年以来，一部分企业开始真正具备国际视野，学习利用国内国外资源发展竞争优势。虽然很多企业尤其是民企海外发展的目标仍然是为国内市场的战略布局增加砝码，但是企业真正具备了国际素质，开始综合运用国际并购、绿地投资以及联盟等多途径发展或获取国内国际市场竞争需要的资源和优势。航空航天装备领域企业国际化发展动机经历了从利润寻求为主向资源/优势发展为主的转变。

2014年以前，航空航天装备领域23家企业中70%的企业都有海外营收，除成发科技外，大多数企业海外营收的占比不高。不过，对于中航

高科、航天通信和洪都航空这3家企业来说，2011年以来的海外营收占比在大多数年份都保持了较高的比例，2014年3家企业这一比例分别是37.18%、20.3%和37.18%。从整个国际市场来看，这些企业在世界市场上的占有率比较低，经营进出口是为了实现企业整体的利润或规模等企业发展目标。如成发科技长期秉持内贸航空发动机及衍生产品和外贸产品同时发展的战略。其外贸产品经营通过承接国际知名航空发动机公司的委托加工业务，通过"组织报价、承接订单、生产交付、收汇结汇"的经营模式来实现。企业在这一过程中重点关注稳定的质量、良好的信誉、客户的认可，新产品的试制成功以及从低附加值环节向高附加值环节的转变，但其最终也是最重要的关注点在于收入或利润。洪都航空外销收入占比较大，主要来自航空航天产品和服务的贡献，且企业战略中也提出"积极融入世界航空产业链，力争成为国际一流飞机训练系统供应商，国内外知名的机身一级供应商"。其国际扩张仍然以出口为主，动机为市场寻求型。航天通信的情况与洪都航空类似，虽然国内国外市场均有涉猎，但以国内市场为主。其他企业海外营收占比基本不超过10%。这些企业出口动机基本以追求利润或营收为主。

航空航天装备领域23家企业中有5家企业拥有海外参控股子公司。这些海外分支机构的设立大多数发生在2014年之后。从扩张动机来看，2014年之前海外参控股子公司的设立大多是为了获取市场和垄断利润，2014年之后则主要是为了实现公司战略，为进入或布局航空航天装备领域而接近或获取所需的资源或优势。

2011年以来，航空航天装备领域只有3家企业进行海外并购，且集中在2014~2016年。根据2016年年报数据，航天科技该年度共有海外参控股子（孙）公司21家，全部是子公司，其中只有3家通过新设建立，其他均为并购获取。为数不多的并购事件主要是为了实现技术的进步和管理的提升。航天科技2016年1月和11月分别并购Hiwinglux S.A.和IEE International Electronics and Engineering S.A.。项目的完成，使公司在资产质量和规模等方面取得跨越式发展，提升了公司汽车电子技术能力和生产水平，增强了盈利能力及市场竞争力。海特高新于2016年通过收购罗克韦尔柯林斯海特（ACCEL）部分股权并增资的方式涉足航空培训产业上游飞行模拟设备研制领域，进军全球民用模拟机制造销售市场。北斗星通在企业战略或发展方向上提出国际化，其2015～2016年连续在我国香港地区、卢森堡、德国、加拿大等直接或间接投资新设海外参控股子公司，目的也是积极稳健地推进公司对外投资战略，不断向北斗及产业相关领域延伸，强化公司在北斗产业链上游的竞争力。耐威科技2016年7月完成对瑞通芯源100%股权的收购并间接控股全球领先的MEMS芯片制造商瑞典Silex Microsystems AB，其在美国马萨诸塞州的全资子公司Silex Microsystems Inc是全球领先的纯MEMS代工企业，并购大大提升企业的导航业务能力，使其具备国际竞争力。2016年中国卫星子公司航天恒星科技与其他三方共同成立合资企业老挝亚太公司，持股比例为15%，根据章程规定，航天恒星科技委派董事一名，能够对老挝亚太公司施加重大影响。该联营企业的成立是中国卫星国际化的第一步，属于市场寻求型兼资源（优势）发展型国际化。

## 三、航空航天装备领域国际化发展的方式分析

航空航天装备领域企业国际化扩张方式主要有三类：贸易、国际合作（出口转包）以及海外直接投资。2014年之前，贸易和国际合作是企业参与国际化的主要方式。2014年之后，三种方式并存，国际合作依然是非常重要的国际化方式，而海外直接投资成为主要的国际化方式，同时海外直接投资对于贸易以及国际合作都有促进作用。

航空航天装备领域企业真正积极地开展国际化始于2014年。在此之前，大多数企业国际化扩张处于顺其自然的状态，这一时期的企业国际化发展以贸易以及国际合作（出口转包）为主导方式。70%的企业2014年之前已经拥有海外营收，北斗星通、成飞集成等早已建立全资子公司经营导航产品进出口。但除成发科技外，其他企业海外营收占比不高。中航高

科、航天通信和洪都航空3家企业自2011年以来的海外营收占比在大多数年份都保持较高比例。这意味着，出口是这些企业维持国际联系的重要途径。大多数企业均未将国际化扩张作为发展战略或企业发展的主要方向，而是将其作为整体企业发展目标的非主要组成部分之一（成发科技除外）。

国际合作（出口转包）是航空航天装备领域的企业国际化发展应用广泛且非常重要的方式，包括成发科技、中航动控在内的企业都非常注重参与国际产业链，积极通过参与产业链来获取信息、技术、资源等。中航动控通过出口转包，为国外知名航空企业提供民用航空精密零部件的转包生产，如民用飞机控制系统零部件、航空发动机摇臂等小型件、航空精密零部件的加工制造，航空发动机燃油控制系统的装配与调试等。公司作为国内主要航空发动机控制系统研制生产企业，与各发动机主机单位均有合作，并与国际知名厂商霍尼韦尔等建立了长期稳定的合作关系。航天科技、成飞集成等企业也直接或间接（经代理商）通过国际合作，参与国际产业链。中航飞机的国际合作见专栏8.1。

---

**专栏8.1　中航飞机的国际合作**

中航飞机公司及所属子公司通过参与波音、空客的国际产业链合作，承担的国际合作项目主要产品有：波音B737NG的垂尾，48段，舱门，方向舵；B747-8的平尾、垂尾、内襟翼，副翼，扰流片等；B777垂平尾，翼尖，复材壁板等；B787垂尾前缘、方向舵、短舱扭力盒等；空客A320飞机的机翼、机头组件、机身壁板、反推装置门等；A350扰流片及下垂板；ATR43/75机身16&18段；庞巴迪Q400及C系列机身；A320、A340和B747飞机起落架、刹车系统零部件等；B747/757/767等飞机客改货项目等。

资料来源：年报及公开调研记录。

---

航空航天装备领域企业真正开始积极谋求国际化发展，具备国际视野是在2014年之后。这一时期，国际直接投资成为主导国际化扩张方式。绝大部分的海外并购及海外参控股子公司的设立都发生在这两年。如表8-3所示，国际直接投资的实现方式中，独资新建和并购占77%，另外战略联盟等形式也占较大比例。合资比例较少。

**表8-3 航空航天装备领域企业海外参控股子公司建立方式分布**

| 企业海外参控股子(孙)公司数目 | 独资新建（%） | 合资（%） | 并购（%） | 其他（%） |
|---|---|---|---|---|
| 47 | 32% | 6% | 45% | 17% |

资料来源：根据年报及WIND金融咨询等整理。

在国际直接投资的过程中，企业谋求控制权，股权式扩张成为绝对类型。如表8-4所示，依据既有数据，2016年年底，航空航天装备领域企业海外参控股子(孙)公司的数目共47个。无论是投资新设、合资新设还是并购，母公司对子公司拥有绝对控制权的有32个，占68%。绝对的控制权意味着母公司可以很好地开展战略目标的实施。相对于战略联盟等非股权式扩张，股权式扩张面临的文化冲突较少，2014年以后该领域的国际直接投资大多数以股权式扩张展开。另外，子公司的主营业务要么与母公司一致，要么属于投资领域，便于企业将来进一步实施国际范围的资本运营。该领域国际并购的绝对数目并不多，现金仍然是主要的支付手段，除此之外，发行股权并购成为新的支付方式，被并购企业也基本属于非上市公司类型。该领域发生的几起并购均属于横向整合，主要原因在于企业向航天航空装备领域积极布局，因而谋求向相关和相邻领域的发展。

**表8-4　航空航天装备领域海外参控股子（孙）公司股权占比分布**　　　（个）

| | |
|---|---|
| 股权式海外参控股子(孙)公司数目 | 47 |
| 股权比例≥80%数目 | 32 |
| 50%≤股权比例<80%数目 | 1 |
| 20%≤股权比例<50%数目 | 1 |
| 股权比例<20%数目 | 1 |
| 其他 | 12 |

数据来源：根据年报及WIND金融咨询等整理。

## 四、航空航天装备领域国际化发展的资源支持

在航空航天装备领域，支撑企业国际化发展的资源主要有三大方面：政府政策支持（见表8-5）、企业自身实力，包括已经取得的国际国内市场地位，拥有的国内国际资源等，及企业国际化相关的经验。其中政府支持以及企业自身实力是最重要的两种力量。

表8-5　航空航天领域主要的政府支持政策

| 政策名称 | 相关内容简介 |
| --- | --- |
| 《国家民用空间基础设施中长期发展规划（2015～2025年）》 | 要大力发展民商用卫星通信产业，全面发展卫星固定通信卫星和移动通信卫星系列并加强地面系统建设，力争在"十三五"期间形成卫星通信广播系统，并基本形成商业化发展模式，具备国际服务能力 |
| 《2016 中国的航天》白皮书 | 我国将加快航天强国建设步伐，持续提升航天工业基础能力，加强关键技术攻关和前沿技术研究，促进卫星及应用产业发展。提升卫星系统水平和基础产品能力，构建形成卫星遥感、卫星通信广播、卫星导航定位三大系统，建设天地一体化信息网络。大力拓展空间信息综合应用，加强科技成果转化和市场推广，提高空间应用规模化、业务化、产业化水平 |
| 《关于促进地理信息产业发展的意见》 | 明确将地理信息产业纳入战略性新兴产业范畴，将发展地理信息产业上升为国家战略 |

资料来源：年报及公开调研记录。

第一，政府政策支持。由于航空航天装备领域具有国家防卫战略的属性以及高技术密集和高资本密集的特性，该领域企业大多数为国有企业。来自中央政府或地方政府的直接或间接的政策大环境利好及经济支持对于企业发展以及国际化扩张影响非常大。

在宏观经济环境和国家战略的引导和改革政策的扶持下，航天产业作为国家重点发展的战略新兴产业，新兴市场不断涌现，航天技术长足进步，航天产业与信息产业融合发展不断深化，产业发展迎来新机遇。随着国防建设的需要，国家战略空军、大型军用飞机的不断需求，国家对航空发动机行业的大力支持，军用航空发动机的需求市场前景越来越广阔。另外，军民融合战略落地，低空开放以及中小机场的开放使用都为该领域企

业及其国际化发展营造了良好的环境。

除了政策大环境，来自政府的经济支持是企业国际化的重要推动力。国家重点发展的战略性的新兴产业内的企业发展受到来自各级政府以各种形式提供的资金支持，如政府补贴、低息贷款、税收优惠等。洪都航空接受政府补助的详情见专栏8.2。除此之外，作为央企，很多航空航天领域的企业和相关央企具有合作上的优势，同时在国家政策支持以及参与国家重要的项目方面都具有独特的优势；如获取来自金融机构的贷款，贷款利率优惠，融资成本较低，且贷款期限较长，所获资金为公司运营提供长期低息融资支持，是资本密集型和技术密集型航空航天装备领域企业国际化发展的重要保障。同时作为高新技术企业，企业可以获得包括所得税、增值税等类型的税收优惠。这些来自政府的支持对领域内企业国际化扩张提供了非常重要的支撑。

---

**专栏8.2　洪都航空发展受益于政府支持**

政府补助为本集团从政府无偿取得的货币性资产或非货币性资产，包括税费返还、财政补贴等。根据年报数据，洪都航空2015～2016年接受政府补助分别为12 731 900.28元和14 050 000元。2013年，根据《江西省财政厅关于下达江西洪都航空工业集团有限责任公司财政补助资金的通知》（赣财企指〔2013〕32号）文件，洪都航空收到江西省财政厅下拨的用于支持南昌航空工业城建设及发展大飞机项目的补助资金人民币48 609 630元。涉及政府补助的项目包括来自中国民用航空东北地区管理局的7 711 900.28元。

资料来源：年报及公开调研记录。

---

第二，企业的资源与能力，包括拥有的技术先进性、当前的市场地位、利润率等。这些资源与能力是企业能够成功实施国际化的根本要素。

博云新材子公司博云东方是一家致力于做超细晶硬质合金的刀具材料、模具材料的高新技术企业。2014年已完成超细晶刀具材料产品国外厂家的技术认证，是中国硬质合金技术的领先者和国内飞机刹车副制造厂家的领军企业。目前公司的高性能硬质合金级塑模材料国内市场占有率第一，超细晶硬质合金棒材正在快速替代进口产品，并出口到欧美发达国家。博云新材在技术上、产品质量上以及市场实力和经验是其国际扩张最根本的后盾。

作为国内主要航空发动机控制系统研制生产企业，中航动控公司在军用航空发动机控制系统方面一直保持领先，公司与国内各发动机主机单位均有密切合作，并与国际知名厂商GE、霍尼韦尔等建立长期稳定的伙伴关系。中航飞机已经能够自主研制MA60和MA700两个型号的飞机并积累了长期的国际市场推广经验，拥有在我国航空工业多年来的技术积累和先进的制造能力。这些都是企业走进国际市场，与国际同行竞争的最重要支撑，更是国际竞争力最重要的组成部分。

北斗星通作为我国导航定位产业领先企业，不仅在规模、技术研发、产业布局等方面保持相当的优势，而且在芯片、办卡和天线等产品上有比较优势。公司的产品和服务贯穿卫星、航空、陆地、海洋及地下，是国内北斗产业链最完整、应用面最广、终端供应量最大的企业之一。振芯科技是国内在北斗方面少数有能力提供"基带+射频"芯片完整解决方案的厂商，公司已建立起"北斗器件—终端—系统—运营"全产业链竞争优势，产品和服务贯穿航天、航空、地面、水上及水下，是国内北斗产业链最完整、应用面最广、终端供应量最大的企业之一。企业强大的实力为其国际扩张提供了最强有力的动力来源。

耐威科技经过多年发展，已经拥有"惯性导航+卫星导航+组合导航"全覆盖的自主研发生产能力。中国卫星联营企业老挝亚太卫星有限公司作为航天科技集团公司下属重点企业，研发实力雄厚，多家子公司都建立了独立的研发部门，拥有包括实验、检测等所有环节在内的完整的研发能力，可以从事关键系统、核心零部件及关键技术的研发。中国卫星是国内唯一一家专业从事卫星研制和卫星应用的上市公司，研制生产了国内大部分应用类小卫星，在该领域处于主导地位。

洪都航空承担了国内主要的教练机的研发和生产，具备从初级到高级的完整的教练机的研发和生产能力，特别是其在中级、高级教练机的国际市场上竞争力一流，其中K8教练机型占同类外贸机70%的份额。 公司还能够独立制造大型民用客机机身段，并积极参与部分大部件的国际转包生产，是国内为数不多的同时具备通用飞机制造和通航运营服务能力的公司之一。成发科技具备承担各类航空产品生产及配套任务的资格和能力，在长期的产品研制以及与国际知名航空企业合作过程中，建立了机匣、钣金、叶片、轴承等四个专业化优势平台，拥有技术、热表、装试三个能力中心，掌握了国际先进航空发动机关键零部件制造技术。

第三，企业与国际化相关的经历和经验也是企业国际化扩张的重要影响因素。航空航天装备领域企业大多数通过国际合作（出口转包）以及在国外设立分支机构等形式保持与国际市场的联系。出口转包是企业学习先进技术和管理经验，获取信息以及资源的重要过程，与企业后续的国际化扩张不无联系。包括中航动控在内的大多数企业均长期从事出口转包。中航动控是我国主要的航空发动机控制系统生产企业，与国际著名企业，如霍尼韦尔有长期稳定的合作关系，通过与国际客户，如英国罗罗、法国斯奈克马等密切合作，成功研发新产品、共同攻克关键工艺难题，而且与比利时宇航、法国埃塞建立战略合作关系。通过为国外知名航空企业提供民用航空精密零部件的转包生产（民用飞机控制系统零部件、航空发动机摇臂等小型件、航空精密零部件的加工制造，航空发动机燃油控制系统的装配与调试等），通过受托加工，积极学习国外先进制造工艺、技术，提升内部制造能力和管理水平。这些与国际同行的合作及共同成长不仅为企业走出国门提供熟悉国际竞争者及国际惯例的机会，也可以大大增强其国际化成功的概率。

## 五、航空航天装备领域国际化发展的地理分布

国际扩张的区位分布是国际扩张的动机与方式，企业自身的资源情况等多种因素综合交织的结果。这些影响因素包括投资动机、以往国际化的经验以及与东道国的文化或制度距离等，其中投资动机和东道国的区位优势是最重要的影响因素。航空航天装备领域企业国际化扩张主要是资源或

优势寻求型，因此，东道国是否拥有其所看重的资源及其拥有量，以及东道国的制度是否便于投资等因素是该领域企业国际扩张的重要推动力。航空航天装备领域企业国际扩张的区位分布以欧美发达国家为主，同时发展中国家的比例也在逐步增加。

中航锂电出口市场以欧洲、美洲为主，国际市场销售收入占比10%左右。博云新材产品出口市场主要是欧美发达国家。耐威科技军工出口的比例占20%～30%，公司境外客户主要为发展中国家。成发科技的出口主要通过承接国际知名航空发动机公司的委托加工业，以"组织报价、承接订单、生产交付、收汇结汇"的模式来实施，订单也主要来自西方发达国家的国际企业。

除了出口地理结构，海外参控股子（孙）公司地理分布很好地反映了企业国际化扩张的方向和市场布局的状况。航空航天装备领域国际化发展的地理分布呈现出集中但有日趋多样化的趋势和特征。如图8-1所示，所有该领域海外参控股子（孙）公司中，西欧和亚洲占比最大，成为航空航天装备领域主要的海外扩张方向。

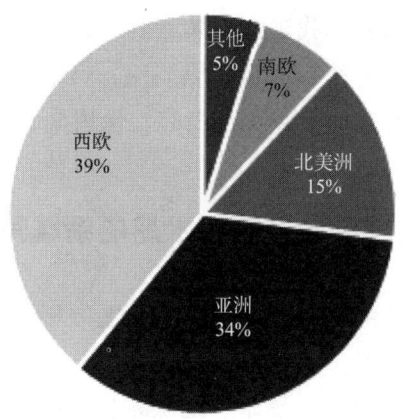

**图8-1　航空航天领域国际扩张主要集中在西欧和亚洲**

资料来源：根据年报等资料整理所得。

# 第九章　海洋工程装备及高技术船舶领域国际化发展

　　《中国制造2025》规划提出，"大力发展深海探测、资源开发利用、海上作业保障装备及其关键系统和专用设备。推动深海空间站、大型浮式结构物的开发和工程化。形成海洋工程装备综合试验、检测与鉴定能力，提高海洋开发利用水平。突破豪华邮轮设计建造技术，全面提升液化天然气船等高技术船舶国际竞争力，掌握重点配套设备集成化、智能化、模块化设计制造核心技术"。我国海洋工程装备及高技术船舶研发主要集中于京沪，制造主要分布于东南沿海地区。以中国船舶工业集团和中国船舶重工集团两大集团为代表，我国海工装备和高技术船舶领域共有研发或制造企业27家，产品种类齐全，质量世界一流，行业规模也位于世界前列。领域内企业国际化发展经历了较长的时间，发展颇具特色。

## 一、海洋工程装备及高技术船舶领域国际化发展概况

　　研究发现，海洋工程装备及高技术船舶领域企业国际化程度高于其他领域，绝大部分企业发展具备国际视野。国际化扩张呈现出市场寻求和优势发展并重，且以市场寻求为主。国际化扩张的方式呈现出多样性，包括出口、建立海外分支机构以及组建战略联盟等，其中国际并购占比较少，各种方式相互促进。尤其是海外分支机构90%是投资新设的方式建立的，且大部分海外分支机构的主营业务是销售或者售后服务，这与市场寻求性

的扩张动机不无关系。总的来看，国际扩张的组织机构仍然以控股子公司或孙公司为主，财务安排以现金支付为主。在国际化扩张的资源支撑方面，政府支持以及企业实力是主要的支撑，其中，企业自身实力是其海外扩张的根本支撑要素。国际扩张的区位则呈现出国际化和全球化的特点，分支机构遍布全球各大洲。企业扩张的效果也是成绩斐然，无论是市场寻求性还是优势发展型扩张均基本实现相应的目标。

根据2016年数据，海工装备及高技术船舶领域80%的企业主营收入均有出口份额，其中有近1/4的企业出口收入占主营收入超过50%。其他有出口收入的企业，出口收入占主营收入均保持在10%以上，且基本呈现逐步上升趋势。2011年以来，27家企业有12家企业出口营收占比呈上升趋势。中国船舶、振华重工以及诺力股份等企业的海外营收则基本持续维持在70%~80%的高位上（见表9-1）。出口始终是海洋工程装备和高技术船舶领域企业国际化的重要方式之一。

表9-1 海洋工程装备领域企业国际化发展概况

| 证券代码 | 证券名称 | 海外参控股子公司 | 出境并购 | 主营收入海外占比（%） |
|---|---|---|---|---|
| 000157 | 中联重科 | 有 | 有 | 12.81 |
| 000425 | 徐工机械 | 有 | 有 | 21.14 |
| 000528 | 柳工 | 有 | 有 | 27.86 |
| 000680 | 山推股份 | 有 | 无 | 20.02 |
| 000880 | 潍柴重机 | 无 | 无 | 18.57 |
| 000923 | 河北宣工 | 无 | 有 | 13.76 |
| 002097 | 山河智能 | 有 | 有 | 22.59 |
| 002204 | 大连重工 | 无 | 无 | 32.8 |
| 002459 | 天业通联 | 有 | 无 | 60.81 |
| 002483 | 润邦股份 | 有 | 无 | 85.78 |
| 002523 | 天桥起重 | 无 | 有 | 无 |
| 002608 | *ST舜船 | 有 | 无 | * |

（续表）

| 证券代码 | 证券名称 | 海外参控股子公司 | 出境并购 | 主营收入海外占比（%） |
|---|---|---|---|---|
| 002685 | 华东重机 | 有 | 无 | 9.63 |
| 300008 | 天海防务 | 无 | 有 | 无 |
| 300123 | 太阳鸟 | 有 | 无 | 13.24 |
| 600031 | 三一重工 | 有 | 有 | 41.64 |
| 600072 | 钢构工程 | 无 | 无 | 4.45 |
| 600150 | 中国船舶 | 无 | 无 | 72.39 |
| 600320 | 振华重工 | 有 | 有 | 69.27 |
| 600685 | 中船防务 | 有 | 无 | 无 |
| 600761 | 安徽合力 | 有 | 无 | 无 |
| 600815 | 厦工股份 | 有 | 无 | 12.08 |
| 600984 | 建设机械 | 无 | 无 | 无 |
| 601608 | 中信重工 | 无 | 无 | 33.98 |
| 601890 | 亚星锚链 | 无 | 无 | 59.94 |
| 601989 | 中国重工 | 无 | 无 | 37.84 |
| 603611 | 诺力股份 | 无 | 无 | 70.91 |

资料来源：根据IFIND金融终端及年报数据整理所得。

　　如表9-1和表9-2所示，27家企业中约有16家企业有海外控股参股公司，且主要以子公司形式向海外扩张。根据2016年年报及WIND咨询数据显示，该领域主要企业如振华重工国际直接投资的起步较早。大部分企业在2000年以后也都开始以绿地投资的形式进行国际投资。中联重科最早于2002年成立英国子公司，从事制造和销售，至2016年年底共有海外分支机构15个，大部分从事商业。2013年，并购获取意大利两家环保业子公司，实施多元化国际扩张。该领域有8家企业海外分支机构主营业务以销售为主，包括徐工机械、中联重科、山推股份、三一重工、山河智能、振华重工为代表的较早进行国际扩张的企业。另外，企业国际扩张实现多元发展和国际资本运营的案例也逐步增加，如天业通联、中联重科、厦工股份均设立海外分支机构以投资管理为主营业务。从时间上来看，多元化扩张基本出现在2010年后，投资管理为主营业务的海外分支机构则基本出现在2008年后。

　　亚洲是大多数企业海外扩张的区位选择，除安徽合力外，其他企业国际扩张区位均包含亚洲，其中我国香港地区成为企业走出去的桥头堡。同时大部分企业海外扩张区位呈现出西欧、亚洲为主，南北美洲、非洲和澳洲等同时并存的多样化的布局。

　　扩张方式上，海洋工程装备领域企业国际扩张的方式惊人的一致，99%的海外分支机构以投资新设的方式成立。详见表9-2。

表9-2　海洋工程装备领域企业海外分支机构

| 企业名称 | 总数目（个） | 主营业务状况 | 备　注 |
|---|---|---|---|
| 中联重科 | 15 | 商业，9；制造销售，2；环保类，2 | 主要分布在西欧、东亚和我国香港地区；2013年后向环保业扩张 |
| 徐工机械 | 12 | 制造，1；销售，9；投资，2 | 主要分布在南北美洲、西欧和亚洲 |
| 山推股份 | 11 | 商贸，11 | 分布于南美洲、俄罗斯、非洲、亚洲，比较分散 |
| 柳工 | 12 | 制造，1；工程机械销售，9；投资，2 | 分别在南北美洲、西欧、亚洲和非洲，2011年后无新设分支机构 |
| 山河智能 | 11 | 贸易，2；销售，6；制造，1；投资，2 | 分布在西欧、亚洲和北美洲 |
| 天业通联 | 3 | 投资，3；销售，1 | 均分布在我国香港地区 |
| 润邦股份 | 2 | 生态保护和环境智治理，1；贸易，1 | 分布在我国香港地区和芬兰；2015年在芬兰以并购方式获取环保业子公司 |
| ST舜船 | 2 | ＊ | 均建立于2012年，且均分布在亚洲 |
| 华东重机 | 2 | 销售，2；技术研发，1 | 新加坡子公司主营业务含技术研发 |
| 太阳鸟 | 4 | 服务，4；销售，3；设计，1 | 位于美国、意大利和我国香港地区 |
| 三一重工 | 5 | 制造，3；租赁，2；销售，1；投资，1；国际采购，1 | 主营采购子公司位于我国香港地区；区位以亚洲为主，其他还包括美国和德国 |

（续表）

| 企业名称 | 总数目（个） | 主营业务状况 | 备 注 |
|---|---|---|---|
| 振华重工 | 22 | 贸易销售，21；道路、港口、桥梁建设，1 | 2015年新设美国子公司主营道路港口桥梁建设；其他子公司位于西欧、亚洲和南北美洲 |
| 中船防务 | 3 | 一般贸易，2；建筑工程，1 | 位于我国香港、澳门地区 |
| 安徽合力 | 1 | 批发零售，1 | 2014年获取法国子公司，属于多元化扩张 |
| 厦工股份 | 6 | 贸易，4；咨询服务，1；投资，1 | 分布较为分散，包括非洲、南美洲、非洲、亚洲和西欧 |
| 中信重工 | 6 | 技术服务，3；销售，1；制造，1；工程安装，1 | 以亚洲为主，其他区位包括澳洲、西班牙和巴西 |

资料来源：根据年报、调研记录、WIND咨询终端收集所得。

　　相对于出口和绿地投资，国际并购在海工装备和高技术船舶领域企业国际化中采取的比例较少，且主要发生在2011年以后（见表9-3）。2011年以来，该领域共发生7起海外并购，其中2016年2起，2015年2起，占比57%。目前，并购在海工装备领域企业国际化方式中并不突出。2012年，天业通联以增资方式成功并购意大利SELI公司32.26%股权。2013年，三一重工发起并购，标的是奥地利帕尔菲格10%股权，意图实现战略合作，而非谋取控制权的改变。2014年，中联重科发起以荷兰Raxtar 35%股权为标的的出境并购，并购为了实现横向整合，不曾谋取控制权的改变。2015年，中联重科发起并成功完成以意大利纳都勒75%股权为标的的国际并购，涉猎国际环境与设施服务领域，意图实现国际多元化。2015年发生的另一起国际并购是由山河智能发起的，并购标的是加拿大AVMAX公司100%股权，这一并购完成帮助山河智能成功实现国际横向整合。2016年发生的两起并购分别是徐工机械和河北宣工发起的。2016年7月，徐工机械发起以徐工巴西制造0.6%股权为标的的出境并购，通过并购，两者成功实现横向整合。2016年9月，河北宣工发起以我国香港地区四联香港100%股权为标的的国际并购，实现在多领域控股方面的横向整合。

表9-3　海洋工程装备领域企业国际并购概况

| 首次披露日 | 交易标的 | 交易买方 | 标的方行业 | 买方行业 |
|---|---|---|---|---|
| 2016年9月 | 四联香港100%股权 | 河北宣工（000923.SZ） | 多领域控股 | 建筑机械与重型卡车 |
| 2016年7月 | 徐工巴西制造0.6%股权 | 徐工机械（000425.SZ） | 工业机械 | 建筑机械与重型卡车 |
| 2015年10月 | 加拿大AVMAX公司100%股权 | 山河智能（002097.SZ） | 航天航空与国防 | 建筑机械与重型卡车 |
| 2015年6月 | 纳都勒75%股权 | 曼达林基金，中联重科（1157.HK，000157.SZ） | 环境与设施服务 | 建筑机械与重型卡车，多领域控股 |
| 2014年8月 | Raxtar 35%股权 | 中联重科（1157.HK，000157.SZ） | 工业机械 | 建筑机械与重型卡车 |
| 2013年10月 | 帕尔菲格10%股权 | 三一重工（600031.SHN，600031.SH） | 建筑机械与重型卡车 | 建筑机械与重型卡车 |
| 2012年6月 | SELI公司32.26%股权 | 天业通联（002459.SZ） | 建筑机械与重型卡车 | 建筑机械与重型卡车 |

资料来源：WIND咨询终端。

## 二、海洋工程装备及高技术船舶领域国际化发展的动因分析

海洋工程装备和高技术船舶领域企业具备一定的国际竞争力，企业国际化程度较高。从国际化发展的动因来看，海洋工程装备和高技术船舶领域企业以利用优势进行市场寻求性国际扩张为主，同时，充分利用国内国际资源发展企业优势也是各企业国际化扩张的重要动机之一。

第一，该领域80%的企业拥有主营海外占比，有近1/4的企业出口收入占主营收入超过50%。其他有出口收入的企业，出口收入占主营收入均保持在10%以上，且基本呈现逐步上升趋势。2011年以来，27家企业有12家企业出口营收占比呈上升趋势。中国船舶、振华重工以及诺力股份等企业则持续维持在70%～80%的高位。主营收入高海外占比说明国际市场对于企业发展的重要性，企业海外扩张的重要动因来源于追逐国际市场。

第二，如表9-2所示，通过分析该领域企业海外分支机构的主营业务可以发现，绝大部分海外子公司（孙公司）的主营业务为销售、贸易或者售后服务中的一种或者两种。振华重工2016年共有22家海外子公司或联营企业分布于世界各地，全部通过投资新设建立，并且有21家海外子公司主营业务是贸易销售。山河智能2016年共有11家海外子公司分布于欧洲、亚洲及北美洲，8家主营业务覆盖销售服务或售后服务。山推股份2016年海外子公司或联营企业共有11家，且所有11家分支机构的主营业务均为商贸。对于中联重科、徐工机械、柳工等典型企业来说，情况并无二致。

除了出口和国际直接飞地投资，国际并购也是国际扩张的重要方式，且其分量将越来越重。如图9-1所示，2011年以来，海洋工程装备与高技术船舶领域共发生7起海外并购案例。在这些并购中，横向整合是主要的并购目的，共有4起，占比50%。相对于纵向整合，横向整合在寻求市场的企业战略中使用最为广泛。可以说，2016年，海工装备及高技术船舶领域企业国际扩张以市场寻求性扩张为主。

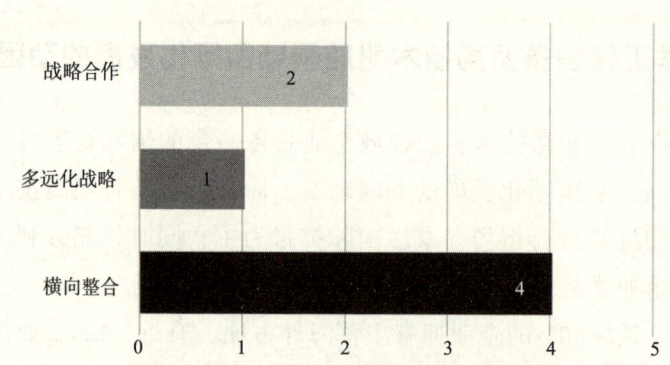

**图9-1　2011～2016年海外并购以横向整合为主要目的**

资料来源：根据年报等资料整理所得。

市场寻求性国际扩张是海工装备和高技术船舶领域企业海外发展的主要内容，同时，国际扩张也本着优势发展进行，这一特征自2014年以来更加明显。中联重科2008年并购意大利CIFA，这意味着全球最高水准的技术迅速为中联重科吸纳，中联重科也因此成为中国工程机械国际化的先行者和领导者。2012年以来，海工装备和高技术船舶领域发生的6起出境并购有3起并购意在实现多元化发展，2起为了战略合作。2015年，中联重科联合曼达林基金拟以共同出资方式收购意大利纳都勒公司75%的股权，以积极促进纳都勒先进技术消化吸收。2013年，三一重工并购奥地利帕尔菲格10%股权，意在进行战略合作，引入先进管理经验和技术，获取信息和资源。2012年，天业通联并购意大利SELI公司32.26%股权，意在进行战略合作，学习先进技术和管理经验。2016年，山河智能并购加拿大AVMAX公司主营机械制造和飞机租赁，是为了更好地发展航空主业。详见专栏9.1。

---

**专栏9.1　山河智能并购AVMAX GROUP INC.**

AVMAX公司，是北美最大的支线航空公司，拥有100余架的支线飞机，在飞机改装、维修检测方面已经达到较高的水平，也是业内的知名公司，自身的赢利能力较强。2016年，山河智能完成并购AVMAX公司100%股权。至此，可以AGI为国际合作平台，通过合资、合作整合现有的航空发动机、轻型飞机、无人机的业务，打造一个涵括制造、租赁、运营、维修的通用航空全产业链条。具体还包括通过AGI与加拿大某著名飞机制造商在飞机零部件制造领域达成合作，最终实现飞机整机制造领域的合作，加快推动新型航空发动机的研发进度，未来进入商务机制造领域等。

资料来源：年报及公开调研记录。

---

海外分支机构主营业务的变化也说明，企业国际扩张不仅在于寻求市场获取垄断利润，更在于发展优势，提升国际竞争力。该领域一部分海外分支机构主营投资，是为了在全球进行产业投资和资本运营，更好地实现发展战略。如山河智能在越南、我国香港地区成立的子公司；天业通联在香港地区成立的子公司；柳工在荷兰以及我国香港地区成立的子公司等均属于这种情况。

## 三、海洋工程装备及高技术船舶领域国际化发展的方式分析

根据已有资料，海洋工程装备和高技术船舶领域企业国际化方式多种多样，且以出口和飞地投资主导的国际直接投资为主要方式，同时，国际并购在国际扩张方式中的分量越来越重。

企业国际化扩张方式多样化，出口和飞地投资主导的国际直接投资成为主要的国际化途径。该领域80%以上企业拥有出口，且1/4企业出口收入占主营收入一半左右，出口对主营收入的占比还在不断增加，说明出口是重要的企业国际扩张的途径。与此同时，飞地投资为主的国际直接投资是该领域主要的国际扩张方式，并且未来一段时间还将是主要的扩张方式。80%海外子公司都是通过投资新设的方式建立的。除了出口和飞地投资，国际并购也是企业重要的海外扩张方式，如图9-2，在海外分支机构各类成立方式中占比15%，并会在将来占据越来越高的比重。

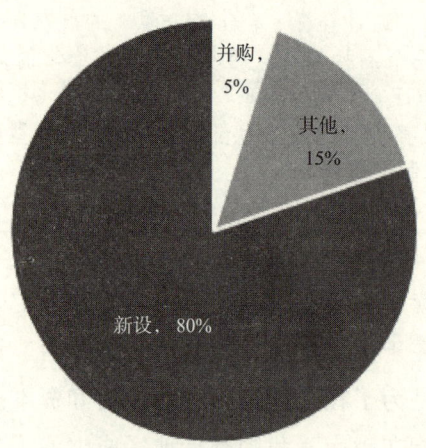

图9-2　航空航天装备领域企业海外分支机构建立方式概况

资料来源：根据年报数据整理所得。

2011年以来，海洋工程装备与高技术船舶领域共发生7起海外并购案例。其中2015～2016年并购发生数目占60%以上，说明并购作为企业国

际扩张方式越来越重要。如图9-3所示，与并购目的和企业所面临的条件相适应，海洋工程装备和高技术船舶领域企业并购以增资为主，占57%。其次是协议收购占14%。发行股票购买资产的并购方式因为股票发行时间长，程序复杂，还涉及交易对价的确定，不利于交易顺利完成，因此占比较少。

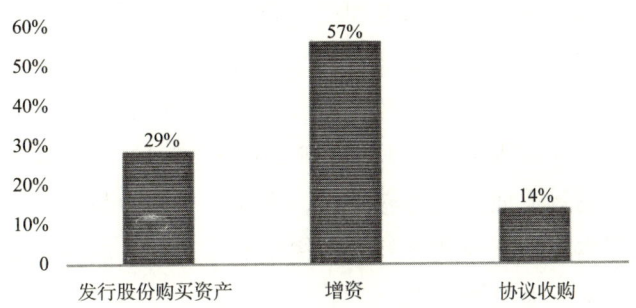

图9-3　2011~2016年海洋工程装备与高技术船舶领域海外并购方式分析

资料来源:WIND金融咨询。

　　除了出口、国际直接投资，建立战略联盟等也成为企业占领国际市场、发展国际竞争力的重要方式。中联重科公司目前已在美国、欧洲成立农机研发机构，学习吸收欧美高端农机研发理念，目前已实现耕、种、管、收、烘干等全程农业机械制造产品研发，其中，"杂交水稻超高产农机农艺融合示范项目"成功抢占农业机械市场制高点。这些成果的获取主要通过研发联盟的形式实现。除此之外，中联重科公司自2015年开始加速开拓全球化市场，积极参与"一带一路"沿线重点国家的产能合作，通过中白工业园等，打造一个涵盖东欧、中亚在内的研发制造基地。上述战略的执行离不开与其他国际国内公司或政府等建立的联盟的运行。

## 四、海洋工程装备及高技术船舶领域国际化发展的资源支持

　　海工装备和高技术船舶领域企业国际化发展的支撑资源有多种来源，但最主要的来源是企业自身的实力，除此之外，政府政策及环境创造也是

企业国际化发展迅速提升的重要因素。

企业自身强大的实力是企业国际化扩张的主要支撑要素，包括技术优势、市场优势、管理优势、产品优势以及品牌优势等。领域内一部分企业包括徐工机械、中联重科、柳工、振华重工等，在技术上、市场占有率上都是中国国内市场竞争的佼佼者。徐工机械、三一重工等企业则不仅在国内市场，而且在一部分发达国家和广大新兴市场国家和其他发展中国家具有巨大的品牌影响力。加上这些企业较早进行国际扩张，积累了丰富的国际扩张的经验。这些技术上、产品上、市场上的已有成果成为中联重科国际化扩张的根本支撑要素。详见专栏9.2至专栏9.4。该领域其他企业在产品、技术、市场等方面也是各有千秋，企业自身实力是国际化扩张的主要支撑要素和根本动力。除此之外，支撑企业国际化发展的要素中，政府政策支持也发挥了巨大的推动力。

---

**专栏9.2　中联重科企业竞争力**

中联重科在20多年的创新发展中，逐步成长为一家全球化企业。其主导产品覆盖10大类别、73个产品系列，1 000多个品种，工程机械、环卫机械均位居国内第一，农业机械位居国内前三。中联重科不仅是行业标准的制修订者，产品及技术引领行业发展，而且成为行业整合国内外资源的先行者以及领导者以及国际化的先行者和领导者。市场方面，中联重科构建了全球化制造、销售、服务网络。公司通过对国内15个工业园区和国外5个工业园区的整合和布局，形成遍布全球的产业制造基地。公司产品市场已覆盖全球100余个国家和地区，构建了全球市场布局和全球物流网络和零配件供应体系。技术上，公司科技创新引领行业发展，取得行业标准的话语权。2016年，公司发明专利授权448件，持续保持行业第一；获"中国专利优秀奖"两项；ISO/TC96年会上获得《起重机限制器和指示器 第3部分：塔式起重机》主导修订权；ISO/TC195年会上，公司起草的《混凝土搅拌站及砂浆搅拌站的术语及商业规格》获得DIS投票通过，国际标准话语权取得新突破。中联重科农业机械目前已在美国、欧洲成立农机研发机构，并与长沙、芜湖研发中心实现协同为企业发展服务。在发动机、变速箱、传动系统、液压系统等零部件的研发、制造领域，中联重科与采埃孚、道依茨、博世力士乐、卡拉罗等全球顶级农机零部件供应商进行深度合作，并有能力提供世界级品质的产品。这些技术上、产品上、市场上的已有成果成为中联重科国际化扩张的根本支撑要素。

资料来源：年报及公开调研记录。

专栏9.3 徐工机械国际扩张的支撑要素

作为中国工程机械的领军企业,徐工机械长期与中国人民解放军总装备部、总后勤部在军用机械的研发和制造领域保持着广泛深入的合作关系。公司拥有中国人民解放军总装备部颁发的《装备承制单位注册证书》、国家军用标准GJB9001B-2009质量体系认证、武器装备质量体系认证委员会颁发的《武器装备质量体系认证证书》《二级保密资格单位证书》《武器装备科研生产许可证》等6种资格证书。这是徐工机械发展壮大的有力后盾。徐工机械产品系列完善,产品结构均衡,拥有千余种产品,能够为客户提供成套解决方案。技术上,公司拥有专业化主机生产体系和核心零部件研发制造能力,产品技术含量高,进入壁垒高,市场占有率高。徐工机械还在中国和全球建立广泛而完善的营销网络,除了国内由自营办事处及经销店组成的广泛的分销及服务网络外,公司的海外销售网络包括海外第三方经销商及其经营的经销店和服务中心,产品销往超过170个国家和地区。除了产品和市场,徐工机械品牌优势巨大,是中国最具影响力的工程机械品牌之一,在国内与国外市场上拥有广泛的品牌认可度,工程机械产品远销欧美、日韩、东南亚、非洲等国际市场。徐工机械是国内最大的工程机械出口商之一,多项产品出口市场份额第一。

资料来源:年报及公开调研记录。

专栏9.4 柳工国际化发展

柳工公司从事工程机械研发、生产、销售及相关业务,是中国工程机械第一家上市公司。除覆盖全面的各系列产品,柳工还具备根据用户需求设计、生产工程机械产品及变形产品的能力。柳工在全球范围内建立研发制造基地,在欧美深化与康明斯、ZF等全球领军配套企业的合作,通过国际联合研发,推出完全适应和满足世界发达国家地区的产品;在北美和欧洲,柳工是目前少数能够提供欧IV排放标准设备的中国工程机械制造商。柳工还在印度、北美、拉美、欧洲、亚太、中东、南非、俄罗斯和柳工波兰9大海外营销实体单元,在130多个国家拥有380家经销商,8个配件中心,此外还组建了全球后市场服务部,面向全球提升柳工和代理商对客户的保障能力。

资料来源:年报及公开调研记录。

随着"一带一路"倡议的实施,中国对"一带一路"沿线国家的直接投资大幅增加,加之人民币贬值带来出口竞争力的提升,工程机械产品出口快速回升。包括徐工机械、柳工、中联重科在内的大多数企业都曾因"一

带一路"倡议实施而受惠。通过参与中资外带、援外项目、本地化工厂等
多种方式，无论企业规模大小，中巴经济走廊、产能合作等项目的实施
等，对于企业的海外销售都有一定的促进。相关产业政策的出台将从扩大
企业市场，提供企业技术升级，发展资金支持等方面大力推动企业国际化
发展。详见表9-4。

表9-4　海洋工程装备与高技术船舶领域政府政策支持

| 政策名称 | 相关内容简介 |
|---|---|
| 《中国制造2025》 | 进一步推进船舶工业结构调整、转型升级，加快提升我国船用设备配套能力和水平，支撑造船强国建设 |
| 《"十三五"国家科技创新规划》 | 船海产业明确多项战略任务，大力发展海洋运输等现代交通技术与装备，加强海洋农业（蓝色粮仓）与淡水渔业科技创新，研制高技术、高性能船舶和高效通用配套产品，将有力推进企业高技术产品研发和价值链升级 |
| 《船舶工业深化结构调整加快转型升级行动计划（2016~2020年）》 | 加强新需求的培育，推动内河沿海老旧船舶淘汰更新 |
| 《船舶发动机排气污染物排放限制和测量方法（中国第一、二阶段）》 | 明确按照单缸排量和功率各排放物的限值 |
| 《关于实施运输船舶强制报废制度的意见》 | 利于优化运力结构，推动航运业结构调整 |
| 《交通基础设施重大工程建设三年行动计划》 | 2016~2018年拟重点推进铁路、公路、水路、机场、城市轨道交通项目303项，涉及项目总投资约4.7万亿元 |
| 《船舶配套产业能力提升行动计划（2016~2020年）》 | "十三五"期间我国船舶配套产业将按照"分类施策、创新驱动、系统推进、军民融合、开放合作"原则逐步推进。争取到2025年我国建成较为完善的船用设备研发、设计制造和服务体系，船舶配套能力全面提升，本土化船用设备平均装船率达到85%以上，关键零部件配套能力大幅提升，成为世界主要船用设备制造强国 |

资料来源：年报及公司调研记录。

## 五、海洋工程装备及高技术船舶领域国际化发展的地理分布

海洋工程装备和高技术船舶领域企业国际化发展呈现出全球化和多样
化的区位分布特征。该领域的大多数企业国际化扩张起步比较早，其出口

目的国的分布比较分散化。

中联重科，徐工机械出口占收入的比重不到20%，工程机械产品远销欧美、日韩、东南亚、非洲等国际市场，尤其是"一带一路"沿线国家。柳工在海外设有印度、波兰、巴西等制造基地和印度、波兰、美国、英国四家海外研发机构，拥有10家营销子公司。产品销售覆盖全球130多个国家和地区。目前产品已经进入"一带一路"沿线65个国家中的其中62个，在中亚五国、俄罗斯、蒙古、德国、波兰、拉脱维亚、巴基斯坦等国家建立了经销网点、服务与配件保障。山推股份公司主要产品推土机、道路机械和混凝土机械等产品主要出口地区集中在非洲、独联体、东南亚和拉美等地区。河北宣工产品远销海外90多个国家和地区。公司紧跟国家"一带一路"倡议，进一步扩大网络覆盖面，并先后与沙特、老挝、印尼、缅甸、叙利亚等多个国家客商签订代理协议，2016年出口量大幅增长。大连重工坚持注重市场国际化、标准国际化、网络国际化，多层次、多渠道推进国际业务发展，市场版图覆盖86个国家和地区。天桥起重公司产品的销售市场和工业服务范围覆盖亚洲、欧洲、美洲和非洲等多个国家和地区。

除了出口地理结构，海外分支机构的地理分布也很好地反映了企业国际化扩张的方向和市场布局的状况。根据2016年数据，海工装备及高技术船舶领域企业共有海外分支机构123家，这些分支机构区位分布呈现出多样化的特征，如图9-4所示，亚洲是企业国际扩张的主要区位，40.7%的海外分支机构分布在亚洲，这与企业海外扩张动机、投资母国和东道国之间距离相近性，包括地理距离和文化距离的相近性等要素密切相关。西欧成为除亚洲外第二大投资区位选择，企业选择到西欧设立海外分支机构可能与发展优势的投资动机关系更为紧密。该领域投资在南北美洲、非洲的分布则基本平衡，整体上呈现出多样化的特征。

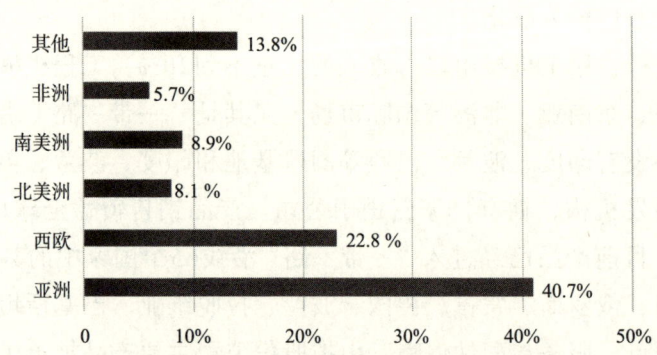

**图9-4　海工装备及高技术船舶领域企业海外分支机构的区位分布**

资料来源：根据年报数据整理所得。

2010年以后，全球掀起第四次跨国并购浪潮，国际并购作为企业国际直接投资的方式越来越多地被采用。但是，整体上在海工装备和高技术船舶领域，国际并购作为直接投资的方式被采用的较少，2012年以来，该领域共发生了7起出境并购，其中70%发生在2015年以后。从地理分布上来看，欧洲是海外并购的主要方向，占比57.1%，投资区位结构在世界其他地区分布则较为平衡，呈现出多样化的特征（见图9-5）。

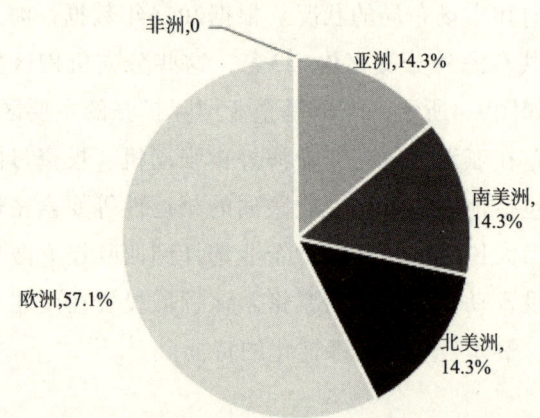

**图9-5　海工装备及高技术船舶领域企业海外扩张的区位分布**

资料来源：根据WIND资讯终端数据整理所得。

# 第十章　先进轨道交通装备和农机装备领域国际化发展

　　《中国制造2025》提出研发新一代绿色智能、高速重载轨道交通装备系统，围绕系统全寿命周期，向用户提供整体解决方案，建立世界领先的现代轨道交通产业体系。南车集团和北车集团是国内最主要的轨道交通装备制造企业。两大集团在国内轨道交通装备的市场占有率合计超过95%，目前国内轨道交通车辆制造企业多数隶属于这两个集团。吉林、辽宁、河北、江苏、山东、湖南、四川、山西等省区借助其自身工业基地的技术优势和资源优势在轨道交通装备制造业上发展强劲，并在"十二五"规划中都将轨道交通装备确定为未来重点发展产业。农机装备领域，作为农业资源即农业发展上均居世界前列的国家，农业现代化是我国经济现代化举足轻重的构成部分。农机装备制造的技术与产业水平是农业现代化发展的核心推动力，重要性不言而喻。我国农机装备领域企业数目相对较少，国际化发展起步较早，但国际化程度并不高，作为国家未来十年规划重点支持的领域之一，其国际化扩张必将登上一个新台阶。

## 一、先进轨道交通装备和农机装备领域国际化发展的概况

　　由于市场的高度集中以及行业高度资本密集和技术密集的特性，先进轨道交通装备领域企业数目相对较少。企业国际化程度差异也较大，企业组团出海的现象也非常典型。国际化发展动因上，资源（优势）发展和市

场寻求性均有，且以优势发展型为主。市场寻求性国际化在类似中国中车、晋西车轴等大型企业中存在，大部分其他企业国际化扩张是为了发展优势。从国际化发展方式上看，先进轨道交通装备领域企业国际化以国际直接投资为主，且海外分支结构设立方式以投资设立为主，联营、并购等方式占比较少，同时并购方式在最近几年数量和使用频率均有所增加。企业国际扩张的主要支撑资源有企业实力和政府政策支撑，其中企业自身实力是主要的支撑要素。

农机装备领域企业数目较少，国际化发展程度相对较低。四家企业中一拖股份、星光农机和中联重科有海外收入，占比均低于10%，只有一拖股份有海外收入且建立了海外分支机构，2011年以来该领域未发生出境并购。总体来看，农机装备领域海外扩张动机以市场寻求性为主，方式以出口为主，企业国际发展的支撑资源以企业自身实力为主，国际化扩张的布局以发展中国家为主。国际化发展的效益可分为三类：一是财务上的效益，即取得净利润；二是发展战略上的效益，如改变企业结构，发展上一个新台阶，或实现新的变化；三是资源（优势）发展上取得新的成果以及未来将有很大的提升。从整体上来看，农机装备领域企业国际化扩张基本实现了战略目的，仍有巨大的扩张空间。风险则主要有三种，即财务风险、政治风险和文化融合的风险。

先进轨道交通装备领域共有11家企业，南车集团和北车集团于2015年合并为中车集团，是国内最主要的轨道交通装备制造企业，市场占比95%，且是该领域企业抱团出海的"老大"。领域内大多数其他企业不仅以轨道交通装备产业为主营行业，还进行多元化发展，涉及其他产业发展。企业通过出口、海外并购、直接投资，更重要的是通过与海外企业技术交流研发等多样化途径，国际化程度已经取得巨大进步。

出口方面，如表10-1和表10-2所示，先进轨道交通装备领域82%的企业有海外营收。华铭智能和晋西车轴主营构成中出口占比较高，根据2016年中报数据，两家公司的这一比例分别是80.75%和50.17%，且2011年以来均表现出持续增加的态势。其他企业主营收入中有海外收入的共7家，但比例非常小，均低于10%。说明这些企业国际化程度较低，或主要通过其他途径实现国际化发展。农机装备领域只有一拖股份有海外营收，2016年报显示，其海外营收占比5.88%。

表10-1　轨道交通和农机装备领域国际化发展概况

| 证券代码 | 证券名称 | 海外参控股子公司 | 出境并购 | 主营收入海外占比（%） | 占比最高的两个主营领域 |
|---|---|---|---|---|---|
| 000008 | 神州高铁 | 无 | 无 | 0.03 | 轨道交通（90.52%） |
| 000925 | 众合科技 | 有 | 有 | 1.38 | 轨道交通装备领域（65.12%）；环保领域（34.08%） |
| 300011 | 鼎汉技术 | 有 | 无 | 3.28 | 轨道交通领域（100%） |
| 300351 | 永贵电器 | 无 | 无 | 0.96 | 轨道交通连接器（99.57%） |
| 300407 | 凯发电气 | 有 | 有 | 无 | 先进轨道交通装备领域（97.88） |
| 300440 | 运达科技 | 无 | 无 | 无 | 车辆及交通相关软件信息技术（98.01%） |
| 300462 | 华铭智能 | 无 | 无 | 80.75 | 轨道交通装备领域（100%） |
| 600495 | 晋西车轴 | 有 | 无 | 24.35 | 交通装备制造业（100%） |
| 600967 | 北方创业 | 无 | 无 | 0.39 | 特种装备领域（100%） |
| 601766 | 中国中车 | 有 | 有 | 9.72 | 轨道交通装备领域（100%） |
| 603111 | 康尼机电 | 有 | 无 | 4.87 | 轨道交通装备领域（100%） |
| 300159 | 新研股份 | 无 | 无 | 无 | 航空航天装备领域（60.45%）；农机装备领域（39.55%） |
| 601038 | 一拖股份 | 有 | 有 | 5.88 | 农机装备（76.5%）；动力机械（23.1%） |
| 603789 | 星光农机 | 无 | 无 | 3.97 | 农机装备领域（100%） |
| 000157 | 中联重科 | 有 | 有 | 12.31 | 工程机械（52.72%）；环境产业（28%）；农机装备（17.24%） |

资料来源：根据年报及WIND金融咨询端数据整理。

表10-2　先进轨道交通装备领域企业海外出口比例及其结构

| 主营构成中海外出口占比 | 企业数目 |
| --- | --- |
| 0 ~ 10% | 7 |
| 50% ~ 100% | 2 |

资料来源：同花顺金融咨询终端及企业年报数据整理。

先进轨道交通装备领域的11家企业中，有6家企业拥有海外分支机构。到2016年为止，众合科技在南北美洲、我国香港地区等地建立了6家分支机构，主营业务涉及销售、投资和贸易等。鼎汉技术拥有2家海外分支机构，主营业务均为投资。领域内企业海外分支机构设立大多集中于2015 ~ 2016年。主营业务除了贸易和制造，投资管理成为主要的经营内容。设立方式包括新设、并购，新设为主要的设立方式，但是并购作为国际扩张的方式也占有一定比例，且这一倾向在2016年更明显。详见表10-3。

农机装备领域则只有一拖股份有海外分支机构。一拖股份2012年投资设立全资子公司一拖（法国）农业装备有限公司，主营拖拉机制造。2014年投资设立控股子公司中非重工投资有限公司，控股比例55%，主营投资控股。2014年在百慕大注册控股子公司华晨中国机械控股有限公司，主营投资控股进行国际型资本运营。中车集团和凯发电气在海外建立子公司，中车集团已经在美国、澳洲、马来西亚和我国香港地区等建立子公司，并且通过产业并购基金进行战略发展。

表10-3　海洋工程装备和高技术船舶领域企业海外分支机构一览

| 企业名称 | 被参控公司 | 被参控公司主营业务 | 设立方式 | 设立时间 | 区位 |
| --- | --- | --- | --- | --- | --- |
| 众合科技 | 智利信息技术有限公司 | LED节能灯具 | 投资设立，增资参股 | 2013 | 智利 |
| | INFO TECHNOLOGY MEXICO,S.A.DE C.V. | 开拓LED市场，LED项目实施 | 对外投资 | 2016 | 墨西哥 |
| | 密西西比国际水务（中国）有限公司 | 污水处理技术和装备研发、技术支持与服务等 | 投资设立，增资参股 | 2013 | 美国 |

（续表）

| 企业名称 | 被参控公司 | 被参控公司主营业务 | 设立方式 | 设立时间 | 区位 |
|---|---|---|---|---|---|
| 众合科技 | 网新机电（香港）有限公司（公司之孙公司） | 事业投资、投资管理 | 对外投资 | 2016 | 中国香港地区 |
| | 浙大网新（香港）众合轨道交通工程有限公司 | 轨道交通设备贸易 | * | 2009 | 中国香港地区 |
| | 江门中车（香港）投资控股有限公司 | 投资管理 | 非同一控制下企业合并 | 2016 | 中国香港地区 |
| 鼎汉技术 | 香港鼎汉控股集团有限公司 | 投资 | 设立 | 2016 | 中国香港地区 |
| | Keyvia Deutschland GmbH | 股权投资 | 收购 | 2016 | 德国 |
| 凯发电气 | Rail Power Systems GmbH | 制造业 | 收购 | 2016 | 德国 |
| | Rail Power Systems GmbH | 制造业 | 收购 | 2016 | 德国 |
| 晋西车轴 | 晋西车轴国际有限公司 | 投资 | 投资设立 | 2015 | 维尔京群岛 |
| | 晋西车轴香港有限公司 | 贸易 | 投资设立 | 2015 | 中国香港地区 |
| 中国中车 | 中国中车（香港）有限公司 | 贸易 | 并购 | 2008 | 中国香港地区 |
| | 中国中车香港资本管理有限公司 | 制造业 | * | 2015 | 中国香港地区 |
| | 中车澳大利亚有限公司 | 贸易 | * | 2012 | 澳大利亚 |
| | 北车（马来西亚）股份有限公司 | 制造业 | * | 2015 | 马来西亚 |
| | 南非中车车辆有限公司 | 制造业 | * | 2016 | 南非 |
| | 中车（美国）公司 | 制造业 | * | 2015 | 美国 |
| 康尼机电 | Kangni Rail Transit Equipment Corp | 轨道交通装备的生产、销售及维保服务 | 设立 | 2016 | 美国 |
| | 法国康尼 | 维修、修理、技术咨询和售后服务，构件及其各种零件销售 | 设立 | * | 法国 |

（续表）

| 企业名称 | 被参控公司 | 被参控公司主营业务 | 设立方式 | 设立时间 | 区位 |
|---|---|---|---|---|---|
| 康尼机电 | 美国康尼 | 轨道交通装备的生产、销售及维保服务 | 设立 | 2016 | 美国 |
| 一拖股份 | 一拖（法国）农业装备有限公司 | 拖拉机制造 | 投资设立 | 2012年前 | 法国 |
| | 中非重工投资有限公司 | 农机销售 | 投资设立 | 2014 | 中国 |
| | 华晨中国机械控股有限公司 | 投资控股 | 投资设立 | 2014 | 百慕大 |

资料来源：WIND终端咨询。

*表示资料保密或无法获取。

## 二、先进轨道交通装备和农机装备领域国际化发展的动因分析

企业国际化扩张的动机主要分优势利用型、市场寻求型、认同寻求型、优势发展型和混合型等几大类。先进轨道交通装备领域和农机装备领域企业国际化扩张动机呈现出优势利用型、市场寻求和资源（优势）发展并存的混合型，且以市场寻求型为主。从出口来看，先进交通轨道装备领域和农机装备领域共有14家上市企业，其中9家有海外营收，占比64%，说明出口贸易是各家企业普遍采取的国际扩张方式，在仅具备所有权优势的情况下，以出口方式进行国际化成为主要的做法，而出口意味着企业利用已有的所有权优势获取利润。

此外，对海外分支机构主营业务的分析表明，先进交通轨道装备和农机装备领域企业75%以上的海外分支机构主营业务为贸易、销售、制造或售后及技术支持类（见表10-4），这表明企业在内部化优势、所有权优势及区位优势同时具备条件下，开展国际直接投资目的在于开拓国际市场，属于市场寻求型国际扩张。如2013年和2016年，众合科技在智利和墨西哥成立的控股子公司，晋西车轴2015年投资设立香港全资孙公司晋西车轴香港有限公司，中国中车2008年并购获得全资子公司中国中车（香港）有限公司、中国中车香港资本管理有限公司及其马来西亚子公司北车（马来西

亚）股份有限公司和美国子公司中车（美国）公司，主营业务均为制造、
销售或贸易。

**表10-4 先进轨道交通装备领域和农机装备领域海外分支机构主营类型**

|  | 制造类 | 贸易、销售、售后服务及技术支持类 | 投资管理类 |
|---|---|---|---|
| 海外分支机构数量 | 7 | 11 | 6 |

资料来源：根据WIND资讯终端及年报数据整理所得。

与此同时，优势发展型国际扩张所占比例也逐步增加，包括众合科
技、凯发电气等在内越来越多的公司逐步通过合营以及新设分支机构的形
式谋求向邻近领域扩张，寻求先进技术等。2013年，众合科技通过增资参
股的方式设立智利子公司智利信息技术有限公司和美国子公司密西西比国
际水务有限公司，分别从事LED节能灯具和污水处理技术装备领域相关业
务。众合科技通过这次扩张实现多元化的发展。凯发电气的国际扩张详见
专栏10.1。

---

**专栏10.1 凯发电气国际扩张动因**

2009年，凯发电气与德国保富成立联营公司天津保富。2015年，凯发电气
以自有资金与捷克共和国阿尔法尤尼有限公司（以下简称"AU"公司）共同出
资设立合资公司天津阿尔法尤联电气有限公司。通过与技术先进企业合资的形
式学习先进技术和管理经验是企业国际合作的主要目的。凯发电气以买壳方式
在德国设立全资子公司Keyvia Germany，并以其作为收购主体，以现金方式
收购BBR所有的RPS100%的股权、天津保富49%的股权以及BICC所持有的
BBSignal100%的股权。该交易使凯发电气直接或通过收购主体间接持有RPS、
天津保富和BB Signal 100%的股权。该交易不仅有利于保持国内轨道交通建设
领域竞争优势的同时，凭借RPS的市场地位和客户资源进军海外市场，实现产
品、技术的引进来及走出去，提升公司跨国经营能力和国际竞争力。实现公司
战略扩张目标，为公司的持续发展创造条件。

本次交易完成后，公司可能获得的发展：

（1）将拥有接触网、供电系统的设计、安装督导能力，技术及产品线得到
延伸；RPS的业务将在轨道交通牵引供电系统的保护及监控系统等技术及产品
领域得到增强。

（2）RPS业务范围已覆盖欧洲、亚洲等世界范围内的多个国家和地区，实质性地突破了公司主营业务以国内轨道交通建设领域为主的局限性，在全球范围内实现资源的有效配置，增强了公司抵抗风险的综合竞争力。

（3）公司主营业务拓展为轨道交通牵引供电系统及车站监控系统核心产品的研发、生产和销售，以及牵引供电系统的咨询、设计、安装、调试和服务，为客户提供从咨询设计到交付全套解决方案。

（4）通过RPS在欧美发达国家的市场地位，销售到欧美等发达国家实现"中国装备制造业'走出去'"，有利于公司在保持国内轨道交通建设领域竞争优势的同时，不断拓展国内和海外市场，实现产品、技术的"引进来"和"走出去"，提升公司跨国经营能力和国际竞争力。

（5）RPS拥有的设计审核资格、产品及质量、施工资格的德联邦铁路及中立的德国铁路认证机构认证和部分产品的英国铁路网络公司、瑞士铁路联邦认证，以及欧洲执行项目的经验可以帮助公司获取和执行欧洲轨道交通项目。

资料来源：年报及公开调研记录。

截至2016年年底，先进轨道交通装备领域企业主营业务为投资管理类的海外分支机构占比40%，且均为2015年以后才成立的。这类海外分支机构的建立旨在通过国际资本运营，实现全球资源的调配，为企业发展和提升国际竞争力服务。详见专栏10.2。

农机装备领域国际扩张动机呈现出多样化，一拖股份 2012 年投资设立全资子公司一拖（法国）农业装备有限公司，主营拖拉机制造，属于市场寻求型国际扩张。中联重科公司在农机领域排名第三，在农机领域已经展开优势发展型国际扩张。该公司目前已在美国、欧洲成立农机研发机构，并试图与长沙、芜湖研发中心协同，目的是使欧美高端农机研发理念与国内农业生产需求实现完美融合。其在北美设立的研发中心，已实现耕、种、管、收、烘干等全程农业机械制造产品研发，其中，"杂交水稻超高产农机农艺融合示范项目"成功抢占农业机械市场制高点。❶

---

❶ 中联重科2016年年报。

专栏10.2　先进轨道交通装备和农机装备领域主营投资管理的海外分支机构

先进轨道交通领域：

*2015年，晋西车轴投资设立全资子公司晋西车轴国际有限公司，注册地为英属维尔京群岛，主营业务为投资。

*2016年，众合科技通过子公司浙江众合投资有限公司投资设立众合投资（香港）有限公司，控股比例100%，从事事业投资及投资管理。

*2016年，鼎汉技术因非同一控制下企业合并成立子公司江门中车（香港）投资控股有限公司，控股比例100%，从事投资管理。

*2016年，鼎汉技术新设全资子公司香港鼎汉控股集团有限公司，主营业务是投资。

农机装备领域：

*2014年，一拖股份投资设立控股子公司中非重工投资有限公司，控股比例55%，主营投资控股。

*2014年，一拖股份在百慕大注册控股子公司华晨中国机械控股有限公司，主营投资控股进行国际型资本运营。

资料来源：年报及公开调研记录。

## 三、先进轨道交通装备和农机装备领域国际化发展的方式分析

通过分析可以发现，先进轨道交通装备领域和农机装备领域企业国际化方式呈现出以国际直接投资和贸易为主，多样方式并存的状态。

先进轨道交通装备和农机装备领域82%的企业有海外营收，但是除华铭智能和晋西车轴主营构成中出口占比较高，分别为80.75%和50.17%，且2011年以来均表现出持续增加的态势外，其他企业主营收入中海外收入的比例非常小，均低于10%。农机装备领域只有一拖股份有海外营收，2016年年报显示，其海外营收占比5.88%。这一方面说明企业海外扩张还不具备所需要的区位优势，另一方面说明投资企业本身的竞争力还未强大到能与东道国企业在本地竞争。

除了出口，一部分企业在海外建立分支机构进行产品销售、技术支持以及售后服务。根据相关数据，2016年该领域共有海外分支机构24家，90%以上为控股子（孙）公司。控股意味着企业战略可以顺利地执行，更

好地服务于企业利用和发展竞争优势的海外扩张动机。海外分支机构的建立80%通过投资新设的方式建立，其他建立方式还有同一或非同一控制下企业合并以及并购和国际合作等。

合众科技多次与萨尔多、庞巴迪（BOMBARDIER）等多家公司合作进行工程项目建设，过程中保持了良好的合作关系，对于了解最新的信息、知识以及发展其他竞争优势非常有利。

2011年以来，先进轨道交通装备领域共发生海外并购7起（见表10-5），2016年发生1起海外并购案例，即凯发电气通过其德国全资子公司Keyvia Germany以现金方式收购BBR所持有的RPS100%的股权、天津保富49%的股权以及BICC所持有的BBSignal100%的股权。该并购以协议收购的方式实现横向整合，被并购标的公司均为非上市公司。通过该起并购，凯发电气实现资源整合，为国际扩张的第一步，同时为后续国际化发展提供了更加有利的工具渠道和便利。综合2011年以来的7起海外并购，横向整合成为唯一的并购目的，所有的海外并购均以横向整合为目的，所有的并购标的企业均为非上市企业。同时，现金支付则成为占绝对优势的支付方式。正是因为现金支付避免程序繁杂和审核，有利于企业快速锁定交易机会，顺利实现并购，有利于企业战略的顺利实施。

表10-5 2011～2016年先进轨道交通装备领域企业出境并购情况

| 首次披露日 | 交易标的 | 交易买方 | 并购方式 | 并购目的 | 支付方式 | 标的类型 | 控制权变更 | 标的来源国 | 标的企业非上市 |
|---|---|---|---|---|---|---|---|---|---|
| 2016年1月 | RPS100%股权;天津保富49%股权;BB Signal100%股权 | 凯发电气 | 协议收购 | 横向整合 | 现金 | 股权 | 是 | 德国,德国,中国 | 是,是,是 |
| 2015年4月 | INFO TECHNOLOGY | 众合科技 | 协议收购 | 横向整合 | 现金 | 股权 | 否 | 墨西哥 | 是 |
| 2015年4月 | UNITED MECHANICAL | 众合科技 | 协议收购 | 横向整合 | 现金 | 股权 | 否 | 墨西哥 | 是 |
| 2015年4月 | 智利公司10%股权 | 众合科技 | 协议收购 | 横向整合 | — | 股权 | 是 | 智利 | 是 |

（续表）

| 首次披露日 | 交易标的 | 交易买方 | 并购方式 | 并购目的 | 支付方式 | 标的类型 | 控制权变更 | 标的来源国 | 标的企业非上市 |
|---|---|---|---|---|---|---|---|---|---|
| 2014年12月 | 北车美国（马萨诸塞州）公司部分股权 | 中国北车 | 增资 | 横向整合 | 现金 | 股权 | 否 | 美国 | 是 |
| 2014年12月 | 北车（美国）公司部分股权 | 中国北车 | 增资 | 横向整合 | 现金 | 股权 | 否 | 美国 | 是 |
| 2013年8月 | 铁路车辆业务相关全部民品资产和六分公司的80%权益的资产 | 北方创业 | 资产置换 | 横向整合 | — | 股权 | 否 | 中国 | 是 |

资料来源：WIND资讯终端。

　　并购方式方面，协议收购成为先进轨道交通装备领域海外并购的主要方式，7起海外并购中有4起以该并购方式完成，另外有2起并购以增资方式完成，还有1起并购以资产置换的方式完成（见图10-1）。

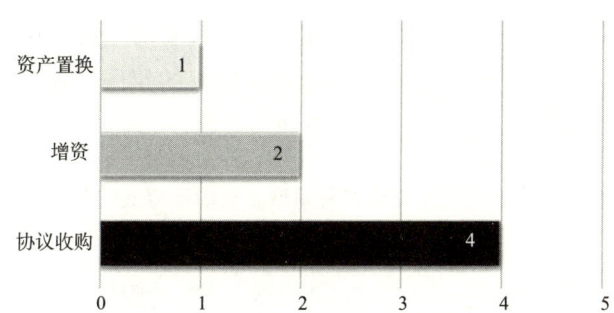

**图10-1　2011～2016年先进轨道交通装备领域海外并购方式分析**

资料来源：根据WIND金融咨询数据整理。

　　华铭智能不仅积极开拓国内市场，也不放松对国外市场的开拓，通过与英德拉等国外知名系统集成商合作，将AFC产品渗入全球各个城市。鼎汉技术公司主要产品的海外销售不是直接与国外客户洽谈，而是依托类似通号集团、中国中铁、中国铁建、中国中车这样有资质的厂家来提供产品及服务，因此海外业务的拓展需要依托中国铁路及高铁整体"走出去"的情况来体现。2017年以来随着国家战略部署的不断催化，中国铁路"走出去"步伐再次加速。南北车合并主要是为了形成规模化经营，齐力逐鹿国外高铁市场，加快产品升级转型的步伐，带动实现中国轨道交通高端装备"走出去"战略。面对国际竞争，作为南北车需要培养一套具有竞争力的设备供应商体系，而且车辆设备涉及行车安全，竞标过程并不以恶性低价为核心，重要的还是设备的品质以及稳定性，因此，南北车合并对公司的议价能力并不会造成重大影响。

## 四、先进轨道交通装备和农机装备领域国际化发展的资源支持

### （一）先进轨道交通装备领域国际化发展的资源支持

第一，轨道交通装备制造业是"中国制造2025"重点发展的十个领域之一，也是国家"一带一路"倡议基础设施建设的先行领域，包括欧亚、中亚、泛亚铁路建设三个战略方向，全长超过3万公里。《中国制造2025》规划、"一带一路"倡议和"中国企业走出去"战略的实施及相关政策不仅为先进轨道交通装备领域企业国际化营造了良好的氛围，而且从市场和资金上为企业国际化发展提供了很好的便利与支撑。详见表10-6。

表10-6　先进轨道交通装备领域主要的政府支持政策

| 政策名称 | 相关内容简介 |
|---|---|
| 《中长期铁路网规划》 | 预计到2020年，一批重大标志性项目建成投产，铁路路网规模将达到15万公里，其中高速铁路3万公里，"十三五"期间高速铁路运营里程复合增速约为10%。随着铁路路网密度的提升以及城际铁路和城市轨道系统建设步伐的加快，轨道交通行业将迎来巨大的政策红利，轨道交通装备制造业市场空间广阔 |
| 《城市轨道交通2015年度统计和分析报告》 | "十三五"期间，我国规划建设城市轨道交通的城市将达到80座，已批准立项的40多座。城市轨道交通将建成运营线路超过3 000公里，至"十三五"末全国城市轨道交通运营里程将达6 000公里以上，轨道交通投资总额将达1.7万亿～2万亿元 |
| 《城镇化地区综合交通网规划》 | 到2020年，城际铁路运营里程将达到3.6万公里（含利用路网铁路），覆盖98%的节点城市和近60%的县（市）。这些规划及其实施意味着先进轨道交通装备领域企业未来国内市场前景广阔，也意味着其国际化扩张将拥有雄厚的支撑力 |

资料来源：年报及公开调研记录。

　　第二，国家城市规划建设为轨道交通装备领域企业继续发展和增强实力提供了巨大的市场条件。城市轨道方面，国内城市轨道系统通车线路和投资总额近年来均呈现快速增长趋势。截至2015年年底，全国共有26个城市开通城市轨道系统，线路共计116条，运营线路总长度达3 618公里，同比增长14%。其中，地铁和轻轨运营里程达2 891公里，占比近80%。城际铁路方面，国内城际铁路网络进入建设高峰期。截至2015年年底，全国城际铁路运营里程达3 212公里，"十二五"期间复合增速达64%。

　　第三，我国气候多样，地理特征复杂且多变，对于轨道交通产品要求苛刻。我国轨道交通装备企业在长期的国内市场竞争中已经适应我国复杂严苛的条件，这对于企业走出国门及时应对国际市场的严格要求、具备国际竞争力非常有利。

　　政府支撑是先进轨道交通装备领域企业国际化的重要因素，企业自身实力是国际化扩张的最根本支撑要素。先进轨道交通装备领域主要企业在技术上、品牌声誉上、规模上、在国内市场地位上以及其已有的国际化经验等均成为企业国际化扩张的重要支撑因素。

　　首先，企业产品系列完备性、优越的市场地位、技术先进性是企业国际竞争力的最根本内容。其中，众合科技、鼎汉技术产品在技术上已达到国际先进水平，企业在产品及技术上的实力是国际扩张的根本支撑力之一。详见专栏10.3。

---

**专栏10.3　众合科技、鼎汉技术等已达国际先进水平**

　　众合科技公司学习国外成熟技术并进行消化吸收，形成完全自主知识产权的有轨电车成套信号技术，已经用于南京麒麟线、河西线、淮安市有轨电车1号线，技术处于国内领先水平。

　　鼎汉技术公司空调产品在地铁领域的占比已经超过50%，鼎汉技术子公司中车有限具有列车空调、通风系统、控制系统方面的综合设计能力，率先实现从单一的空调机组设计到列车空调系统集成设计的转变。拥有产品技术研发中心、空调机组测试中心和铁路、城轨空调制造基地。拥有我国自主产权的列车空调系统的全部配套产品，技术水平达到国内领先、国际先进水平。

晋西车轴在铁路车轴产品的专业化研发、制造方面，技术水平、产品质量、生产规模和市场占有率多年来稳居国内同行业榜首，在国际市场中代表着中国在该领域中的竞争能力。公司是目前国际最大的车轴生产企业，在整体装备、生产成本、制造技术、产品结构和品种系列等方面具有一定的竞争优势。

运达科技技术研发实力已在业内处于领先地位，其轨道交通运营仿真培训系统国内市场占有率第一，承建了世界规模最大、培训功能最全的司机驾驶仿真系统——武汉高铁训练段；轨道交通车载监测与控制系统、轨道交通检测与控制系统在细分领域也有较高的市场占有率。公司拥有强大的技术研发、创新及产业化能力。公司在轨道交通运营仿真培训系统市场的占有率达55.2%；在机车车辆车载监测与控制设备的市场占有率为36.2%；在机车车辆整备与检修作业控制系统市场的占有率为33.8%。

北方创业通过多家认证：欧洲铁路行业协会制定的IRIS认证，ISO9001质量管理体系、ISO14001环境管理体系、OHSAS18001职业健康安全管理体系三位一体认证，还获得欧洲BA004轮对（TSI）EC认证、EN15085焊接认证，车钩、弹簧AAR（北美）认证，组合式制动梁及轮对等配件通过CRCC认证。公司跻身中国机械500强行列。

中国中车公司是全球规模最大、品种最全、技术领先的轨道交通装备供应商。公司拥有世界领先的轨道交通装备产品技术平台和制造基地，以高速动车组、大功率机车、铁路货车、城市轨道车辆为代表的系列产品，已经全面达到世界先进水平，能够适应各种复杂的地理环境，满足多样化的市场需求。

康尼机电是具有完全自主知识产权的轨道交通门系统供应商。公司通过国家铁路联盟IRIS行业标准认证、ISO9001质量体系认证、EN15085-2焊接企业认证、CE/CB认证、环境管理体系认证、职业健康管理体系认证等。康尼机电在国内获得专利200多项，包括发明专利十多项，核心专利"无源螺旋门机锁闭机构"已获俄罗斯、澳大利亚、新加坡和韩国等国授权。城轨车辆门系统作为公司当前的核心产品占公司主营业务收入50%左右的份额，该产品国内市场占有率持续十年保持在50%以上。市场份额位居全球轨道车辆门系统市场前列。

资料来源：年报及公开调研记录。

其次，国际扩张的经验和成就也是企业国际扩张的重要支撑要素。国际化扩张和国际合作帮助企业熟悉国际市场的竞争规则，具备一定的国际风险管理经验和能力，同时帮助企业引进国外先进的管理经验、质量控制、技术创新、工艺制造等，促进自身产品竞争力的提升，有利于企业更加顺利实现国际化发展。先进轨道装备领域的大多数企业较早参与国际化发展，具备丰富的国际扩张经验，包括开拓市场和应对各种国际风险的经验，也取得了较好的成绩。这些经验和成绩将使企业国际化发展更加顺利。详见专栏10.4。

---

**专栏10.4　丰富的国际化经验将有利于企业国际化发展的顺利进行**

鼎汉技术公司及其子公司产品曾经服务于中国轨道交通运输的需要，跟随南北车实现批量出口，产品曾应用于伊朗德黑兰地铁、阿根廷布宜诺斯艾利斯地铁、沙特麦加轻轨等国外城轨市场，纳米比亚、安哥拉、马来西亚等国的内燃动车组市场以及澳大利亚、伊朗、阿根廷、喀麦隆、苏丹等的普铁客车空调。公司产品以性能优良、运行可靠、环保、耐高温及防风沙等优点在亚洲、澳洲、南美洲和非洲等地区具有良好的业绩和信誉。

康尼机电的"康尼"商标连续多年被评为"江苏省著名商标"，并先后在英国、法国、德国、奥地利、意大利等欧盟国家获准注册。公司是国际著名车辆供应商加拿大庞巴迪公司、法国阿尔斯通公司、德国西门子公司在中国的合格供应商，拥有与这些世界级公司长期合作的经验。

中国中车海外业务不断扩张，北美、拉美海外子公司设立后，公司成功由产品输出向"资本+技术+服务+管理"输出。已经交付或正在进行的项目包括美国波士顿地铁项目、美国春田制造基地、马来西亚制造中心、印度首家工厂等，并购德国 BOGE公司、英国 SMD公司并取得显著的整合成效。海外经营业绩成效显著，配置全球创新资源的能力进一步提升。包括肯尼亚内燃机车、泰国BTS 地铁、印度地铁、巴基斯坦货车等订单相继获取，传统市场地位继续巩固；此外接连中标芝加哥地铁项目、澳大利亚墨尔本地铁订单，获得捷克动车组订单等。2016年，中车成立中美轨道交通联合研发中心和中国中车—密歇根大学先进制造研究中心，海外研发机构达到 12 家。中国中车已经建立全球化业务协同平台，为中国标准动车组为代表的轨道交通装备、技术、服务整套解决方案和标准输出创造条件，加快"走进去"步伐。

康尼机电公司获得的美国纽约地铁等高端出口订单已开始陆续实现交付，并且获得客户的良好评价，有助于未来进一步拓展海外市场；同时，公司与庞巴迪、阿尔斯通等国际车辆制造商建立起战略合作关系。这些既有的国际化经验和国际扩张业绩是企业未来国际化扩张的重要支撑要素。

资料来源：年报及公开调研记录。

### （二）农机装备领域国际化发展的资源支持

在农机装备领域，国家深入推进农业供给侧结构性改革为农机行业发展奠定了政策基础，农机装备产业被列入《中国制造2025》十大重点发展领域，大型拖拉机等高端农业装备及关键核心零部件将加快发展。国家《农业装备发展行动方案（2016～2025）》的出台为企业转型升级提供了难得的战略机遇。相关政策通过农机购置补贴等对产业转型升级，以及企业发展提供了一定的支持。

除已实施多年的农机购置补贴之外，国家颁布的一系列农机产业利好政策为我国农机工业发展带来了新的契机。国家发改委《关于实施增强制造业核心竞争力重大工程包的通知》将现代农业机械关键技术产业化列为其中 6个项目之一；《农机装备发展行动方案（2016～2025）》也提出，通过实施农机科技进步与创新、关键零部件发展、产品可靠性提升、公共服务平台建设、农机农艺融合等五大专项，实现农机装备制造能力提升和促进现代农业发展的战略目标。

绿色生态为导向的国家农业补贴制度改革的全面启动推进也给农机购置补贴政策带来新变化。相关规划提出，到2020年，基本建成以绿色生态为导向、促进农业资源合理利用与生态环境保护的农业补贴政策体系和激励约束机制，进一步提高农业补贴政策的精准性、指向性和实效性。"农机购置补贴政策应更加注重以绿色生态为导向，发挥农业机械化对农业可持续发展的支撑作用"。"对深松整地、免耕播种、高效植保、节水灌溉、高效施肥机具和秸秆还田离田、残膜回收、畜禽粪便资源化利用与病死畜禽无害化处理等支持绿色发展的机具实行敞开补贴"，围绕发展绿色农业需求的农机给予重点倾斜支持。这些都为企业技术发展提供多方面的激励和支持，更为企业国际化发展提供有力的准备和支撑。

国家的战略规划以及相关的政策支持为农机装备领域企业国际扩张提供了有力的支持和有利的环境。但企业成功实施国际发展最根本的支撑要素来源于企业自身实力，包括企业已有的市场地位、技术先进性、国际化发展的经验等都是企业成功实现国际化发展的根本支撑力。详见专栏10.5。

专栏10.5 农机装备领域企业国际化的支撑要素

一拖股份公司是我国最大、技术水平最高的专业农用拖拉机、农用柴油机生产和销售企业，中国农机行业唯一的特大型企业。公司拥有强大的锻件、机械加工、装配和测试的全套生产能力，流水生产线近百条，公司主导产品涵盖"东方红"系列履带拖拉机、轮式拖拉机和柴油机共计100余个品种。4个专业化拖拉机装配厂，分别生产履带拖拉机及变型产品、大中小型轮式拖拉机，拖拉机产品功率覆盖范围17～380马力。公司凭借产品优势、技术优势一直保持着大轮拖、非道路动力机械产品国内市场第一位置，并成功销往全球140多个国家和地区。

星光农机是我国研发和生产联合收割机的骨干企业，一直专注于联合收割机主业的发展。公司产品的设计能力、质量性能、适应性，在国内已处于较高水平，具有较强的先发优势。公司产品以性价比高、收割效率高、含杂率低、损失率小、适应性强、可靠性高等综合竞争优势，在行业内建立起良好的品牌知名度和客户基础。公司产品销售区域覆盖我国25个省、直辖市和自治区，并远销东南亚、西亚、非洲、南美洲等地区，为公司进行不同地区、不同作物的广泛试验提供了支持。截至2016年12月31日，公司产品通过外贸公司远销印度尼西亚、斯里兰卡、伊朗、秘鲁、萨尔瓦多、厄瓜多尔等多个国家。已有的海外销售业绩、海外品牌认同度和积累的或成功或失败的国际扩张经验为企业进一步扩张打下了深厚的基础。

资料来源：年报及公开调研记录。

## 五、先进轨道交通装备和农机装备领域国际化发展的地理分布

企业国际化扩张的地理分布是由扩张动机，投资母国、东道国的特征以及企业自身已经拥有的资源等相互作用的客观结果。中国先进轨道交通装备企业的竞争优势主要体现在企业自身成本优势及创新能力上，这种优势一部分依赖于与之合作的供应商如中国中车的综合实力。因此，大部分企业如鼎汉技术等企业的产品出口区位依赖总包企业的海外扩张区位，抱团出海导致大部分企业出口的地理结构基本雷同。国内及国际轨道交通车辆企业在国际市场的竞争目前主要集中于印度、南非、中东、南美等新兴国家市场。

除了出口地理结构，企业海外分支机构的地理分布也很好地反映了企

业国际扩张的区位结构。截至2016年年底，先进轨道交通装备领域共有海外分支机构21家，农机装备领域有海外分支机构共 3 家。如图10-2所示，亚洲是先进轨道交通装备领域企业国际扩张的主要目的地，其次是欧洲。这与该领域企业市场寻求型为主的国际扩张动机一致。同时也因为，相似的文化、地理距离较近、相似的经济发展水平意味着来自中国的技术在这些地区适用性更强。欧洲作为第二个国际扩张的主要目的地则在于中国和欧洲比较好的外交关系，相对于美国来说距离较近，对来自中国的资本态度更为友善，同时欧洲拥有优良的制造技术和较为广阔的市场，满足中国企业国际化市场寻求和优势发展的双重需求。

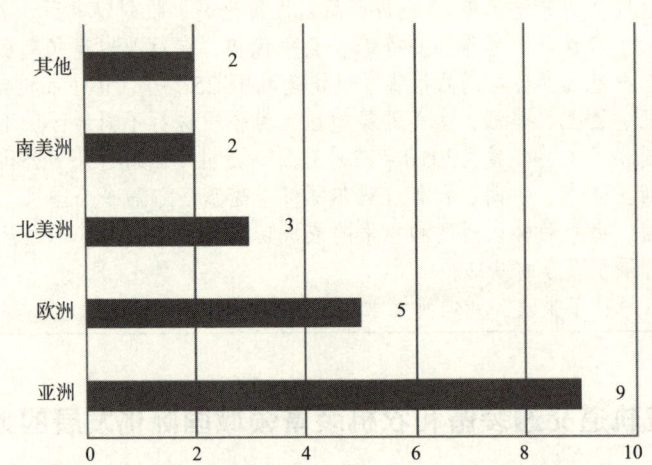

图10-2　先进轨道交通装备领域海外分支机构区位分布

资料来源：根据年报资料整理。

　　农机装备领域只有一拖股份在境外建立分支机构，分别是位于法国的一拖（法国）农业装备有限公司、位于中国北京的中非重工投资有限公司和注册于百慕大但经营地主要是中国的华晨中国机械控股有限公司。中非重工投资有限公司虽然位于北京，但该公司是由中非发展基金有限公司和中国一拖集团有限公司共同出资发起的。中非基金是在中国和非洲建立、发展新型战略伙伴关系的背景下设立的，主要用以鼓励和支持中国企业到非洲投资。中非重工将在重点布局的非洲国家投资建立以农业机械和工程机械为主的装配、销售和综合服务中心。因此，中非重工是一拖股份在非洲的重要分支机构，将为其国际扩张作出重大贡献。

出境并购并购标的的地理分布也很好地反映了企业国际化扩张的方向和市场布局的状况。从海外并购标的企业的并购地理分布来看，先进轨道交通装备领域2011年以来发生的7起海外并购中有3起发生在南美洲，2起发生在美国，另外2起分别发生在德国和中国。并购是2015年以后，该领域企业国际化采纳的国际扩张方式，说明南美洲是近来企业国际扩张的主要目的地。

# 第十一章　节能与新能源汽车领域国际化发展

发展节能与新能源汽车是降低汽车燃料消耗量，缓解燃油供求矛盾，减少尾气排放，改善大气环境，促进汽车产业技术进步和优化升级的重要举措。《中国制造2025》推崇绿色增长，节能与新能源汽车代表未来绿色生产的方向。文件提出，国家将继续支持电动汽车、燃料电池汽车发展，掌握汽车低碳化、信息化、智能化核心技术，提升动力电池、驱动电机、高效内燃机、先进变速器、轻量化材料、智能控制等核心技术的工程化和产业化能力，形成从关键零部件到整车的完整工业体系和创新体系，推动自主品牌节能与新能源汽车同国际先进水平接轨。

当前市场上的先进节能与新能源汽车产品主要有纯电动汽车、混合动力汽车、乙醇燃料汽车和太阳能汽车等。根据分类，涉及先进节能与新能源汽车领域共有汽车企业24家，目前已经有相关领域产品的企业10家，大多数企业开始设计自主知识产权的新能源汽车。这一领域还应当包括汽车电池生产商。该领域还处于向新领域布局和发展的初步阶段。一部分企业通过与国际企业合作研发等方式向先进节能与新能源汽车领域发展。

除此之外，涉及汽车低碳化、信息化、智能化核心技术的相关产品，如提升动力的电池、驱动电机、高效内燃机、先进变速器、轻量化材料、智能控制等，均归属于先进节能与新能源汽车领域产品。由于品牌竞争力低，核心技术缺乏等原因，这些领域的企业国际化发展暂时处于起步阶段。

## 一、节能与新能源汽车领域国际化发展的概况

由于在国际汽车市场品牌知名度较低，国际市场竞争激烈，我国先进节能与新能源汽车企业当前时期主要面向国内市场。整体上看，节能与新能源汽车领域企业国际扩张的方式以出口为主，国际扩张的动因呈现出多样化的特征，市场寻求型、资源（优势）发展型市场行为同时并存。国际扩张的区位呈现出全球化和分散化的结构。企业自身实力是推动国际化发展的主要力量。根据分类，节能与新能源汽车领域共有企业25家，有68%的企业有海外营收。大多数企业出口收入在主营构成中的比例较低。根据2016年中报，这一比例超过10%的企业有长城汽车（17.17%）、福田汽车（14.52%）、金杯汽车（17.12%）和力帆股份（33.66%）（见表11-1）。这说明，节能与新能源汽车领域企业重心仍放在国内市场。另外，该领域的国际化在逐步提升。越来越多的企业凭借其产品或整体优势打入更多的海外市场。其中，长城汽车出口产品销往乌克兰、伊拉克、俄罗斯、意大利、智利、澳大利亚、南非等海外国家或地区。比亚迪、小康股份以及宇通客车等公司产品均遍布欧洲、美洲、澳大利亚以及非洲等全世界各地，出口地理结构呈现出多样化的发展趋势。

表11-1　节能与新能源汽车领域企业国际化概况

| 企业代码 | 企业名称 | 海外参控股子公司 | 出境并购 | 海外收入主营占比（%） | 企业代码 | 企业名称 | 海外参控股子公司 | 出境并购 | 海外收入主营占比（%） |
|---|---|---|---|---|---|---|---|---|---|
| 000550 | 江铃汽车 | 无 | 无 | 无 | 600066 | 宇通客车 | 有 | 有 | 4.16 |
| 000572 | 海马汽车 | 无 | 无 | 0.06 | 600104 | 上汽集团 | 有 | 有 | 无 |
| 000625 | 长安汽车 | 无 | 无 | 1.18 | 600166 | 福田汽车 | 有 | 有 | 14.52 |
| 000800 | 一汽轿车 | 无 | 无 | 无 | 600213 | 亚星客车 | 无 | 无 | 3.36 |

| 企业代码 | 企业名称 | 海外参控股子公司 | 出境并购 | 海外收入主营占比（%） | 企业代码 | 企业名称 | 海外参控股子公司 | 出境并购 | 海外收入主营占比（%） |
|---|---|---|---|---|---|---|---|---|---|
| 000868 | 安凯客车 | 无 | 无 | 1.09 | 600303 | 曙光股份 | 有 | 无 | 8.83 |
| 000927 | 一汽夏利 | 无 | 无 | 无 | 600418 | 江淮汽车 | 有 | 无 | 无 |
| 000951 | 中国重汽 | 无 | 无 | 无 | 600609 | 金杯汽车 | 有 | 无 | 17.12 |
| 000957 | 中通客车 | 有 | 无 | 6.93 | 600686 | 金龙汽车 | 有 | 无 | 无 |
| 002594 | 比亚迪 | 有 | 无 | 4.95 | 600805 | 悦达投资 | 有 | 无 | 3.01 |
| 300491 | 通合科技 | 无 | 无 | 3.30 | 601127 | 小康股份 | 有 | 有 | 0.03 |
| 600006 | 东风汽车 | 无 | 无 | 无 | 601238 | 广汽集团 | 有 | 无 | 1.12 |
| 601633 | 长城汽车 | 有 | 无 | 17.17 | 601777 | 力帆股份 | 有 | 无 | 33.66 |

资料来源：根据年报及WIND金融终端数据整理所得。

24家企业中有14家在除中国大陆外的其他国家或地区拥有参控股子公司。其中宇通客车2011～2014年在我国香港地区、澳大利亚、中东、俄罗斯和委内瑞拉建立了5家控股子公司，主营业务均为进出口贸易。福田汽车2011～2016年在俄罗斯、日本、德国、印度、澳大利亚、肯尼亚、印度尼西亚通过并购或投资新设等建立控股子公司，子公司主营业务范围覆盖技术和产品研发、汽车制造、销售、培训、投资等多个方面。2015年，福田汽车与BORGWARD（宝沃）品牌展开战略合作，与BORGWARD（宝沃）股份有限公司达成战略合作协议，由BORGARD（宝沃）公司在德国独立开发、设计BORGWARD（宝沃）品牌乘用车，并独立制定全球发展战略、负责未来全球制造、销售与售后业务。江淮汽车2007年在美国、日本和意大利建立3家技术开发中心和产品设计中心，主营业务为技术服务。2012年，越南子公司JAC越南汽车股份公司成立，从事汽车制造。2014年，我国香港地区子公司成立，从事汽车销售。2015年，江淮汽车越南子公司JACAUTOMOBILE有限责任公司设立，主营汽车销售。

悦达投资2006年在我国香港地区设立100%控股子公司香港润德有限公司，主营投资运营。广汽集团2012年在我国香港地区和英属维尔京群岛建立多家全资子公司，主营投资管理。2015年，广汽集团投资设立俄罗斯全资子公司广州汽车集团乘用车俄罗斯有限责任公司，主营汽车、汽车零配件和设备制造和销售，乘用车租赁，以及和其他机动车辆和设备租赁。力帆股份2011年建立俄罗斯全资子公司力帆汽车俄罗斯有限责任公司（孙公司，100%），主营商业销售和技术研发；2014年设立乌拉圭汽车公司（49%），主营商贸及生产；2016年因非同一控制下企业合并取得在巴西子公司LIFAN DO BRASIL AUTOMOTORES LTDA，主营工业生产。曙光股份2007年和2016年设立子公司美国技术开发中心和曙光（韩国）公司，主营业务分别是技术服务和销售。

金杯汽车2012年建立两家子公司，金杯俄罗斯有限公司（60%）和香港启发有限公司（60%），主营管理和汽车制造。长城汽车2014~2016年，在俄罗斯、美国、澳大利亚、南非、日本和印度设立多家控股子公司，主营业务覆盖汽车销售、汽车制造和技术研发以及房地产。小康股份拥有小康（美国）新能源汽车股份有限公司（SFMotors）（100%），主营汽车制造；小康集团（香港）有限公司（100%），主营投资；巴西小康汽车贸易有限公司（70%），主营商贸；印度尼西亚子公司PT.SOKONINDO AUTOMOBILE（90%），主营工业制造；新加坡子公司SINKON INTERNATIONAL（SINGAPORE）PTE. LTD.（100%），主营商贸。比亚迪早在2011年通过设立或投资等方式在我国香港地区和英属维尔京群岛成立多家控股或全资子公司，其中，只有一家位于印度的子公司主营制造。其他四家子公司主营投资控股。中通客车2014年在香港地区成立全资子公司中通客车（香港）有限公司，主营商贸。上汽集团在泰国、印度尼西亚、我国香港地区、英国和美国通过同一控制下合并以及投资设立的方式设立全资子公司，主营业务广泛，覆盖技术产品研发、生产销售、贸易以及投资、技术咨询和房地产、物业管理等方面。金龙汽车2012年设立香港地区子公司海格（香港）国际有限公司，主营国际贸易；2012年设立新加坡子公司King Long Asia Pacific Pte Ltd，从事车辆制造和进出口销售。2013年，金龙汽车在俄罗斯和我国香港地区成立两家子公司锦田有限公司和金旅客车有限责任公司（俄罗斯），分别从事投资和客车销售。

## 二、节能与新能源汽车领域国际化发展的动因分析

节能与新能源汽车领域企业国际化扩张的步伐起步较早，且扩张动机多样化，即不同企业扩张的动机呈现出不同的特征，市场寻求型扩张、优势发展型扩张、优势利用型扩张在不同的企业扩张过程中均出现且没有一定的规律可循。海外分支机构的主营业务分析可以帮助我们识别企业国际扩张的动机。其中，主营业务为制造、销售或进出口贸易的代表企业国际扩张在于寻求国际市场，利用所有权优势获取垄断利润。海外分支机构主营业务为研发或投资管理表明，企业国际扩张是为了接近或发展技术上、管理上或其他方面的企业优势，更多的是为了提升企业国际竞争力。

根据国际扩张动机是否多样，节能与新能源汽车领域企业国际扩张主要分为两类。一部分企业国际化扩张比较单一，或者以某种动机为主。中通客车、比亚迪、宇通客车、广汽集团、悦达投资属于这一类型。

截至2016年年底，悦达投资拥有1家海外全资子公司香港润德有限公司，从事投资管理，通过资本运营的国际化运作从全球市场上进行优势发展。宇通客车2011～2014年在我国香港地区、澳大利亚、中东、俄罗斯和委内瑞拉建立了5家控股子公司，主营业务均为进出口贸易，属于市场寻求型国际扩张。比亚迪早在2011年通过设立或投资等方式在我国香港地区和英属维尔京群岛成立多家控股或全资子公司，其中，只有印度子公司主营制造。其他4家子公司主营业务均为投资控股。可以认为，比亚迪国际扩张为优势发展型扩张。中通客车2014年在香港地区成立全资子公司中通客车（香港）有限公司，主营商贸。金龙汽车共有4家海外子公司，3家子公司，包括香港子公司海格（香港）国际有限公司、俄罗斯子公司金旅

客车有限责任公司（俄罗斯）和新加坡子公司King Long Asia Pacific Pte Ltd，主营均是贸易或制造销售。金龙汽车国际化扩张均属于市场寻求型扩张。

还有一部分企业国际化扩张呈现出多样性的动机。其海外分支机构主营业务比较分散。这一类车企包括福田汽车、小康股份、江淮汽车、上汽集团、广汽集团、力帆股份、金杯汽车和长城汽车。这些企业国际扩张动机既有市场寻求型也有资源（优势）发展型，海外分支机构主营呈现出多元化且在时间上没有规律性。详见表11-2。

表11-2 节能与新能源汽车领域企业海外分支机构主营业务

| 企业名称 | 总数目（个） | 主营业务状况 |
|---|---|---|
| 中通客车 | 1 | 商贸，1 |
| 比亚迪 | 5 | 投资控股，4；制造，1 |
| 宇通客车 | 5 | 出口贸易，5 |
| 上汽集团 | 6 | 制造销售，1；贸易，3；技术研发，2；投资，1 |
| 福田汽车 | 15 | 制造销售，6；研发，9；贸易，4 |
| 曙光股份 | 2 | 技术服务，1；销售，1 |
| 江淮汽车 | 5 | 技术服务，2；制造销售，4；管理，1 |
| 金杯汽车 | 2 | 管理，1；制造，1 |
| 金龙汽车 | 4 | 销售制造，1；贸易，2；股权投资，1 |
| 悦达投资 | 1 | 投资，1 |
| 小康股份 | 5 | 制造销售，4；投资，1 |
| 广汽集团 | 9 | 投资管理，8；实业，1 |
| 长城汽车 | 11 | 研发设计，5；制造销售，5；房地产，1 |
| 力帆股份 | 3 | 生产销售，2；研发，1；商贸，1 |

资料来源：根据年报、调研记录、WIND咨询终端收集所得。

## 三、节能与新能源汽车领域国际化发展的方式分析

节能与新能源汽车领域企业国际化的方式相对来说比较一致，即以国际直接投资为主，且以投资新设为主。出口是节能与新能源汽车领域企业

国际化扩张的一种形式，68%的企业均有主营业务海外营收，但是除了4家公司外，其他企业主营收入海外占比非常低。除此之外，国际直接投资成为该领域企业国际化的主要方式。

根据年报，2016年，节能与新能源汽车领域企业海外分支机构共有73家。如表11-3所示，海外分支机构取得方式87%以上是通过投资新设的方式实现的。相对于并购，投资新设方式适合在资金充足而且不需要借助东道国太多资源的情况下自主决策，更适合市场寻求型国际扩张。投资新设面临的融合困难更小，风险小一些。只有3个海外分支机构通过并购取得。2009年，福田汽车通过外购的形式取得日本子公司日本福田自动车株式会社，控股比例100%，主营业务从事汽车研发。2012年，金杯汽车通过并购的方式取得子公司金杯罗斯有限公司60%的股权，主营为汽车制造。2015年，福田汽车以并购方式取得瑞士子公司BWAG，控股比例100%，从事电池、电子控制系统等的研发。

表11-3　节能与新能源汽车领域海外分支机构建立类型及其占比　　（%）

| 投资设立 | （非）同一控制下企业合并 | 并购 |
| --- | --- | --- |
| 63 | 6 | 3 |

资料来源：根据年报等资料整理所得。

如表11-4所示，节能与新能源汽车领域企业海外分支机构的设立以投资新设为主，且控股企业比例比较高，超过60%的海外分支机构为全资控股子公司。几乎所有的海外分支机构为控股子（孙）公司。

表11-4　节能与新能源汽车领域海外参控股子（分）公司股权占比分布　　（个）

| 股权式海外参控股子（孙）公司数目 | 73 |
| --- | --- |
| 股权比例=100% | 44 |
| 80%≤股权比例<100%数目 | 6 |
| 50%≤股权比例<80%数目 | 6 |
| 其他 | 17 |

资料来源：根据WIND金融终端等资料整理所得。

## 四、节能与新能源汽车领域国际化发展的资源支持

支撑节能与新能源汽车领域企业国际化发展的资源主要有两个方面：政府政策的支持，涉及新能源对传统能源的替代，新能源要想普及需要基础设施的大规模重建，所以，政府支持非常必要也非常重要。不过，企业自身的资源与能力才是支撑企业国际化的根本要素。节能与新能源汽车领域大多数企业，如长安汽车、比亚迪、长城汽车、宇通客车等是国内市场竞争的佼佼者，在新能源汽车相关的技术上、市场实力上以及国际市场上也有一定的业绩和知名度。这些已有的成绩和经验是支撑企业继续国际化的重要力量。详见专栏11.1至专栏11.2。

---

**专栏11.1　节能与新能源汽车领域企业技术先进性**

长安汽车在重庆、北京、河北、合肥，意大利都灵、日本横滨、英国伯明翰、美国底特律、美国硅谷建立起各有侧重的全球协同研发格局。福特发布的"2020"创新战略中承诺将要投放20款新车。其中涉及的一款7挡变速器，就是由长安英国研发中心和动力研究院协同研发。长安汽车积极搭建6大平台，掌握5大核心应用技术，加强与世界一流汽车零部件企业合作以实现智能化技术的产业化。在研发智能网联技术和产品应用方面已与百度、华为、360公司、高德导航、科大讯飞语音识别、中国联通、好帮手、远特TSP运营等形成战略合作伙伴；与清华大学等高校科研院所合作：加快开展三级智能驾驶技术& V2X技术研究；并加入美国MTC（The Mobility Transformation Center）组织。长安汽车现在已掌握的技术包括全速自适应巡航、车道保持、全自动泊车等智能驾驶核心技术，成功打造车联网产品In-call，用户已超过50万人。

长安汽车睿骋智享版的智能化水平居中国汽车品牌前列，如PAB预警辅助制动系统、ACC全速自适应巡航系统、LDW车道偏离预警系统、BSD盲区检测系统、AVM360°全景影像系统等科技配置的搭载，让科技为人所用，在智能驾驶技术方面加强与世界一流汽车零部件企业合作。

长城汽车海外市场涵盖欧洲、日本、北美、印度的全球研发布局。在研发设施方面，拥有迄今国内最大、规格最高的汽车综合试验场之一，具有研发、试制、试验、造型、数据五大功能的哈弗技术中心，实现整车及零部件的研发布局，公司研发实力将实现质的飞跃。2016年，英国品牌评估机构Brand Finance发布"2016汽车品牌百强榜"，长城汽车蝉联榜单，位居总榜单第30位，中国品牌排行榜第一。

比亚迪集团横跨汽车、IT、新能源三大领域，利用单个领域的丰富技术积累和各领域间的综合协同优势致力于新能源汽车技术的突破创新研发，积极推进传统汽车转向新能源汽车的产业变革，在新能源车领域继续保持全球领先地位。

资料来源：年报及公开调研记录。

---

**专栏11.2　节能与新能源汽车领域企业市场实力雄厚**

2016年，长安汽车全年累计产销双超2 800万辆，同比增长分别为14.5%和13.7%，并再次刷新全球单一市场的历史纪录，连续8年稳居全球第一大汽车市场；长安汽车在全球市场所占比重接近1/3。海马汽车在全世界拥有12个生产基地、32个整车及发动机工厂，年产销汽车295万辆，员工9万，是中国汽车四大集团阵营企业、中国品牌领先汽车企业。

悦达投资目前已经跻身中国乘用车第一阵营。公司先后与韩国现代起亚、法国家乐福、日本富士重工以及德国黛安芬、印度马恒达等世界500强企业及国际知名企业携手合作，走出了一条以国际化带动新型工业化的成功之路。

中国重汽在工程车领域都保持着绝对的优势，市场份额占比一度达到七成以上。公路运输车辆市场占比已达到50%左右，产品结构更加合理。公司拥有近900家营销网络单位，1 200余家服务站点，形成覆盖全国各大省市的区域经销网络、配件供应网络和售后服务维修网络，在国内重卡行业独树一帜。公司在节能环保的新能源汽车，轻量化、智能化汽车等方面实现新突破，拥有国内最完善的卡车整车产品系列型谱。

2016年，比亚迪新能源汽车全球市场份额已接近15%，全球销量第一，在中国的市场份额则达23%，行业地位不断巩固，在新能源技术方面位居前列。2015~2016年，比亚迪新能源汽车销量持续超越海内外竞争对手，成为全球新能源汽车销量冠军企业。比亚迪产品出口至全球100多个国家和地区，主要市场在中东、北美、南美、东亚、东南亚等地区。公司推出的纯电动大巴K9和纯电动出租车e6已在全球6大洲、50多个国家和地区、超过200个城市成功运营，为洛杉矶、伦敦、阿姆斯特丹、悉尼、香港、京都、吉隆坡等城市带来绿色环保的公共交通解决方案，实现了公交电动化全球六大洲的布局。公司还发展出"光伏+储能"模式，在美国推出全新的家用和并网理念新产品。2016年，100%使用比亚迪太阳能组件的南非86MW项目正式竣工，标志着非洲规模最大的本地化单体太阳能电站正式落成。

宇通客车公司产品线包括底盘车架电泳、车身电泳、机器人喷涂等国际先进的客车电泳涂装生产线，是世界单厂规模最大、工艺技术条件最先进的大中型客车生产基地。作为中国客车第一品牌，公司连续多年荣获世界客车联盟BAAV颁发的"BAAV年度最佳客车制造商""BAAV年度最佳整车制造商出口营销大奖""BAAV年度最佳客车奖""BAAV年度最佳创新客车奖""BAAV年度最佳环保巴士奖""BAAV年度最佳BRTBAAV年度最佳客车安全装备奖""BAAV年度最佳客车制造商"等奖项。宇通客车出口至全球30多个国家和地区，并受到客户的普遍信赖。产品进入法国、英国等欧洲高端市场，引领中国客车工业昂首走向世界。公司销售服务网络已经覆盖欧洲、独联体地区、美洲、非洲、亚太、中东等全球六大区域，并在古巴、委内瑞拉、埃塞俄比亚、伊朗、巴基斯坦、缅甸、马来西亚等市场进行KD散件组装。目前公司的服务和备件网络覆盖全球主要市场，由190余家授权服务站或服务公司，320余个授权服务网点组成，服务工程师与维修技师常驻服务地保障客户的产品运营需求；并在法国、俄罗斯、巴拿马、古巴、委内瑞拉、南非、澳大利亚、阿联酋等建立多个配件中心库，覆盖主要市场的配件供应；与康明斯、采埃孚、美驰等多家世界知名汽车总成供应商签订了联合服务协议，为车辆提供联保服务。

资料来源：年报及公开调研记录。

产品出口方面，中国重汽、比亚迪等企业产品均已遍及世界各国，并有相当的市场占有率和品牌认知度。宇通客车公司还积极争取从"制造型"企业向"制造服务型"企业升级，从"销售产品"向"提供系统服务解决方案"转型，独创中国制造出口的"古巴模式"，由产品销售商向系统服务商逐渐转变，成为中国汽车工业由产品输出走向技术输出的典范。福田汽车、广汽集团、金龙汽车、力帆股份等也各自拥有在技术上、市场实力上或者国际经验上的企业所有权优势，这些优势是企业顺利实现国际扩张的根本支撑要素。

## 五、节能与新能源汽车领域国际化发展的地理分布

先进节能与新能源汽车领域企业国际化扩张区位呈现出多样化的特征。出口方面尤其如此。海马汽车的主要出口市场有俄罗斯、中东及南美地区，整车出口市场主要为北非、东南亚等。乘用车八大营销市场分别是智利、秘鲁、哥伦比亚、巴拉圭、埃及、海湾、阿尔及利亚、阿塞拜疆；

商用车八大营销市场分别为阿尔及利亚、埃及、智利、秘鲁、哥伦比亚、巴拉圭、越南、马来西亚。出口区位80%规划布局在"一带一路"上。长安汽车公司拥有全球12个生产基地、32个整车及发动机工厂，携手福特、PSA、马自达、铃木等建立合资企业。研发方面建立了全球格局。首先在重庆、北京、河北、合肥，意大利都灵、日本横滨、英国伯明翰、美国底特律、美国硅谷建立起各有侧重的全球协同研发格局。其次为适应智能化战略的打造，成立智能化开发中心，专职从事智能化研发；除此之外，与美国硅谷最大规模科技孵化器 PlugandPlay签约，正式入住硅谷。公司在智能驾驶技术方面加强与世界一流汽车零部件企业合作；在研发智能网联技术和产品应用方面，目前已与百度、华为、360公司、高德导航、科大讯飞语音识别、中国联通、好帮手、远特TSP运营等形成战略合作伙伴；与清华大学等高校科研院所合作；加快开展三级智能驾驶技术&V2X技术研究；加入美国MTC（The Mobility Transformation Center）组织也体现出公司加强国际合作的愿望。一汽夏利持有合资公司一汽丰田30%股权，产品远销俄罗斯、伊朗、叙利亚、阿尔及利亚、厄瓜多尔等国家。

中国重汽公司产品出口主要依靠中国重汽集团进出口有限公司实现，随着重汽进出口公司在海外市场布局的完善，公司产品出口实现大幅增长，同时也积累起较大的优势。第一是SINOTRUK品牌已经成为国际市场知名重卡品牌。第二是重汽进出口公司已经在国际市场建立起较为完善的销售及售后服务网络，基本覆盖非洲、中东、南美、中亚及俄罗斯和东南亚等发展中国家和主要新兴经济体，以及部分发达地区市场。第三是借助与德国曼公司的合作，公司在产品研发、生产管理模式、质量控制模式等方面得到进一步改进和提高，公司产品品质已达到满足国际市场需求的标准。以曼技术为代表的重卡产品进入新西兰、中国香港地区、中国台湾地区等发达国家和地区，实现了中国高端重卡出口新的突破。公司的T系列重卡是采用德国曼技术、利用和德国曼相同的生产设备、采用德国曼相同的出场检验标准，结合中国国情，凭借公司多年成熟的重卡制造经验，生产出新一代高安全、高可靠、高经济性产品。上市以来凭借其优越的性能，得到市场的充分认可，尤其是在物流运输行业口碑良好，目前其在公司总销量中的占比已达到30%以上。

中通客车公司于1958年成立，1971年开始生产客车，2000年引进荷兰BOVA技术，生产豪华大客车。已出口至全球100多个国家和地区，目前主要市场分布在中东、北美、南美、东亚、东南亚等地区。新能源客车以国内为主，只有少量出口。比亚迪在新能源汽车领域，目前公司已实现全球销量第一，全球市场份额接近15%。2016年，比亚迪和ADL联合打造51台全新12米单层纯电动大巴在英国伦敦隆重发布，成为欧洲最大的纯电动车队。同时，2016年上半年公司成功获取加拿大200台纯电动大巴和印度尼西亚500台纯电动大巴订单，目前公司的新能源大巴和出租车已经拓展至海外诸多国家和地区。新能源车的最大市场其实是在中国，2015年全球新能源汽车的销量为55万台，其中近1/3的销量是在中国，比亚迪未来将在不断巩固和提升比亚迪新能源车在国内市场的品牌知名度及销量的同时积极拓展海外市场。公司的纯电动大巴（公交、机场摆渡等）及纯电动出租车的足迹及已遍布全球6大洲、43个国家和地区、190个城市，在国内也已在深圳、南京、杭州、珠海、大连、天津、广州、西安和长沙等十多个城市运行。此外，公司与北京环卫集团成立合资公司，生产的纯电动洒扫车T8在9.3阅兵中重磅亮相，圆满完成阅兵式的路面清扫工作，向世界展示了中国的绿色科技和高端制造水平。

国际直接投资是节能与新能源汽车领域企业国际扩张的主要方式。国际直接投资产生了诸多海外分支机构，海外分支机构的地理分布可以非常典型地代表企业国际化扩张的地理结构。如图11-1所示，亚洲和欧洲成为节能与新能源汽车领域企业国际扩张的主要区位。在亚洲的国际扩张中，我国香港地区成为主要的目的地，超过一半的海外分支机构分布在香港地区。其次是印度、日本、印度尼西亚和泰国。

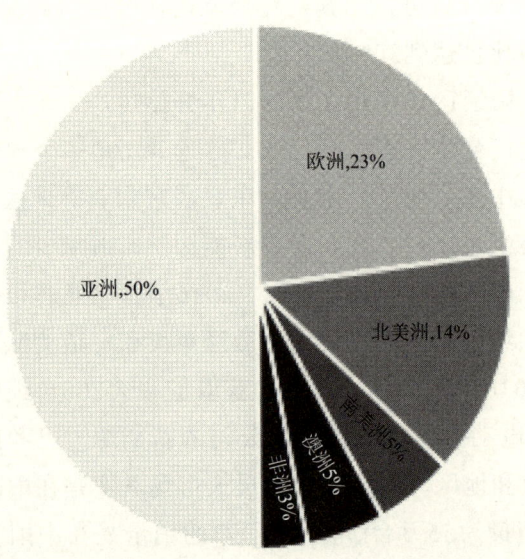

**图11-1　节能与新能源汽车领域企业海外分支机构地理分布**

资料来源：根据WIND咨询终端、年报等资料整理所得。

# 第十二章　电力装备领域国际化发展

　　《中国制造2025》提出，"推动大型高效超净排放煤电机组产业化和示范应用，进一步提高超大容量水电机组、核电机组、重型燃气轮机制造水平。推进新能源和可再生能源装备、先进储能装置、智能电网用输变电及用户端设备发展。突破大功率电力电子器件、高温超导材料等关键元器件和材料的制造及应用技术，形成产业化能力"。

　　电力装备行业作为我国十大重点发展领域之一，其行业水平在全球处于领先地位。工信部提出包括火电装备，核电装备，可再生能源装备，输变电成套装备，关键零部件、材料及配套体系在内的五个电力装备发展重点方向。此外，工信部还提出电力装备发展目标：到2020年，电力装备技术总体达到国际先进水平，自主化率达到90%；输变电成套装备全面满足国内电网建设需要，自主化率达到95%。到2025年，大型火电、水电、核电等成套装备达到国际领先水平，新能源和可再生能源装备及储能装置市场占有率超过80%。输变电成套装备100%实现智能化，传感器等关键零部件自主化率达到85%。

　　高性价比的中国电力装备市场空间巨大，从增量的角度来看核电和风电对行业公司拉动更大，长周期贡献更大，而全球领先的特高压技术的出口之路也已打开，电力装备发展建设即将进入新纪元。电力装备国际化发展早已启动，在"一带一路"倡议的激励下更是发展得如火如荼。

## 一、电力装备领域的国际化发展概况

对电力装备领域企业的国际化发展概况进行研究可以发现：第一，电力装备领域企业的国际化发展程度较高，国际扩张动因呈现出多样化的特征，以市场寻求型国际扩张为主；第二，国际化扩张方式以出口和国际直接投资为主；第三，国际化扩张地理结构呈现出多样化全球性区位分布的特征，且企业自身实力是国际化扩张的重要且主要的支撑要素。

出口方面，根据2015年年报和2016年中报数据，该领域共有98家企业，其中74家企业有海外出口收入，占比高达76%（见表12-1）。说明大多数企业国际化发展已经起步。其中12家企业主营收入中出口收入占比占1/3以上。卧龙电气、宏发股份、吉鑫科技达40%以上，而恒顺众昇更高达95%。大多数企业的产品已经遍布全世界。

表12-1　电力装备领域企业国际化发展概况

|  | 拥有主营海外收入的企业数目 | 拥有海外分支机构的企业数目 | 曾进行国际并购的企业数目 |
|---|---|---|---|
| 数量（家） | 74 | 41 | 19 |
| 占比（%） | 76 | 42 | 19 |

资料来源：根据年报及IFIND资讯终端数据整理所得。

投资方面，大多数企业在海外拥有控股子公司或孙公司，这些企业不仅通过这些子公司开拓国际市场，提升技术研发，而且通过这些企业进行海外并购谋求国际战略的布局和实施。98家企业中，有37%在海外拥有控股或参股子公司或孙公司。截至2016年年底，该领域共有海外分支机构263家，设立方式以绿地投资为主，主营业务涉及制造销售及产业相关的实业项目，也有相当比例海外分支机构主营投资管理，这说明企业国际化动机呈现出多元化。大部分海外子（孙）公司的地理分布广泛，但亚洲是主要的投资区位。

除了国际直接投资外，该领域2011～2016年共发生32起出境并购。国际并购无论在目的、并购方式、支付方式还是并购地理结构等方面都呈现出多样化特征。总体来看，该领域企业国际化发展呈现发展程度的多样性和发展模式的多样性，同时处于迅速扩张的阶段。

## 二、电力装备领域国际化发展的动因分析

电力装备领域企业国际化动因以市场寻求型为主兼有资源（优势）发展型。从出口来看，76%的企业有主营业务海外营收，说明出口是电力装备领域企业国际扩张的重要方式之一，也是市场寻求型国际扩张的一种形式。

从企业海外分支机构的主营业务内容的分析可以反映企业的国际扩张动机类型。根据已有数据，从表12-2可以看出，电力装备领域企业海外分支机构以销售、制造、贸易、项目管理等为主的总共有98家，占52%，这说明电力装备领域企业国际扩张以市场寻求型为主。半数以上的海外分支机构成立以扩张国际市场，利用优势获取利润为主。除此之外，以投资、投融资或研发为主营业务的分支机构旨在发展企业国际竞争力，属于优势发展型的国际扩张。这一类型的国际扩张共有56家，占比29%，说明发展优势（资源）也是主要的国际扩张动机之一。

表12-2　电力装备领域企业海外分支机构主营业务分析

| 主营业务内容 | 销售、制造、贸易、项目管理等 | 投资、投融资、研发 | 其他 |
|---|---|---|---|
| 数量（个） | 98 | 56 | 36 |

资料来源：根据年报等数据收集整理。

此外，国际并购目的分析也可以反映企业国际扩张的动机。2011～2016年，电力装备领域企业出境并购以横向整合占大部分。32起并购案例中，有21起并购以横向整合为目的（见图12-1）。企业希望通过横向并购整合同一领域或相似领域的企业作为进入国外市场的手段。作为进

入新市场的手段，横向整合是最有效率、最适合的。以横向整合进行出境并购也说明企业国际扩张动机以市场寻求型为主。

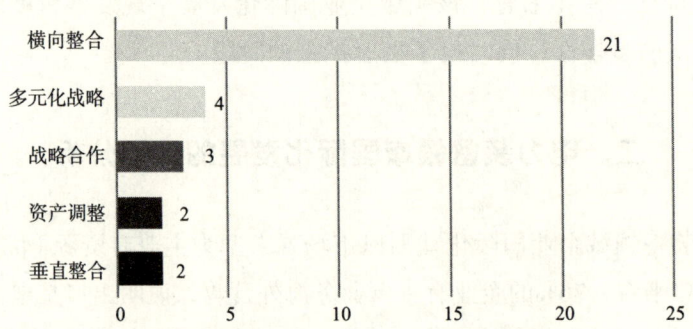

**图12-1　电力装备领域企业中的出境并购目的**

资料来源：根据WIND咨询终端等数据整理。

## 三、电力装备领域国际化发展的方式分析

电力装备领域企业国际扩张主要以出口和国际直接投资为主。第一，出口或贸易是企业国际扩张的基本方式，电力装备领域76%的企业有主营业务海外营业收入。第二，国际直接投资是更加重要的海外扩张方式。根据2016年年报等数据，41%的企业有海外分支机构，如表12-3所示，海外分支机构成立方式以投资设立为主，占比58%，即以绿地投资为主。并购是电力装备领域企业另一种国际扩张的重要方式，包括非同一控制下企业合并和并购两种，占比16%。归属于"其他"类别的国际扩张类型占比约为20%。

**表12-3　电力装备领域企业海外分支机构成立方式分析**

| 海外分支机构成立方式 | 投资设立 | 非同一控制下企业合并 | 并购 | 联营或合营 | 间接投资 | 其他 |
|---|---|---|---|---|---|---|
| 数量（个） | 153 | 24 | 21 | 2 | 11 | 52 |

资料来源：根据年报及IFIND咨询终端资料整理所得。

国际直接投资尤其是飞地投资是电力装备领域企业国际化的重要方

式，直接投资有利于企业自由选择投资的领域、金额，有利于企业海外分支机构与母公司之间的协作以及企业整体战略的实施。从表12-4可以发现，海外分支机构股权比例普遍占比较高，全资控股的海外分支机构有73%以上，控股比例大于50%的海外分支机构占比90%。控股权可以保证企业战略的顺利实施。

表12-4　电力装备领域企业海外分支机构股权占比分布　　　　　　（个）

| 股权式海外参控股子（孙）公司数目 | 263 |
| --- | --- |
| 股权比例=100%数目 | 193 |
| 80%≤股权比例<100%数目 | 17 |
| 50%≤股权比例<80%数目 | 26 |
| 20%≤股权比例<50%数目 | 14 |
| 股权比例<20%数目 | 13 |

数据来源：根据年报及WIND金融咨询等整理。

国际并购是企业国际直接投资的重要途径。2011～2016年，电力装备领域企业出境并购共发生32起，国际并购的实现方式局限于协议收购和增资并购两种。如表12-5所示，前者占比75%，后者占比25%。协议收购避免了市场收购的各种风险，利于达成一致，相对灵活。而增资收购较为公平，比较多地考虑了原股东的利益，有利于并购的顺利实现。国际并购90%以上以现金支付为主，标的类型也以股权为主，多数出境并购涉及并购标的控制权的变更。

表12-5　2011～2016年电力装备领域国际并购方式分析

| 并购方式 | 数量 | 占比 |
| --- | --- | --- |
| 增资收购 | 8起 | 25% |
| 协议收购 | 24起 | 75% |

资料来源：根据年报及WIND金融终端等资料整理所得。

"借船出海"和投资水电站项目带动水电设备销售的新业务模式在国内外市场得到有益的尝试。近年来，浙富控股与中国电力建设股份有限公司等合作，带动公司产品在老挝、塔吉克斯坦、阿根廷等国家的应用。同时，公司通过境外全资子公司投资建设印度尼西亚巴丹图鲁水电站项目，不仅有效带动了水电设备的销售，也为公司向东南亚市场水电项目设备供货开启了新契机。

## 四、电力装备领域国际化发展的资源支持

电力装备是我国装备制造领域非常关键也非常有实力的领域，企业数目众多，很多企业在国际市场上拥有相当的竞争力和市场地位。企业的国际化程度差异巨大，一部分企业已经发展成为具有相当国际地位的企业集团，有一部分企业国际化还处于刚起步阶段。整体来说，虽然政府对一些产业出台了很多支撑政策和措施，这些措施在一些产业发展初期起到一定的引导和鼓励作用，但企业自身实力是企业国际化扩张的最根本最重要的支撑因素。

针对光伏产业发展，我国政府出台了一系列相关政策以支持光伏产业发展。包括国务院及各部委都密集推出各项产业支持政策，多次调高"十二五"期间目标装机容量、对光伏电站建设实施备案制、进一步规范上网电价、可再生能源全额保障性收购等。同时，工信部制定了光伏制造行业规范，并对符合规范条件的企业进行检查、公告，引导光伏制造产业健康发展。2016年，政府出台《太阳能发展"十三五"规划》，提倡绿色转型，从能源结构上加强对新能源和可再生能源的发展。根据该规划，2020年全国太阳能发电装机达到1.1亿千瓦以上。这些政策均对产业发展提供了有利的环境。

除此之外，我国具备丰富的资源优势和市场优势，这些也是企业发展壮大和国际扩张的重要条件。根据中国报告资讯网出版的《2010～2015年中国太阳能光伏发电产业调研及投资前景预测报告》及其他相关资料，我国太阳能资源丰富，理论储量每年达到了1.7万亿吨标准煤，大多数地区平均日辐射量达到4千瓦时/平方米。我国中西部地区青藏高原、黄土高

原、冀北高原、内蒙古高原等太阳能资源丰富地区占到陆地国土面积的2/3，适合发展大规模地面电站；中东部发达地区潜在可开发屋顶面积极为可观，发展太阳能分布式电站潜力巨大。❶

据国家能源局发布的2016年光伏发电相关统计数据，截至2016年年底，我国光伏发电累计装机容量7 742万千瓦，2016年新增装机容量3 454万千瓦，新增和累计装机容量均居全球第一。同时国家大力发展光伏产业，预期国内未来两年下游太阳能光伏电站建设规模将有保障，从而给太阳能组件下游销售的国内市场提供保障，进一步促进我国光伏制造企业的回暖。

政府支持、资源禀赋以及广阔的市场为电力装备领域企业国际扩张提供了良好的环境、有利的推动。但企业自身产品品质、品牌认知、技术先进性以及其国际化的经验等对企业后续国际化发展的区位选择、战略发展甚至能否成功实施国际扩张都将产生重大影响。这些要素同时也是国际竞争力的主要来源。详见专栏12.1和专栏12.2。

---

**专栏12.1　电力装备领域企业市场实力雄厚**

太阳能是全国最大的专注于太阳能光伏发电的投资运营商之一。公司下属公司中节能太阳能科技有限公司是国内最早的专注于兆瓦级太阳能光伏发电的企业之一。中节能太阳能科技有限公司建设了中国光伏产业发展史上一系列堪称里程碑的项目，如武汉高铁站2.2MW屋顶光伏电站、宁夏石嘴山10MW地面光伏电站、东台60MW滩涂光伏电站、上海虹桥高铁站6.68MW屋顶光伏电站等。公司项目质量控制能力强，建设运维经验丰富。

思源电气一直聚焦于输配电行业，是输配电行业内的知名品牌之一。公司产品与国内同类产品相比具有技术领先、成本低、品质高等特点，在国内居领先水平。

荣信股份公司产品性价比较高，并拥有及时有效的低成本售后服务。公司拥有全面的技术创新能力和强大的品牌影响力。其SVC、SVG国内市场份额大，应用量多，SVC、SVG、HVC、HVDC等产品与技术同时拥有。2014年，

---

❶　资料来源：国家能源局网站。

荣信股份成为首个SVC国家标准主要起草单位，先后获得授权322项专利和49项软件著作权。公司自主研发的核心平台技术水平行业领先，拥有且自主开发运营的标准产品包括梦网智能网关云平台、流量网关云平台、梦网综合监控平台、M—BOSS综合管理云平台、Nova高速信息平台等。公司的云通信平台，基于移动通信网络的各种业务能力及融合通信技术，打通了移动互联网和基础通信网络之间的连接。

江特电机是国内具有重要影响力的新能源汽车电机制造企业。其传统的起重冶金电机销售额多年来位居冶金行业前列，起重电机是塔式起重机行业的首选品牌，市场占有率最高达70%；偏航电机市场占有率最高达到风电行业的68%；电梯扶梯电机的市场份额名列前茅。公司已是我国中小型电机行业首家上市公司，品牌知名度和品牌竞争力进一步增强。

金风科技在国内风电设备制造商中连续6年排名第一，在行业内多年保持领先地位。金风科技多年来积极推进国际化战略，本着"以本土化推进国际化"的宗旨，不仅在美洲、澳洲、欧洲等重点目标市场取得多项突破，同时在非洲、亚洲等新兴市场积极布局，参与国际市场竞争，取得较好成绩，公司国际业务截至目前已遍布全球六大洲。

拓日新能在晶体硅太阳电池领域，形成"晶体硅棒拉制/多晶硅浇铸-切片-电池芯片制造-电池-EPC工程总承包"等较为完整的产业链结构；在非晶硅太阳电池领域，完成"石英石/石英砂-光伏太阳能玻璃-非晶硅电池-EPC工程总承包-光伏电站运营""从石到电"的全球最完整的产业链；在太阳能应用产品方面实现"产品研发设计-模具制作-塑料注塑-包装设计-产品组装"的产业链条；在平板型太阳能热水器领域实现"卷对卷镀膜-光热组件封装-光热系统"的产业链条。依托全产业链结构以及优异的成本控制能力，公司可以快速有效地向市场提供各类太阳能产品，同时具备有竞争力的EPC建设成本优势。产品种类的多样化，可满足不同地区及客户的不同需求，有助于公司快速开发和拓宽市场，同时保障公司具有良好的市场抗风险能力。公司还拥有遍布全球的销售网络，产品已远销全球80余个国家和地区。同时依托海外北美子公司、欧洲子公司以及非洲子公司建立了较为完整的销售和服务网络，保证产品的售后服务质量，确立公司主导产品的优势地位。

浙富控股通过与中国电力建设股份有限公司等合作，带动公司产品在老挝、塔吉克斯坦、阿根廷等国家的应用。同时，公司通过境外全资子公司，投资建设印度尼西亚巴丹图鲁水电站项目，不仅有效带动水电设备的销售，也为公司向东南亚市场水电项目设备供货开启了新契机。公司多元化布局，大力拓展海外业务，目前业务分布于东南亚、非洲、俄罗斯等地。

　　积成电子公司在电力自动化领域产品线覆盖电力系统发、输、变、配、用电各环节，是国内少数几家能够提供电力自动化整体解决方案的厂家之一；在新能源发电领域，公司能够为风、光等介质上网提供整体自动化接入方案；目前，公司客户遍及全国30多个省、市、自治区的300多个地区，产品不仅广泛应用于电力行业的各级企业，还应用于厂矿、石油、石化等行业大型企业。

　　2016年年底，协鑫集成已在日本、印度、北美、澳大利亚等5个国家及区域设立子公司，在泰国、中东、南非、北非等7个国家及区域设立代表处。收购澳大利亚OSW公司控股权，快速在澳洲建立组件、系统集成及储能产品的分销渠道，切入高价、高端应用市场。

　　爱康科技对太阳能电池铝边框拥有丰富的制造经验、卓越的品质控制能力、巨大的产能优势以及优质的客户群体，连续多年全球市场份额第一。2016年，公司安装支架产品取得跨越式发展，取得国际标准化组织下属机构汽车行动组TS16949证书（在ISO9001基础上结合汽车行业零配件特点发布的规范），及Intertek的UL2703认证，这为开拓美洲市场提供了强有力的支持。公司客户主要为全球领先的太阳能组件提供商和系统集成商，如韩华、乐叶、三菱、Sun Power、友达等。与这些优质客户保持长期稳定的合作关系对于新产品的国际推广将提供有益的帮助。

　　科泰电源在IDC、通信、电力、交通运输、石油石化、海外施工等重点行业市场，累积了丰富的行业运行经验，特别是在通信行业和数据中心机房备用电源领域拥有一定的先发优势和较高的市场占有率，在行业内拥有一定的品牌优势。近年来，公司连续获得"全国实施用户满意企业""上海市高新技术企业""上海市科技企业""上海市实施用户满意企业""上海市实施卓越绩效管理先进企业""上海市品牌企业""AAA资信等级企业""上海市明星侨资企业""中国电器工业最具影响力企业""内燃机电站行业优势企业"等荣誉，"科泰电源（COOLTECH）"品牌被评为"上海名牌""上海市著名商标""2016年度出口推荐品牌"，得到社会各界的广泛认可。公司备用电源产品已覆盖全国市场，并远销东南亚、中东、非洲、南美、澳洲等地区，以优良的品质和完善的服务获得客户的认可。

　　资料来源：年报及公开调研记录。

专栏12.2　电力装备领域企业技术先进性

　　金风科技公司拥有国内外7大研发中心，2 000余名拥有丰富行业经验的研发技术人员。公司拥有自主知识产权的1.5MW、2.0MW、2.5MW、3.0MW、6.0MW永磁直驱系列化机组，代表全球风力发电领域最具前景的技术路线。产品先进的技术、优异的质量、较高的发电效率和良好的售后服务，为金风科技赢得较好的口碑和相当的行业影响力，得到政府、客户、合作伙伴和投资者多方的高度认可。

　　金智科技公司建有智慧能源研发中心、智慧城市研究院两大研发中心及企业博士后工作站，并与国家能源智能电网（上海）研发中心共同设立联合研发中心。公司还与清华大学、东南大学、浙江大学等多所国内知名高校，建立紧密的产学研合作关系，设立"东大-金智电力自动化研发中心"等多个研发中心。公司每年的研发投入均保持在年销售额的8%以上，并将持续加大研发投入力度。公司共拥有专利100余项、软件著作权100余项，并获多个省部级以上科技进步奖。

　　拓日新能拥有非晶硅太阳电池全套生产线设备制造和生产工艺技术、高效晶体硅太阳电池关键设备制造及生产工艺技术，新型平板太阳能集热器关键设备制造及生产工艺技术以及光伏玻璃关键设备制造及生产工艺技术等。公司拥有多项设备技术、工艺技术以及产品技术专利，包括2016年向国家知识产权局申报的75项专利申请。2016年年底，公司累计获国家知识产权局授权专利269项，其中发明专利22项，实用新型236项，外观专利11项。公司在产业链方面优势明显，覆盖非晶硅薄膜电池、晶体硅太阳电池、太阳能应用产品、光伏玻璃和太阳能集热器等领域。

　　海陆重工是国家火炬计划重点高新技术企业、江苏省高新技术企业，"海陆"品牌被评为江苏省著名商标。公司所持有的产品制造资格证书及资质认可证书居国内同行业前列，具体包括A级锅炉、A1、A2级压力容器设计资格证与制造许可证，民用核安全设备制造许可证（2、3级），美国机械工程师协会（ASME）的"S""U"钢印和授权证书，船用锅炉方面持有中国船级社（CCS）、英国劳氏船级社（LR）、德国劳埃德船级社（GL）、挪威船级社（DNV）、美国船级社（ABS）、法国船级社（BV）和日本海事协会（NK）的工厂认可和产品检验证书。公司十分注重自主研发，产品干熄焦余热锅炉获国家科技进步二等奖、国家冶金科学技术一等奖、国家重点新产品，并被列入为国家"863计划"、获江苏省科技成果转化专项资金扶持，公司是干熄焦锅炉国家标准的起草、制定单位之一。公司为上海第一机床厂加工的堆内构件吊篮筒体，是制造核反应堆的心脏设备，该产品的成功研发与生产，替代了一直依赖国外进口的状态，填补了国内空白，达到国际先进水平，国内生产的吊篮筒体均为公司制造。2016年，公司自主承接的核电产品订单逐渐增多，已经远超过原来的单一加工制造订单，逐步完成核电的战略转型规划，目前国内的核电站均有业绩，核心竞争力强，公司在具有自主知识产权的"华龙一号"、CAP1400三代核电技术、具有四代安全特征的高温气冷堆核电技术应用上均获吊篮筒体、安注箱、堆内构件吊具等重要订单。在转炉余热锅炉和有色冶炼余热锅炉等领域，公司也始终保持市场领导地位。公司近年来在制造领域积累了丰富的经验。

浙富控股下属华都公司拥有发明专利的ML-B型三代压水堆核电控制棒驱动机构，是目前唯一通过三代标准的抗震试验和满足60年使用寿命的"华龙一号"核电技术。该产品在热态极限寿命试验中创造了1512万步的世界最高运行纪录。

华都公司是国内迄今为止能够生产控制棒驱动机构适用堆型最多的公司。公司已具备水电、核电产品的领先制造能力。2016年，广西大藤峡水利枢纽工程的3台套单机容量为200MW的轴流转桨式水轮机是目前世界范围内有记录的单机容量最大的轴流转桨式水轮发电机组，充分展现了公司在水电领域的雄厚实力。

资料来源：年报及公开调研记录。

## 五、电力装备领域国际化发展的地理分布

电力装备领域企业数目众多，大部分企业国际化起步较早，企业间国际化程度差异较大，国际化的地理结构也因产品特征、技术适用性以及东道国需求和投资环境等各不相同。但整体上来说，电力装备领域企业国际化扩张的全球性分布特征比较明显。

出口方面，大多数企业出口市场无论是发达国家还是发展中国家均有涉猎，且不少企业借助国家"一带一路"倡议开拓海外市场，出口市场分布于"一带一路"沿线国家。拓日新能公司产品品种多、客户广，拥有遍布全球的销售网络，产品已远销全球80余个国家和地区；同时依托海外北美子公司、欧洲子公司以及非洲子公司建立了较为完整的销售和服务网络，保证产品的售后服务质量，确立公司主导产品的优势地位。经过多年市场形象的积累，公司已建立起良好的市场形象，获得较高的市场认可度。天顺风能出口市场目前主要在欧洲以及增长较快的中南美洲、东南亚和非洲等新兴市场，这些市场发展潜力巨大。向日葵公司目前销售以国内为主，部分出口日本。科泰电源经过多年发展，公司备用电源产品已覆

盖全国市场，并远销东南亚、中东、非洲、南美、澳洲等地区，以优良的品质和完善的服务获得客户的认可。恒顺众昇在印度尼西亚、南非和津巴布韦等"一带一路"沿线国家已有一定的业务布局，并将持续增加对外投资。目前，海外业务已成为公司收入的重要来源。宏发股份公司生产的继电器产品出口比重较大，主要出口区域是欧洲、美国。

华锐风电公司积极配合国家"走出去"战略和"一带一路"倡议，积极参与国际市场竞争，业务已经拓展到欧洲、亚洲、美洲、非洲，瑞典、意大利、西班牙、土耳其、印度、美国、巴西、南非等8个国家，为超过15个项目提供风机产品和服务，公司1.5MW、3MW机组已累计出口381MW。2016年华锐风电还中标土耳其Usak7.5MW项目。风范股份在"一带一路"倡议的引领下，相继签署埃及EETC500千伏输电线路、肯尼亚变电站、埃塞变电站、柬埔寨金边环网、老挝纳邦-南俄输电等项目。上海电气积极开拓海外市场，公司围绕"一带一路"的国家倡议，把"一带一路"涉及的50多个国家和地区作为工程产业重点市场，已在巴基斯坦新设子公司，并计划新增南非、马来西亚、土耳其、波兰、哥伦比亚等海外销售网点，积极推进销售网点建设，实现多区域销售能力。2016年上海电气陆续承接了印度尼西亚爪哇、孟加拉国帕亚拉、菲律宾马力万斯等多个国家和地区的7个海外火电单机订单，缓和了国内火电市场需求下降产生的影响。上海电气还联手安萨尔多公司，在燃气轮机领域就市场业绩、技术引进及技术合作等方面进行深度合作，制定了燃气轮机产业发展的"四个全球化战略"，即全球化研发平台、全球化制造基地、全球化销售网络、全球化服务团队。同年，公司还承接了非洲埃塞俄比亚-吉布提铁路供电项目和埃塞俄比亚BDWC输电项目。

从海外分支机构的地理分布来看，电力装备领域企业国际化扩张也呈现出较明显的全球化的特征。如图12-2所示，亚洲是电力装备领域企业国际化扩张的主要目的地。其次是欧洲。亚洲国家与我国地理邻近，发展水平接近，需求特征相近，因此国际扩张相对风险较低。这也说明市场寻求型扩张是电力装备领域企业国际扩张的主要类型之一。但整体上，北美洲、澳洲、南美洲和非洲也有一定比例的分布。地理区位呈现出国际化和全球化的特征。

除此之外,并购标的的地理分布也很好地反映了企业国际化扩张的方向和市场布局的状况。如图12-3所示,2011年以来,该领域的并购主要集中在美国和意大利。一方面是由于该领域企业以并购为途径进行国际扩张刚刚开始,进行海外并购的企业及并购数量较少;另一方面同一企业为了实现战略布局连续对同一标的企业股权进行并购,也是导致这一局面产生的重要原因。

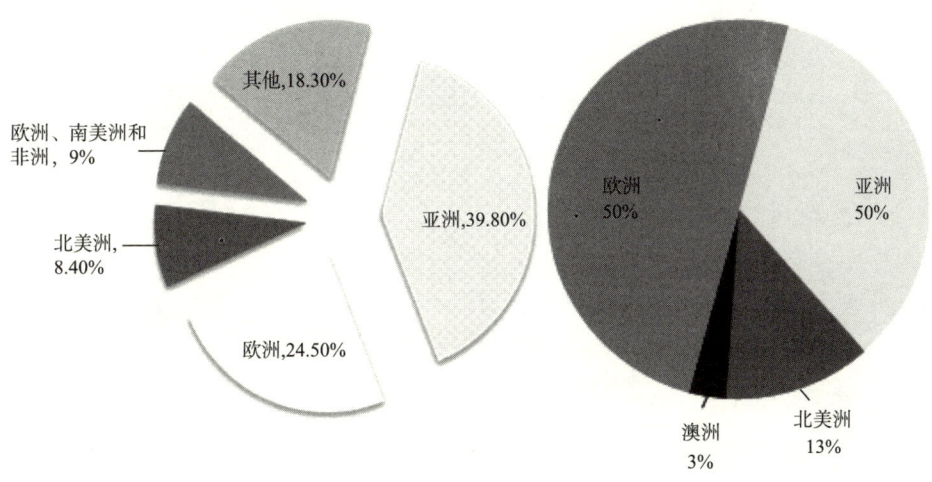

图12-2 电力装备领域企业海外分支机构区位分布

资料来源:根据年报数据整理所得。

图12-3 2011~2016年电力装备领域出境并购区位分布

资料来源:根据WIND资讯终端整理所得。

第五篇

中国高端装备制造产业的
政策发展

产业扶持政策是国家或者地方政府在制定产业或区域发展规划时，针对经济发展的实际情况，采取重点倾斜、优先扶持某些产业或部门的措施，促使它们优先发展、快速发展，以期带动其他产业的共同发展，从而促进国际或区域经济发展的政策和措施。国家或者地方政府需要扶持的产业主要是支柱产业、先导产业、瓶颈产业及幼稚产业，目的主要是着眼于未来的产业优势，直接服务于产业结构的高度化。

一般来说，产业扶持政策中被确定为需要扶持的产业必须具备三大基本特征：第一，能够迅速有效地吸收创新成果，并获得与新技术相关联的新的生产技术；第二，具有巨大的市场潜力，可望获得持续的高速增长；第三，同其他产业的关联系数较大，能够带动相关产业的发展。第一章分析高端装备制造业的特征时，就指出高端装备制造业的高技术水平，处于产业链的核心环节，对产业链具有强控制力和引导力。同时，高端装备制造作为战略性新兴产业，在世界各国有着广泛的发展前景和市场潜力。因此，纵观国内外发展高端装备制造业的成功经验，都主要依赖于政府制定并贯彻实施相应的扶持政策和发展战略，注重行业整体水平的提高；尤其是发达国家，各类扶持政策层出不穷。从某种角度讲，政府出台的各种政策就代表着一个行业的发展水平。依据政策着力点的不同，高端装备制造业的扶持政策大致可分解为科技、产业、财税、人才等维度，参考各维度的成功政策经验对于建立并完善我国适应高端装备制造业发展的、顺应技术进步和经济结构调整总体趋势的政策体系存在重要意义。

# 第十三章 中国高端装备制造产业的政策发展

在新一轮工业浪潮中，为谋求持续发展，推动制造业转型升级和国产化替代势在必行。作为工业新引擎和经济增长重要支柱的高端装备制造，将成为这个过程的重中之重。虽然近年来我国高端装备制造业得到较大发展，但与世界先进水平相比，仍存在一定差距和问题，如技术投入少、创新能力弱、销售收入低、发展速度缓、竞争能力差等，都影响着我国建设成为装备制造强国的进程。高端装备制造业是典型的发展初期高投入、发展中期高风险、发展后期高产出的行业；在高端装备产业起步阶段，市场机制还不成熟，因此，在其培育和发展的初期阶段，更需要系统性的政策支持。

## 一、扶持高端装备制造产业发展的政策框架

### （一）科技政策

高端装备制造是高技术密集行业，行业竞争力与其技术创新能力密切相关。而在技术创新过程中，市场虽然能够管制技术创新的不良后果，在激励创新方面具有自我组织、自我加强的作用，但是对于装备制造业技术创新领域来说，市场机制运用竞争压力促进技术创新和运用高收益引诱技术创新并不能从根本上解决技术创新的风险和创新动力问题。由于市场本身也不可能创造有利于装备制造业技术创新的外部环境，从而导致市场失灵。为了消除和补偿装备制造业在技术创新中的各种问题，缩短装备制造

业技术创新过程中从创新思想出现到形成相关产品规模化的生产时滞，加快科技成果从潜在生产力到现实生产力的转化，政府必须出台相关的政策予以调节。科技政策一般涵盖研发资助、创新平台建设、科技成果保护、相关法律法规等。

## （二）产业政策

产业政策是政府为了实现一定的经济和社会目标而对产业的形成和发展进行干预的各种政策的总和。产业政策的主要功能是弥补市场缺陷，有效配置资源；保护幼小民族产业的成长；熨平经济震荡；发挥后发优势，增强适应能力。具体而言，产业政策包括产业组织政策、产业结构政策、产业技术政策和产业布局政策，以及其他对产业发展有重大影响的政策和法规。高端装备制造的产业政策特指政府从产业战略发展方向及规划层面对高端装备制造业做出宏观政策引导的内容，有利于高端装备制造业实现健康、持续、高速发展。

## （三）财税政策

财税政策是指国家根据一定时期政治、经济、社会发展任务而规定的财政工作的指导原则，通过财政支出与税收政策的变动来影响和调节总需求进而影响装备制造业发展的政策总和。现行高端装备制造业的财税政策包括财政直接投入（如财政补贴、财政奖励、专项资金）、财政投融资支持（如投资基金、财政贴息、财政担保）、政府采购支持（如行政命令购买、直接购买、鼓励消费）、税收优惠（直接与间接优惠）等。相对于一般成熟产业，高端装备制造业具有战略性和新兴性两大特征，因此，高端装备制造业的发展不仅需要发挥市场机制的作用，还需要财政税收政策的支持。财政税收政策可以说是政府支持高端装备制造业发展的主要措施和重要手段，能够从知识技术、生产要素、价值链、企业和产业等方面相互作用，带来耦合效应，提升装备制造业竞争力。从市场缺陷的角度看，财政税收政策支持高端装备制造业发展有其必要性，避免技术外溢损失和弥补市场失灵；从财政税收政策杠杆作用的角度看，财政税收政策支持高端装备制造业发展有其可行性，通过作用于高端装备制造业的资金来源、技术研发、成果转化、产品生产以及产品销售等环节发挥其导向和激励作用；从产业发展的阶段性和成长性的角度看，高端装备制造业作为幼稚产业在发展初期举步维艰，面临极大的进入风险，财政税收政策支持高端装备制造业发展有其紧迫性，采取关税保护、财政补贴等财税政策对其加以积极引导和保护，支持其建立起具备长期竞争优势的经济规模，便具有极大的必要性和战略意义。

### （四）人才政策

装备制造业的发展和振兴主要依靠科学技术水平的提高，而科学技术进步主要靠创新，创新的载体是人才。"人才是第一资源"，人才是技术创新的基石，是实现技术创新的持久动力。技术创新的实现最终要落实于人的创新活动之中。高端装备制造业自身技术的复杂性和集成性特点，也要求大量的专业性、技术性人才为其发展提供支撑。以美国、日本、德国为代表的制造业强国之所以具有强大的产业竞争力，根本原因在于他们拥有一支世界领先的高素质制造业人才队伍。高端装备制造业人才是指具备一定的行业知识和专门技能，在高端装备制造领域从事创造性劳动，包括核心技术、工程技术、制造技术的研究创新，以及具有精湛技艺的一线人员，在各自领域能力突出，是人力资源中能力和素质较高的劳动者。其主要分为两种：研发人员和高技能蓝领。高端装备制造业的人才政策即集成技术性人才引进、人才培养、人才激励等一体的政策体系，通过为人才提供政策利好从而实现对人才的集聚，利于高端装备制造业可持续发展。

## 二、中国扶持高端装备制造产业发展的政策

### （一）中国扶持高端装备制造产业发展的科技政策

与发达国家相比，我国装备制造业科技创新的政策、标准、法规尚不够完善和成体系，整体的科研平台仍在搭建当中。2006年发布的《国家中长期科学和技术发展规划纲要（2006~2020年）》，以装备制造为突破口，以绿色制造为导向，以信息化和自动化技术为支撑，加强自主开发，

支持企业提高自主创新能力。确定到2020年，全社会研究开发投入占国内生产总值的比重提高到2.5%以上，力争科技进步贡献率达到60%以上等。2011年，中国《"十二五"工业转型升级规划》确定集成创新一批以智能化成型和加工成套设备、冶金及石油石化成套设备、自动化物流成套设备、智能化造纸及印刷装备等流程制造装备和离散型制造装备。2016年的《"十三五"国家科技创新专项规划》提出发展新一代空天系统技术和临近空间技术，提升卫星平台和载荷能力以及临近空间持久信息保障能力，强化空天技术对国防安全、经济社会发展、全球战略力量部署的综合服务和支撑作用。2016年，《国家信息化发展战略纲要》强调增强空间设施能力。围绕通信、导航、遥感等应用卫星领域，建立持续稳定、安全可控的国家空间基础设施。科学规划和利用卫星频率和轨道资源。建设天地一体化信息网络，增强接入服务能力，推动空间与地面设施互联互通。统筹北斗卫星导航系统建设和应用，推进北斗产业化和"走出去"进程。加强陆地、大气、海洋遥感监测，提升对我国资源环境、生态保护、应急救灾、大众消费以及全球观测的服务保障能力。

在政策、法规、标准完善方面，2006年国务院发布的《关于加快振兴装备制造业的若干意见》指出，"要在全面总结我国装备制造业发展的成功经验，借鉴国外通行做法的基础上，研究制定振兴装备制造业的有关法律法规，为装备制造业发展提供必要的法律保障"。另外也强调了标准制定方面需要完善，指出"要充分发挥标准化在振兴装备制造业中的作用，提高国家标准、行业标准和企业标准的等级，完善我国装备制造业标准体系，为我国装备产品参与国际竞争创造条件"。2009年国务院颁布的《装备制造业调整和振兴规划》中进一步强调"要跟踪国际先进技术发展趋势，注重与国际标准接轨，积极参与国际标准制（修）订工作，促进自主创新产品进入国际市场"。在科研平台搭建方面，1999年国家开始认定首批国家级企业技术中心，之后又陆续推动国家级高新技术企业认定、国家博士后科研流动站授予、国家工程实验室建设、国家重点实验室建设、"863"计划申报、"973"计划申报等，国家级高新区、国家级开发区、科技兴贸创新基地建设等（见表13-1）。这些国家推动的科研平台搭建为企业科技创新创造了较好的条件，提供了较好的平台，但整体上企业参与不够，平台利用不足，这些方面还需要政府进一步发挥其社会服务管理功能进行组织协调。

表13-1　2006～2016年中国扶持高端装备制造业发展的科技政策

| 年份 | 政策 | 政策内容 |
|---|---|---|
| 2006 | 《国家中长期科学和技术发展规划纲要（2006～2020年）》 | 以装备制造为突破口，以绿色制造为导向，以信息化和自动化技术为支撑，加强自主开发，支持企业提高自主创新能力。确定到2020年，全社会研究开发投入占国内生产总值的比重提高到2.5%以上，力争科技进步贡献率达到60%以上等 |
| 2010 | 《中共中央关于制定国民经济和社会发展第十二个五年规划的建议》 | 制造业发展重点是优化结构，改善品种质量，增强产业配套能力，淘汰落后产能。发展先进装备制造业，调整优化原材料工业，改造提升消费品工业，促进制造业由大变强。完善依托国家重点工程发展重大技术装备政策，提高基础工艺、基础材料、基础元器件研发和系统集成水平 |
| 2011 | 《"十二五"工业转型升级规划》 | 集成创新一批以智能化成型和加工成套设备、冶金及石油石化成套设备、自动化物流成套设备、智能化造纸及印刷装备等流程制造装备和离散型制造装备 |
| 2012 | 《高端装备制造业"十二五"发展规划》 | 作为战略新兴产业的重要内容，高端装备制造业"十二五"的发展思路是从五大方向重点突破，分别是航空装备、卫星及应用、轨道交通装备、海洋工程装备和智能制造装备 |
| 2015 | 《中国制造2025》 | 我国实施制造强国战略第一个十年的行动纲领，提出实现中国制造向中国创造转变、中国速度向中国质量转变、中国产品向中国品牌转变，完成中国制造由大变强的任务、重点领域和重大工程 |
| 2016 | 《"十三五"规划纲要》 | 深入实施《中国制造2025》，以提高制造业创新能力和基础能力为重点，推进信息技术与制造技术深度融合，促进制造业朝高端、智能、绿色、服务方向发展，培育制造业竞争新优势 |
| 2016 | 《"十三五"国家战略性新兴产业发展规划》 | 对"十三五"期间我国战略性新兴产业发展目标、重点任务、政策措施等做出全面部署安排，其中提出强化知识产权保护和运用等6方面政策保障支持措施，部署了21项重大工程 |

### （二）中国扶持高端装备制造产业发展的产业政策

早从"十一五"期间开始，通过重重政策红利的促进，我国高端装备产业发展势头良好，除了技术水平不断提升，重点产品不断涌现外，多个高端装备制造业产业带也在加速成型。2006年，《国务院关于加快振兴装备制造业的若干意见》明确目标原则，加快振兴步伐；确定主要任务，实现重点突破；制定振兴措施，明确工作方向；完善法律法规，强化政策支持；加强领导协调，发挥协会作用。2010年，《国务院关于加快培育和发展战略性新兴产业的决定》是第一份明确阐述我国战略性新兴产业发展目标、方向及任务的纲领性文件，根据战略性新兴产业的特征，立足中国国情和科技、产业基础，现阶段重点培育和发展节能环保、新一代信息技术、生物、高端装备制造、新能源、新材料、新能源汽车等产业。2010年，《中共中央关于制定国民经济和社会发展第十二个五年规划的建议》指出制造业发展重点是优化结构，改善品种质量，增强产业配套能力，淘汰落后产能；发展先进装备制造业，调整优化原材料工业，改造提升消费品工业，促进制造业由大变强；完善依托国家重点工程发展重大技术装备政策，提高基础工艺、基础材料、基础元器件研发和系统集成水平。按照《高端装备制造业"十二五"发展规划》要求，上一个五年我国高端装备制造主要以航空装备、卫星及应用、轨道交通装备、海洋工程装备、智能制造装备等五大方向为重点，而"十三五"规划则将制造强国的落脚点放在了八大高端装备制造行业上：航空航天装备、海洋工程装备及高技术船舶、先进轨道交通装备、高档数控机床、机器人装备、现代农机装备、高性能医疗机械、先进化工成套装备。这八大重点行业实际与《中国制造2025》所明确的"高端装备创新工程"一脉相承。《"十三五"规划纲要》深入实施《中国制造2025》，以提高制造业创新能力和基础能力为重点，推进信息技术与制造技术深度融合，促进制造业朝高端、智能、绿色、服务方向发展，培育制造业竞争新优势。2016年，《"十三五"国家战略性新兴产业发展规划》对"十三五"期间我国战略性新兴产业发展目标、重点任务、政策措施等做出全面部署安排，其中提出强化知识产权保护和运用等6方面政策保障支持措施，部署了21项重大工程。按照该规划，到2020年，战略性新兴产业增加值占国内生产总值比重要由2015年的8%达到15%。聚焦轨道交通、海洋工程、航空航天等多个高端装备制造业领域的"十三五"发展，为上述重点高端装备制造业勾画出未来五年的发展蓝图。

　　根据我国高端装备制造业的行业细分来看，2012年《智能制造装备产业"十二五"发展规划》提出到2020年，数控机床、工业机器人及其系统等部分智能制造装备产业领域销售收入超过3万亿元，使产业生产效率、产品技术水平和质量得到显著提高，能源、资源消耗和污染物的排放明显降低。2016年，工业和信息化部、财政部联合发布《智能制造发展规划（2016～2020年）》，作为指导"十三五"时期全国智能制造发展的纲领性文件。该规划明确了"十三五"期间我国智能制造发展的指导思想、目标和重点任务，将统筹国内智能制造发展、加快形成全面推进制造业智能转型的工作格局。具体提出2025年前，推进智能制造发展实施"两步走"战略：第一步，到2020年，智能制造发展基础和支撑能力明显增强，传统制造业重点领域基本实现数字化制造，有条件、有基础的重点产业智能转型取得明显进展；第二步，到2025年，智能制造支撑体系基本建立，重点产业初步实现智能转型。十大重点任务：一是加快智能制造装备发展，攻克关键技术装备，提高质量和可靠性，推进在重点领域的集成应用；二是加强关键共性技术创新，突破一批关键共性技术，布局和积累一批核心知识产权；三是建设智能制造标准体系，开展标准研究与试验验证，加快标准制修订和推广应用；四是构筑工业互联网基础，研发新型工业网络设备与系统、信息安全软硬件产品，构建试验验证平台，建立健全风险评估、检查和信息共享机制；五是加大智能制造试点示范推广力度，开展智能制造新模式试点示范，遴选智能制造标杆企业，不断总结经验和模式，在相关行业移植、推广；六是推动重点领域智能转型，在《中国制造2025》十大重点领域试点建设数字化车间/智能工厂，在传统制造业推广应用数字化技术、系统集成技术、智能制造装备；七是促进中小企业智能化改造，引导中小企业推进自动化改造，建设云制造平台和服务平台；八是培育智能制造生态体系，加快培育一批系统解决方案供应商，大力发展龙头企业集团，做优做强一批"专精特"配套企业；九是推进区域智能制造协同发展，推动智能制造装备产业集群建设，加强基于互联网的区域间智能制造资源协同；十是打造智能制造人才队伍，健全人才培养机制，加强智能制造人才培训，建设智能制造实训基地，构建多层次的人才队伍。

通用航空方面，国务院在2016年上半年印发《关于促进通用航空业发展的指导意见》，为行业发展作出部署。其中提及目标指出，到2020年建成500个以上通用机场，基本实现地级以上城市拥有通用机场或兼顾通用航空服务的运输机场，覆盖农产品主产区、主要林区、50%以上的5A级旅游景区；通用航空器达到5 000架以上，年飞行量200万小时以上，培育一批具有市场竞争力的通用航空企业；通用航空业经济规模超过1万亿元，初步形成安全、有序、协调的发展格局。通用航空的突飞猛进，将是航空装备业发展的重要驱动因素，并带动后者在技术、产品、产业化等方面突破。《"十三五"国家战略性新兴产业发展规划》提出做大做强卫星及应用产业，建设自主开放、安全可靠、长期稳定运行的国家民用空间基础设施，加速卫星应用与基础设施融合发展，完善卫星数据共用共享机制，加强卫星大众化、区域化、国际化应用，加快卫星遥感、通信与导航融合化应用，利用物联网、移动互联网等新技术，创新"卫星+"应用模式。2016年，《关于加快推进"一带一路"空间信息走廊建设与应用的指导意见》提出，"一带一路"空间信息走廊以在轨和规划建设中的通信卫星、导航卫星及遥感卫星资源为主，适当补充完善天基资源和地面信息共享网络，形成"感、传、知、用"四位一体的空间信息服务系统，为"一带一路"沿线国家及区域提供空间信息服务能力，实现信息互联互通。2016年，《国家创新驱动发展战略纲要》指出，发展空间先进适用技术，培育空间经济；大力提升空间进入、利用的技术能力，完善空间基础设施，推进卫星遥感、卫星通信、导航和位置服务等技术开发应用，完善卫星应用创新链和产业链。

先进轨道交通装备方面，2012年的《轨道交通装备产业"十二五"发展规划》提出，我国轨道交通在未来5～10年仍将保持较快发展，在城市轨道交通装备产业方面，要进一步加强城市轨道交通车辆系统集成技术研发，完善城市轨道交通车辆产品技术平台，打造多样化产品谱系。根据《国民经济和社会发展第十二个五年规划纲要》，"十二五"时期将以轨道交通和高速公路为骨干，建成京津冀、长江三角洲、珠江三角洲三大城市群城际交通网络，推进重点开发区域城市群的城际干线建设。"十三五"推出《交通基础设施重大工程建设三年行动计划》，2016~2018年将重点推进铁路、公路、水路、机场、城市轨道交通共303个项目，涉及项目总投资约4.7万亿元，以完善快速交通网、基础交通网、城际城市交通网为重点，推动形成国内国际通道联通、区域城乡覆盖广泛、枢纽节点功能完善、一体衔接便捷高效的综合交通网络，更好地发挥组合优势和网络效益。其中城市轨道交通将是最大亮点，未来3年城市轨道交通新开工项目数分别为51个、33个、19个，新开工里程1 274公里、695公里、416公里，总投资合计16 478亿元，保持高速增长势头。2016年6月29日，国务院总理李克强召开国务院常务会议原则通过《中长期铁路网规划（2016~2030）》，中国高铁网正式由"四纵四横"升级为"八纵八横"，并提出到2025年中国高铁里程数将达到3.8万公里。随着"大动脉"的贯通，加强以城际铁路为主的"毛细血管"建设成为各地"十三五"规划的重点。

海洋工程装备制造业方面，2012年工信部发布《海洋工程装备制造业中长期发展规划》指出，至2015年，该行业年销售收入将达2 000亿元以上，工业增加值率较"十一五"末提高3个百分点，其中海洋油气开发装备国际市场份额达到20%；未来10年我国海洋工程装备制造业发展目标：产业规模、自主创新能力和综合竞争力大幅提升，形成较为完备的产业体系，产业集群形成规模，国际竞争力显著提高。《中国制造2025》明确提出，海洋工程装备和高技术船舶领域将大力发展深海探测、资源开发利用、海上作业保障装备及其关键系统和专用设备。推动深海空间站、大型浮式结构物的开发和工程化。形成海洋工程装备综合试验、检测与鉴定能力，提高海洋开发利用水平。突破豪华邮轮设计建造技术、全面提升液化天然气等高技术船舶国际竞争力，掌握重点配套设备集成化、智能化、模块化设计建造技术。《"十三五"规划纲要》指出要推进智慧海洋工程建设；中国船舶工业行业协会牵头编制的船舶工业"十三五"发展规划前期研究思路提出目标，到2020年高技术船舶、海洋工程装备及关键配套设备制造能力明显增强，推动重点产业延伸链条、扩大规模，提高核心竞争力，进入世界海洋工程装备制造先进国家行列，成为世界上主要的配套设备制造国。2016年2月18日，工业和信息化部与国家海洋局签署《工业和信息化部、国家海洋局促进海洋经济发展战略合作协议》，双方分别从产、需角度出发加强合作，重点围绕海洋矿产资源开发、海水综合利用、海洋可再生能源开发、海洋综合观测监测装备、海洋生物医药、海洋信息化等领域，在资源配置、政策制定和行业管理上紧密合作，共同致力于提高我国船舶和海洋工程装备供给的质量和水平，着力培育新的经济增长点。3月初又在工信部网站发布《船舶配套产业能力提升行动计划（2016~2020）》，明确了五大重点任务：加强关键核心技术研发，开展质量品牌建设，大力推动示范应用，强化关键零部件基础能力，培育具有国际竞争力的优强企业；与之相对应的，是即将着力实施的"五大工程"，分别为船用设备创新工程、船用设备质量品牌工程、船用设备示范应用工程、关键零部件强基工程、制造能力提升工程。该行动计划提出，"十三五"期间我国船舶配套产业要按照"分类施策、创新驱动、系统推进、军民融合、开放合作"原则逐步推进（见表13-2）。

表13-2　中国扶持高端装备制造产业发展产业政策

| 年份 | 政策 | 政策内容 |
|---|---|---|
| 2012 | 《智能制造装备产业"十二五"发展规划》 | 到2020年，数控机床、工业机器人及其系统等部分智能制造装备产业领域销售收入超过3万亿元，使产业生产效率、产品技术水平和质量得到显著提高，能源、资源消耗和污染物的排放明显降低 |
| 2012 | 《轨道交通装备产业"十二五"发展规划》 | 我国轨道交通在未来5~10年仍将保持较快发展，在城市轨道交通装备产业方面，要进一步加强城市轨道交通车辆系统集成技术研发，完善城市轨道交通车辆产品技术平台，打造多样化产品谱系 |

续表

| 年份 | 政策 | 政策内容 |
|---|---|---|
| 2016 | 《"十三五"国家科技创新专项规划》 | 发展新一代空天系统技术和临近空间技术，提升卫星平台和载荷能力以及临近空间持久信息保障能力，强化空天技术对国防安全、经济社会发展、全球战略力量部署的综合服务和支撑作用 |
| 2016 | 《国家创新驱动发展战略纲要》 | 发展空间先进适用技术，培育空间经济。大力提升空间进入、利用的技术能力，完善空间基础设施，推进卫星遥感、卫星通信、导航和位置服务等技术开发应用，完善卫星应用创新链和产业链<br>发展海洋先进适用技术，培育海洋经济。开发海洋资源高效可持续可用适用技术，加快发展海洋工程装备，构建立体同步的海洋观测体系，推进我国海洋战略实施和蓝色经济发展 |
| 2016 | 《国家信息化发展战略纲要》 | 增强空间设施能力。围绕通信、导航、遥感等应用卫星领域，建立持续稳定、安全可控的国家空间基础设施。科学规划和利用卫星频率和轨道资源。建设天地一体化信息网络，增强接入服务能力，推动空间与地面设施互联互通。统筹北斗卫星导航系统建设和应用，推进北斗产业化和走出去进程。加强陆地、大气、海洋遥感监测，提升对我国资源环境、生态保护、应急救灾、大众消费以及全球观测的服务保障能力 |
| 2016 | 《关于加快推进"一带一路"空间信息走廊建设与应用的指导意见》 | "一带一路"空间信息走廊以在轨和规划建设中的通信卫星、导航卫星及遥感卫星资源为主，适当补充完善天基资源和地面信息共享网络，形成"感、传、知、用"四位一体的空间信息服务系统，为"一带一路"沿线国家及区域提供空间信息服务能力，实现信息互联互通 |
| 2016 | 《交通基础设施重大工程建设三年行动计划》 | 2016~2018年，将重点推进铁路、公路、水路、机场、城市轨道交通项目303项，涉及项目总投资约4.7万亿元，以完善快速交通网、基础交通网、城际城市交通网为重点，推动形成国内国际通道联通、区域城乡覆盖广泛、枢纽节点功能完善、一体衔接便捷高效的综合交通网络，更好发挥组合优势和网络效益 |

### （三）中国扶持高端装备制造产业发展的财税政策

我国对高端装备制造业的财政直接投入如下：在轨道交通上，2012年我国有7 000亿元人民币的财政资金投向了高铁，其中基础建设资金占40%~60%，动车采购资金占10%~15%；在大飞机项目上，"十二五"期间我国的研发投入预计可达600亿元，其中用于大型民用客机的科研投入约为400亿元，用于大型军用运输机科研投入约为200亿元；在海洋工程装备上，我国财政资金总投入超过2 500亿元；在智能制造装备、卫星制造装备上，按照国家财政补贴方案，价格补贴可占装备销售价格的25%～30%，最高可达50%。补贴支持对象既有高端装备项目开发单位，更有高端装备首台（套）产品使用企业，2011年，我国智能制造装备的19个项目作为第一批落实的国家补贴项目，得到财政补贴资金总额达9.5亿元。2002年，国家开始安排国债定额贷款转用于企业技术改造项目。截至2006年，机械工业组织实施国债资金技改项目200多项，总投资200多亿元，如重型燃气轮机的生产、装配，超临界压力火电机组、数控机床、重型机械等重点产品承担企业的技改项目都是在国债贴息贷款支持下完成的。2009年，国家工信部与发改委共同制定《装备制造业技术进步和技术改造投资方向》，其中提到对地方和中央企业高端装备制造业类技术改造项目361项，贴息总额达到75亿元。2006年，国务院印发《国家中长期科学和技术发展规划纲要（2006～2020年）》，对国内企业或科研机构生产研发的试制品以及首次投入市场的产品，符合先进技术发展方面的，经认定，将由政府进行首批购买。我国高端装备制造业适用的税收政策形式主要有税额减免、出口退税、先征后退和加速折旧等方式，主要涉及增值税、关税、企业所得税等税种。如在税额减免方面，自1998年1月1日起，国家鼓励发展的国内投资项目和外商投资项目进口设备免征关税和进口环节增值税；企业为生产《国家高新技术产品目录》产品而进口所需的自用设备及其按合同随设备进口的技术及配件、备件，除《国内投资项目不予免税的进口商品目录》所列商品外，免征关税和进口增值税。在出口退税方面，从2004年1月1日起，船舶、汽车及其关键零部件、航空航天器、数控机床等列名货物的出口退税率维持17%；2009年1月1日起，提高部分技术含量和附加值高的机电产品出口退税率：将航空惯性导航仪、陀螺仪、离子射线检测仪、核反应堆、工业机器人等产品的出口退税率由13%～14%提高到17%。在先征后退方面，在国务院确定的16个重大技术装备关键领域内，对国内企业为开发、制造装备而进口的部分关键零部件和国内不能生产的原材料所缴纳的进口关税和进口环节增值税实行先征后退；所退税款转作国家资本金，用于企业新产品的研制生产以及自主创新能力建设。在加速折旧方面，企业进行中间试验，其中间试验设备的折旧年限可在国家规定的基础上加速30%～50%；电子生产、船舶工业、母机机械企业、飞机制造、汽车制造、化工生产、医药生产企业和经财政部批准的企业，其机器设备可采取双倍余额递减法或年数总和法加速折旧。

**（四）中国扶持高端装备制造产业发展的人才政策**

《中国制造2025》强调要健全完善中国制造从研发、转化、生产到管理的人才培养体系，为推动中国制造业从大国向强国转变提供人才保障。为深入实施《中国制造2025》，按照国家制造强国建设领导小组的统一部署，教育部、人力资源和社会保障部、工业和信息化部等部门共同编制了《制造业人才发展规划指南》，指出重点任务主要有7部分：一是推进制造业人才供给结构改革，促进学科专业设置与产业发展同步；二是加快实现产业和教育深度融合，鼓励行业企业参与人才培养；三是提升与先进制造业相适应的关键能力和素质，大力培育工匠精神，注重创新能力培养；四是打造高素质专业技术人才队伍，加快培育创新型技术领军人才，加强复合型专业人才培养；五是造就技艺精湛的技术技能人才队伍，大力培养技术技能紧缺人才；六是建设高水平的经营管理人才队伍，着力培育具有国际视野的企业家；七是优化制造业人才发展环境，有效开展人才评价与激励。该《指南》还指出，重点人才工程共包括5项：一是制造业与教育融合发展工程，加强实习实训基地建设，强化教师实践能力培养，提高人才培养与制造业发展需求的吻合度。二是创新型专业技术人才开发工程，提升工科学生实践能力，培养和引进一批高层次专业技术人才。三是能工巧匠和高技能人才培育工程，着力培养制造业技术技能紧缺人才，大力开展高技能人才培训。四是企业经营管理人才发展工程，打造一批优秀企业家。五是全员质量素质提升工程，建设质量相关专业教育示范基地，支持各地举办质量素质提升研修项目等。根据《国家中长期人才发展规划纲要（2010～2020年）》（中发〔2010〕6号）、《国务院关于加快培育和发展战略性新兴产业的决定》（国发〔2010〕32号）、《关于加快振兴装备制造业的若干意见》（国发〔2006〕8号），特制定《装备制造人才队伍建设中长期规划（2011~2020年）》，强调装备制造人才发展方针是强化基础、突出重点、创新主导、持续发展；发展目标是到2020年，人才总量达1 360万人，机械、汽车、船舶行业的经营管理人才、专业技术人才、技能人才基本得到满足；重点突出创新型科技人才和急需紧缺专业人才队伍建设，统筹经营管理人才、专业技术人才和技能人才三支人才队伍建设，推进海外高层次人才和国外智力引进工作，推进人才培养基础建设工作，以及推进人才管理机制创新。其中，创新型科技人才队伍建设重点任务是在冶金装备、汽车装备、石化装备、船舶和船舶装备、轻工装备、纺织装备、食品装备、医药装备、国防军工装备等9个方面重点项目的实施中，着眼于前沿技术、关键技术和基础技术水平的提升，着力培养一大批具有影响力和带动力的创新型科技人才；重点措施是依托国家相关人才工程和计划（"创新人才推进计划""海外高层次人才引进计划""青年英才开发计划"等），加大创新型科技人才的凝聚和培养力度，实施首席专家计划、拔尖人才计划、政府直接掌握的专家计划和创新团队建设计划，遴选有突出贡献的中青年专家，同时，进一步加强领军人才队伍建设。

# 第十四章 世界各国高端装备制造产业
## 发展政策与启示

当今世界经济强国无一不是高端装备制造强国，它们的共同特征是拥有强大的高端制造能力，制造业总体上处于全球产业高端。对世界上各个高端装备制造强国发展高端装备制造的经验与教训的深入分析发现，世界各国对高端装备制造给予了各方面的产业扶持，本章将梳理美国、日本、欧盟等世界高端装备制造强国和地区推动高端装备制造产业发展的政策，并进行对比，提出对我国发展高端装备制造的启示。

## 一、世界各国重点发展的高端装备制造业

在全球产业技术革命浪潮的背景下，发展高端装备制造领域是发达国家谋求世界工业强国地位的战略重点。目前，欧美发达国家在高端装备制造业上处于全面领先地位，新加坡、韩国等国正奋起直追，除中国、巴西等少数国家外，大多数发展中国家装备制造业较为落后。

（1）美国。在金融危机中，美国装备制造业曾遭受强烈冲击。然而，得益于美国积极布局新兴领域和高端环节，美国装备制造业反弹的幅度和速度均远超过日本和德国。由于高端产业最能支持创新、包容与可持续增长，因此，该产业逐渐成为维持美国持久繁荣的关键因素。目前美国已经是多领域高端装备和技术的引领者、掌握者和控制者，其海洋工程和智能装备制造业、航空产业卫星及应用装备、轨道交通装备在全球都处于领先

地位。

美国通过颁布促进装备制造业发展的法律法规，对科技创新、政府采购、税收优惠等关于制造业发展的支持政策都进行了明确规定。同时依托尖端产品技术研发、重大工程建设和对外贸易等，带动高端装备制造业的整体发展。为促进本国高端装备制造业发展，美国政府采取的是以技术进步战略为主，以资金、财税、贸易等相关支持政策为辅的策略，政府始终将技术作为支持的重点。

一方面，美国政府强调发展先进制造技术，出台多项法律法规来支持科技创新，并将装备制造业的科技创新作为国家关键技术创新的前六大领域之一。同时，美国政府改变技术政策，由政府出面组织、协调和支持产业技术的发展，成立国家制造业科学中心和制造信息资源中心，并相继出台推动制造业推广应用的"制造技术中心计划"和促进制造技术发展的"先进制造技术计划"。

另一方面，美国政府以提供贷款担保、出口补贴、允许制造商结成出口贸易联盟等方式，鼓励本国装备企业的出口。在财税政策方面，美国政府还尽可能降低机构的研发负担和税法规定，科研机构作为非营利机构免征各项税收，企业研究开发费用也实行税收优惠。

美国还提出下一代新能源、低碳经济和智慧地球等发展计划，力图占据高端制造领域，以寻求新的竞争优势。上述一系列行为将对中国高端装备的未来发展造成压力，同时挤压已经形成优势的产品市场空间。

（2）俄罗斯。航空和卫星是俄罗斯高端装备制造产业的优势领域。在卫星发射方面，总部位于俄罗斯西南部的国际发射服务公司、俄美合资在国际商业发射市场份额仅次于阿里安公司。另外，在民用卫星导航方面，俄罗斯的卫星导航系统"格洛纳斯"导航系统，目前已被俄罗斯90%以上的民用领域使用。在航空领域，俄罗斯聚集了多家知名飞机制造商，如米格、图波列夫、苏霍伊、米里、伊留申和卡莫夫等。

为应对美国航天技术革新带来的巨大挑战，俄罗斯发展军事航天事业，加速研制侦察卫星、预警卫星、通信卫星和海洋监视卫星。俄政府审议并通过了《2013～2020年俄罗斯航天活动国家规划草案》，计划将俄罗斯打造成航天强国。按照计划，俄罗斯将突出军民两用产品与应用技术的开发，优先研制和发展航天综合系统。其中，重点改造"格洛纳斯"全球卫星导航定位系统，使其更加现代化和高科技化，努力提升导航精度。

通过上述一系列措施，目前俄罗斯军事卫星轨道集群的基架已初步形成。军、民、商卫星协调运作的基本格局逐渐显现，航天力量从"维持贡献率"向"提高贡献率"转变。通过实施《2013～2020年俄罗斯航天活动国家规划草案》，民用、军用与商用航天三者的协调运作能力得以提升。

（3）欧盟。欧洲的高端装备制造业主要分布在西欧国家，例如英国、法国、德国、意大利、瑞士、荷兰。另外有少数北欧国家，包括挪威、瑞典等。其中德国为高端装备制造业布局的核心，轨道交通、海洋工程和航天航空为优势产业。

金融危机后，欧盟委员会认为，欧洲实现经济复苏、保持竞争力的关键是强大的工业基础，因此推出再工业化战略，提出将工业占欧盟国内生产总值的比重提升至2020年达到20%的总体目标。随后，欧盟委员会提出"新工业革命"的计划，认为由数字制造和绿色能源等先进制造技术引领的新一轮工业革命已经到来。

欧洲推进的"再工业化"，并非简单地基于现有产业结构提高制造业与工业的比重，而是试图推动一批新兴产业的诞生与发展，同时加强对已有产业高附加值环节的再造，核心在于抓住"新工业革命"机遇重构工业产业链。欧盟委员会围绕"如何重启工业投资"设计了一套较为系统的实施框架，其中包含鼓励新技术研发与创新、改善市场条件、增加融资机会、培育劳动技能转型等"四大支柱"，以及旨在清洁生产的先进制造技术、关键节能技术、生态型产品、可持续的建筑材料、清洁运输工具、智能电网等"六大优先领域"。

德国拥有强大的机械和装备制造业，占据全球信息技术能力的显著地位，在嵌入式系统和自动化工程领域具有很高的技术水平，这些都使德国曾经确立其在制造工程行业中的领导地位。作为全球工业实力最强劲的国家之一，德国在新时代发展压力下，为进一步增强国际竞争力，从而提出了"工业4.0"概念。在德国政府此后推出的《高技术战略2020》中，工业4.0作为十大未来项目之一，联邦政府投入2亿欧元，其目的在于奠定德国在关键技术上的国际领先地位，夯实德国作为技术经济强国的核心竞争力。

（4）亚洲。新加坡等国家把握海洋工程产业链全球转移的机遇，继承了海洋钻井平台、钻井船、浮式生产储油船等成套大型设备的生产制造，具备海洋工程总包的能力，占据大部分市场份额，如韩国的大宇造船、三星重工、现代重工、STX造船，新加坡的吉宝和胜科等。其他拥有海洋工程装备制造基地的国家包括中国、阿联酋和印度尼西亚等。日本的轨道交通装备制造能力较强，著名的轨道交通装备企业川崎重工在综合性重型工程装备制造方面处于领先水平。此外，日本的智能制造装备如精密数控机床、工业机器人、智能仪表等多领域都保持着国际领先地位。而作为仅次于美国的制造业大国，政策、法律等手段是日本实现装备制造业振兴的关键。为了实现制造业的现代化，日本政府实行了一系列的产业振兴政策：第一，财税政策支持。在财税政策方面，对机械设备和机械研究实验用设备实行"特别"折旧制度；对重要机械设备实行免税进口；对进口最新机械设备的企业给予奖励补助金；对重要机械产品免除法人税等。在贸易政策方面，日本虽然采取措施鼓励最新机械设备和技术的进口，但通过"关税"等贸易保护措施限制普通产品的进口，并通过出口所得税扣除制度、开拓海外市场准备金等制度积极支持本国产品的出口，以此来保护并支持国内产业的健康发展。第二，产业规划推动。日本政府还制定了一系列有助于提升制造业竞争力的法律，产业主管部门按照法律的规定，根据实际情况制定发展规划，在资金、技术上提供支持，并在产品品种、原材料和技术等方面给予适当限制，加快技术改造和设备更新。

综上所述，高端装备制造业的发展模式主要有两种：第一种，以日本、法国、俄罗斯等国家为代表的以产业政策为导向，政府制定倾斜的财税政策与产业发展规划为支撑的模式。通过灵活运用法律与政策，以创新为核心驱动产业，全力夯实制造基础技术，以及促进中小企业发展等措施，有效促进高端装备制造业的迅猛发展。第二种是以美国为代表的以技术创新为驱动，高度发达的市场经济体制与强有力的贸易政策为支撑的模式；目前，美国、日本、德国、英国、法国、意大利、瑞士、韩国、瑞典、俄罗斯等不同类型的工业强国，都拥有一批自主创新能力强、资源整合能力强的高端制造产业群。其主要特点表现为：一是企业国际竞争力强，二是技术创新能力一流，三是产业集群国际领先，四是工业体系绿色环保，五是文化、教育、生产性服务业等软实力突出。由此可见，工业大国主要靠规模取胜，而工业强国必须要在技术、品牌、管理、创新等要素方面具备综合的优势。从全球各国高端装备产业的布局特点也可以看出，高端装备产业的核心区域均集中在各国科研机构密集、经济高度发达的地区，也正是上述要素的集聚地。

## 二、世界各国扶持高端装备制造产业发展的科技政策

### （一）美国扶持高端装备制造产业发展的科技政策

20世纪70年代，美国一批学者不断鼓吹美国已进入"后工业化社会"，力图将经济中心由制造业转向第一产业。这样做的结果使美国装备制造企业的市场竞争力下降，并产生巨大的贸易逆差。政策上的失误造成20世纪70年代开始的美国科技优势和经济竞争力的衰退。转折从80年代开始，美国政府开始重点扶持装备制造业，积极布局新兴领域和高端环节。具体科技政策大致分为两个阶段：一是七八十年代的传统科技政策调整改革，二是90年代至今的逐步完善。科技政策改革期间，历届政府采取了许多支持装备制造业技术创新的措施：里根政府强调资助基础科学研究，鼓励企业进行合作开发，鼓励联邦实验室向企业扩散技术，保护知识产权，促进技术成果转移，完善科技立法工作等。80年代后期，美国政府组织各相关负责部门，提出着眼于21世纪制造业的发展，从科技、教育等多方面对美国制造技术进行深刻检讨，积极支持学术界和企业界制定的"21世纪制造

企业战略"，与此同时把发展制造技术列为国家关键技术；并成立国家制造科学中心以及制造信息资源中心，出台"先进制造技术计划"和"制造技术中心计划"推动制造技术发展。第二阶段，进入90年代初，美国总统克林顿提出："制造业仍是美国的经济基础"，要"促进先进制造技术的发展"。克林顿政府对装备制造业技术给予了实质性的、强有力的支持：减免研究和实验投资的税收，刺激私营企业增加投资；鼓励对高新技术小企业进行风险投资；对大企业追加设备投资，给予临时税收减免；对小企业的设备投资，给予永久税收减免；通过联邦政策和计划的制定明确技术发展目标；巩固和加强在大学里建立的工程研究中心，鼓励研究型大学与企业合作进行研究开发和实验；推动军用技术向企业转移，推进制造技术推广计划；联邦实验室全面向外界开放，有偿供给企业使用；放宽对高技术产品的出口控制；设置国家技术奖和颁发国家质量奖。正是由于政府采取了有力的措施，才使美国重夺装备制造业领域的优势。此后美国立足国家大工业基础，陆续推出更多高端装备制造业相关科技政策（见表14-1），如2011年《确保美国先进制造的领先地位》提出重点发展新一代机器人、创新型节能制造工艺等，2012年启动"国家制造创新网络"计划，2014年《加快美国先进制造业发展（2.0版）》就技术创新提出：建议成立先进制造业咨询委员会，协调私营企业在国家先进制造业技术研发优先领域的投入；建立新型制造业研发基础设施，支持各种创新渠道建设；为技术使用制定标准等。一直以来，美国政府都将技术作为支持的重点，强调发展先进制造技术，出台多项法律法规来支持科技创新，由政府出面组织、协调和支持产业技术的发展，加大研发资助力度，建立起新型研发体系，形成政府、企业和大学紧密的合作伙伴关系，并强化科技管理体系，有效促进了制造技术的推广应用，最终通过促进提高技术创新能力达到装备制造产业综合竞争力提升的目的。

表14-1　美国扶持高端装备制造产业发展的科技政策

| 年份 | 政策 | 政策内容 |
|---|---|---|
| 2010 | 《制造业促进法案》 | 法案规模约为170亿美元，通过暂时取消或削减美国制造业在进口原材料过程中需付的关税来重振制造业竞争力并恢复在过去10年中失去的560万个就业岗位 |
| 2011 | 《先进制造伙伴计划》 | 聚合工业界、高校和联邦政府为可创造高品质制造业工作机会以及提高美国全球竞争力的新兴技术进行投资，这些技术（如信息技术、生物技术、纳米技术）将帮助美国的制造商降低成本、提高品质、加快产品研发速度，从而提供良好的就业机会。该计划利用现有项目和议案，投资5亿多美元推动这项工作。投资涉及以下关键领域：打造关键国家安全工业的国内制造能力；缩短研制先进材料（用于制造产品）所需的时间；确立美国在下一代机器人技术领域的领导地位；提高生产过程中的能源效率；研发可大幅度缩短产品设计、制造与试验所需时间的新技术 |
| 2012 | 《先进制造业国家战略计划》 | 明确美国先进制造业促进的三大原则：完善先进制造业创新政策，加强"产业公地"建设，优化政府投资。并提出五大目标，加快中小企业投资，提高劳动力技能，建立健全伙伴关系，调整优化政府投资，加大研发投资力度 |
| 2014 | 《加快美国先进制造业发展（2.0版）》 | 就技术创新提出：建议成立先进制造业咨询委员会，协调私营企业在国家先进制造业技术研发优先领域的投入；建立新型制造业研发基础设施，支持各种创新渠道建设；为技术使用制定标准 |

### （二）德国扶持高端装备制造产业发展的科技政策

拥有"世界工厂"美誉的德国，其制造业长期保持强盛也是源于持续的技术创新。德国科研与开发的集约化程度非常之高，政府资助建立技术开发中心、科技成果转化中心等；支持产学研合作创新，重点支持中小企业进行产学研合作，有一系列的计划和项目促进中小企业的产学研合作，如创新网络计划、中小企业创新技能计划等，创新网络计划主要是为了促进中小企业从研发的早期阶段就与研究机构开展合作，一直到最后综合性的研发方面合作，而中小企业创新技能计划内容包括支持中小企业进行系统性研发活动的第一步将中小企业纳入长期稳定的研发和创新网络支持由企业和公共研究机构组成的研究联合体支持产业集群发展；制度上，德国把地方政府能否营造创新的环境纳入政府考评的重要标准，政府通过发展规划和重大项目支持科技创新，并通过设立专项资金补助和减税等措施鼓励企业进行技术创新（见表14-2）。

表14-2　德国扶持高端装备制造产业发展的科技政策

| 年份 | 政策 | 政策内容 |
|---|---|---|
| 2006 | 《德国高科技战略（2006～2009年）》 | 将研究促进措施、标准化和知识产权保护等框架条件与战略性创新政策相结合，重点扶持包括信息通信、能源、环保、健康、纳米和生物技术在内的17个未来新兴领域 |
| 2010 | 《德国2020高科技战略》 | 汇集了德国联邦政府各部门的研究和创新举措，较以往更加以人为本，强调技术变革为人类利益服务，重点关注气候/能源、保健/营养、交通、安全和通信5个领域，并重点推出11项"未来规划"，提出到2015年研发经费要达到国民生产总值的3% |
| 2012 | 《高科技战略行动计划》 | 计划从2012～2015年投资约84亿欧元，以推动在《德国2020高科技战略》框架下10项未来研究项目的开展 |
| 2013 | 《保障德国制造业的未来：关于实施工业4.0战略的建议》 | 工业4.0（Industrie 4.0）是德国政府《高技术战略2020》确定的十大未来项目之一，并已上升为国家战略。报告提出，德国向工业4.0转变需要采取双重策略，即德国要成为智能制造技术的主要供应商和CPS（信息物理系统）技术及产品的领先市场。主要内容可以概括为"1个核心""2重战略""3大集成"和"8项举措" |
| 2014 | 《新高科技战略——为德国而创新》 | 有五个相互紧密关联的核心要素组成：关乎价值创造和生活质量的优先"未来课题"，网络化和成果转化，增强经济界的创新活力，创造创新友好的框架条件，提供透明度与公众参与 |

20世纪70年代，德国联邦政府经济部和各州政府经济部创立了"创新资助计划"。

2006年发布的《德国高科技战略（2006～2009年）》将研究促进措施、标准化和知识产权保护等框架条件与战略性创新政策相结合，重点扶持包括信息通信、能源、环保、健康、纳米和生物技术在内的17个未来新兴领域。

2010年制定的《德国2020高科技战略》汇集了德国联邦政府各部门的研究和创新举措，较以往更加以人为本，强调技术变革为人类利益服务，因此，重点关注气候/能源、保健/营养、交通、安全和通信5个领域，并重点推出11项"未来规划"，提出到2015年研发经费要达到国民生产总值的3%。

2012年出台的《高科技战略行动计划》计划从2012～2015年投资约84亿欧元，以推动在《德国2020高科技战略》框架下10项未来研究项目的开展。

2014年制定的《新高科技战略——为德国而创新》由五个相互紧密关联的核心要素组成：关乎价值创造和生活质量的优先"未来课题"，网络化和成果转化，增强经济界的创新活力，创造创新友好的框架条件，提供透明度与公众参与。

总之，德国创新驱动发展的主要特征是：注重创新战略的连续性和创新政策的系统性，使其装备制造业技术发展有明确的路径可循，具有高度的前瞻性、针对性和灵活性；形成对内整合、对外聚合的良性互动机制，使其科研体系结构完整，科研机构配套齐全、分工明确，研究力量配置合理；突出企业的创新主体地位，强化自主创新，促使其成为技术创新的主力军；强调区域、产业的均衡协调发展。

**（三）日本扶持高端装备制造产业发展的科技政策**

日本政府高度重视科技创新，直接增加财政的科技投入比例、税收优惠和研究开发补贴。20世纪80年代以来，日本坚持"科技立国"战略，科技投入占国内生产总值的比重远高于美、英、法、德等发达国家。日本政府一方面对研发创新企业给予补贴（见表14-3），另一方面让企业承担一定的技术开发项目。

表14-3　日本扶持高端装备制造产业发展的科技政策

| 1971年 | 《机电法》 | 规定工业机器人制造业的应用对象行业和种类，初步奠定产业基础 | 市场培育 |
|---|---|---|---|
| 1985年 | 高技术税制 | 扣除用作研究开发所得费用的7%的税额，促进高功能机器人等六个领域的基础技术研究 | 技术研发 |
| 1991年 | 微机器技术研究开发项目 | 由通产省工业技术院发起的大型研究开发项目，主要研究在发电厂等复杂的机构及生物体内狭小部位移动的能进行高度自治作业的微型机器系统 | 技术研发 |

根据《科学技术基本法》，1996年日本推出第一期"科学技术基本计划"。为了加强大学及独立研究机构与产业界的合作，日本政府推出了"产业群"以及"知识密集区"建设计划并支持大学建立知识产权本部、技术转移中心。日本将知识产权战略提升到国家战略层次。

2002年日本相继出台《知识产权战略大纲》和《知识产权基本法》。

2003年2月，日本提出"知识产权立国"的口号，日本政府内阁会议决定在内阁增设知识产权战略本部，制定了《有关知识产权创造、保护及其利用的推进计划》，包括知识产权创造、知识产权保护、知识产权应用、发展多媒体素材产业、培养人才提高国民意识等五大部分内容，其中包括270项措施，形成较为完善的知识产权整体战略。根据国家发展阶段适时地调整国家专利战略。20世纪70～80年代，日本的专利战略转向在引进、消化吸收欧美先进技术基础之上大力进行二次开发和创新，并且在技术成熟后采取专利回输战略，将新产品和专利技术回输到欧美国家；例如，日本将美国、瑞士、奥地利、德国和苏联等国的钢铁热轧技术和冷轧技术加以融合，从而形成日本最先进的钢铁技术。20世纪90年代，日本加大基础研究投入，采取促进原创技术的专利战略。如1991年，日本成立微机器技术研究开发项目，由通产省工业技术院发起的大型研究开发项目，主要研究在发电厂等复杂的机构及生物体内狭小部位移动的能进行高度自治作业的微型机器系统。

## 三、世界各国扶持高端装备制造产业发展的产业政策

多年来，全球各国为促进高端装备制造业的发展推出了一系列产业政策。

### （一）美国扶持高端装备制造产业发展的产业政策

美国为了发展先进制造业，推行"再工业化"战略。美国再工业化的本质是产业升级，高端制造是其战略核心，美国已经正式启动高端制造计划，积极在纳米技术、高端电池、能源材料、生物制造、新一代微电子研发、高端机器人等领域加强攻关，以期保持美国在高端制造领域的研发领先、技术领先和制造领先。另外，美国实施制造业振兴计划，重视先进制造业发展，以技术创新为主，以资金、人才、贸易等相关支持为辅的策略，通过支持技术创新，提高技术创新能力，进而提高产业竞争力。2011年6月，美国启动《先进制造业伙伴计划》，以信息技术、新材料、新能源等为主攻领域，以期通过政府、高校及企业的合作来强化美国制造业。

2012年，《先进制造业国家战略计划》具体明确了美国先进制造业促进的三大原则：第一，完善先进制造业创新政策；第二，加强"产业公地"建设；第三，优化政府投资；并提出五大目标：第一，加快中小企业投资；第二，提高劳动力技能；第三，建立健全伙伴关系；第四，调整优化政府投资；第五，加大研发投资力度。

**（二）德国扶持高端装备制造产业发展的产业政策**

德国装备制造业产业制度变迁的显著特征是政府始终为其创造一个开放与竞争的市场体制环境。德国政府强调调整产业结构与重组企业集团，加大科技发展支持，加强对中小企业研究、开发与创新活动的政策倾斜，支持高新技术企业的创建；另外特别加大了某些对产业升级影响深远的研究领域的投资，比如缩短产品开发和产品制造的周期，以便对新的市场需求做出快速响应；开发可重复利用的材料和产品；开发能进行"清洁制造"的制造过程；开发加速产品制造过程和减少运输费用的技术及系统；开发面向制造的信息技术及面向制造的高效、可控的系统；研究可提高对市场变化响应速度的开放的、具有学习能力的生产组织结构等。德国在2011年举行的"汉诺威工业博览会"上提出了"工业4.0"的大体概念。2013年《保障德国制造业的未来：关于实施工业4.0战略的建议》确认"工业4.0"（Industrie 4.0）为德国政府《高技术战略2020》的十大未来项目之一，联邦政府投入2亿欧元，并已上升为国家战略。报告提出，德国向"工业4.0"转变需要采取双重策略，即德国要成为智能制造技术的主要供应商和CPS（信息物理系统）技术及产品的领先市场。其主要内容可以概括为"1个核心""2重战略""3大集成"和"8项举措"。同时，实施"工业4.0"采用制造提升和产业创新双轮驱动策略，在鼓励智能制造先行示范应用的同时，撬动制造业市场潜力杠杆，大力发展"工业4.0"支撑产业，如积极培育提供智能制造设备设施和智能化产品的创新型企业，推广智能工厂整体解决方案等一系列综合集成技术和产品。

**（三）日本扶持高端装备制造产业发展的产业政策**

日本运用法律、政策等手段成功地实现装备制造业的现代化，如《振兴机械工业临时措施法》和《特定电子工业和特定机械工业临时措施法》。这些法律规定，产业主管部门根据实际情况制定发展规划，在资金、技术上提供支持，并在产品品种、原材料和技术等方面给予适当限制，通过加快技术改造和设备更新，提高装备制造业的设备质量和现代化水平。1963年，日本通产省产业结构调查会提出"新产业体制论"，即为适应"战后"科技革命对产业大型化的影响，针对日本企业生产规模和经营规模小，企业在价格、设备投资、技术开发等方面过度竞争的状况，加强企业的联合和兼并，制止过度竞争，通过扩大企业的规模经济效益，增强企业的国际竞争力。在该思想的指引下，日本政府规定企业防止过度竞争行为，同时通过"官民协调体制"，在产业界、金融界、专家学者和政府之间建立协调机制，对产业活动进行人为调节，并积极运用日本开发银行贷款的诱导机能，对批量生产、集中生产体制需要的设备和资金，给予重点低息贷款，引导企业合并和集中，重点推进钢铁、石化行业设备的大型化，促进汽车、纸浆行业企业的集约化、规模化。在贸易政策方面，日本虽然采取措施鼓励最新机械设备和技术的进口，但通过"关税"等贸易保护措施限制普通产品的进口，并通过出口所得税扣除制度、开拓海外市场准备金等制度积极支持本国产品的出口，以此来保护并支持国内产业的健康发展。为了赶超欧美强国和增强国际竞争力，日本产业结构经过三次重大调整，主导产业经历了基础材料型重工业——加工组装型重工业——知识密集型产业的变化。以知识密集的机器人产业为例，在日本工业机器人工业发展过程中，政府连续从市场培育、融资环境、技术研发不同方向制定相关支持政策，对行业发展起到巨大推动作用。

## 四、世界各国扶持高端装备制造产业发展的财税政策

### （一）美国扶持高端装备制造产业发展的财税政策

由于技术创新的高风险性，发达的美国金融系统采用多种灵活形式为其提供资金支持。随着对技术创新地位与作用认识的深入，美国在第二次世界大战后逐步建立了相对完善的技术创新金融支持体系。美国颁布了一

系列促进金融创新的法律法规，通过设立专门的金融机构和担保机制为企业创新提供资金支持，扩大创业资金、风险资本的来源，鼓励民间团体、私人资本、部分养老金等进入。如1958年美国国会通过《美国国内所得法》和《美国中小企业投资法》，大大推动了美国风险投资业的发展。2008年美国爆发金融危机以后，其税收政策支持导向转为不断加大力度支持新兴产业。美国政府先是采取措施逐步将可再生能源领域的公司从事研究及实验的税收抵免额度固定下来，取得显著的成效。随后，又对于先进能源制造业产品扩大或重新配置工厂进行税收抵免。在美国"复兴法案"中用来支援资本投资的税收抵免额达到738亿美元。2010年，美国拟定规模约为170亿美元的《制造业促进法案》，通过暂时取消或削减美国制造业在进口原材料过程中需付的关税来重振制造业竞争力并恢复在过去10年中失去的560万个就业岗位。2011年，美国《先进制造伙伴计划》聚合工业界、高校和联邦政府为可创造高品质制造业工作机会以及提高美国全球竞争力的新兴技术进行投资，这些技术（如信息技术、生物技术、纳米技术）将帮助美国的制造商降低成本、提高品质、加快产品研发速度，从而提供良好的就业机会。美国还是世界上最早实行政府采购的国家，自政府采购开展之初，政府就通过立法的形式相继设立了一整套的法律、法规来规范联邦政府采购行为。其中就包括《联邦采购法》《合同竞争法案》《购买美国产品法》《联邦采购政策办公室法案》《劳务合同法案》和《小额采购业务法案》等，以确保政府采购操作过程以及政府公共预算支出的透明与公开。同时，将政府采购这一政府行为上升到法律高度去监督管理。美国联邦政府还同时颁布了相应的采购法规细则，旨在填补国家政府采购法律制度，保证其完整性，使得联邦政府的采购程序、采购目标、财政预算等问题得到进一步细化分解和逐一解决。为此设置了政府采购的专职机构：设立总部在首都的国家事务管理总属，全面地负责采购管理及制度执行，其分部遍布美国各大城市，以辅助总部完成地方性的任务；总部下设的联邦供应局为具体的执行部门，负责政府采购工作的执行。专职采购机构保障了美国政府采购的管理以及具体采购政策的实施。

### （二）日本扶持高端装备制造产业发展的财税政策

1957年，日本政府实施了《租税特别措施法》，对符合要求的企业设备实行特别折旧办法。1958年，按照《新技术企业化用机械设备特别折旧制度》，为实验及设备的改造进行补贴。1966年制定的《扣除试验研究费的税额制度》明确规定，在该制度的适用年度内，如果企业进行试验所需费用超过以前每年试验研究费用的最高额，超过部分按一定比率扣除税额（20%）。"战后"日本主导产业发展得益于日本多层次的银行体系。当时日本大企业的自由资本率还比较低，而且证券市场发展滞后，企业进行设备投资所需的大部分资金由银行供给。企业的短期贷款主要由以全国性都市银行和地方银行为代表的商业银行体系提供，企业的中长期贷款主要由以长期信用银行、债券信用银行为代表的信用银行体系提供。通产省根据企业的素质、经济规模、市场占有率、产品水平等方面的情况，严格规定了获得优惠贷款的条件，合理引导金融机构向企业注入资金，同时要求企业在争取政府优惠贷款时要公平竞争。据统计，在日本重化工业高速发展时期，60%～70%的企业设备投资所需资金都来自以都市银行和长期信用银行为首的大银行。日本开发银行和中小企业金融公库主要提供政策性贷款。1951年设立"新技术企业化"贷款，1964年，日本开发银行设立"重型机械开发"贷款，1968年设立"新机械企业化"贷款，这三项制度共同形成了"国产技术振兴资金贷款制度"。中小企业金融公库于1970年实行了《国产技术企业化等贷款制度》，为新机械的商品化以及新技术的企业化试验提供低息贷款。日本政府为了引导企业进行重点领域的研发活动，为企业提供委托研发拨款和直接的研发补贴。为了促进新产品和新技术的研发，日本于1966年制定了"大型工业技术委托研发费"；在尖端领域的研究中，日本政府预先确定方向和题目，然后交由企业进行研究；20世纪80年代，日本政府又拨款用于开发超导实用技术。据统计，在高技术产品研制费用中，政府拨款在日本全年研发费用中的比例最高达到40%。1980年，日本建设财政投融资租赁制度，由财政投资、日本开发银行融资建立工业机器人租赁制度，并由24家工业机器人制造商、10家保险公司共同出资成立"日本机器人租赁公司"。同年，日本建设中小企业设备现代化贷款制度和设备借贷制度，由国家和都道府县各出等额资金合在一起作为基金，为中小企业进行设备贷款，帮助其引入现代化设备，提高生产率。1985年，日本实行高技术税制，扣除用作研究开发所得费用的7%的税额，促进高功能机器人等六个领域基础技术研究。

### （三）其他国家扶持高端装备制造产业发展的财税政策

韩国强调税收在促进经济发展与科技进步中的作用，对重点部门实行免税期、投资税抵免等特殊待遇，从根本上改变了过去只关注重化产业发展的政策导向，转而从宏观视角进行合理政策引导。韩国政府先后设立"工业发展基金""提高产业技术资金""技术开发资金"，1992～1996年为350种国产化机械产品提供了7 000亿韩元的试制开发贷款资金。"机械零件和材料国产化"的第一个和第二个五年计划分别制定于1987年和1992年，使韩国制造业摆脱了对日本过于依赖的状况，这些计划提出了汽车、轮船、电子等工业的产品目录，国产化金融、税收激励政策也适时进行了跟进。德国政府主要通过欧洲复兴计划的专用基金和德国复兴信贷银行支持企业，尤其是中小企业的借贷。德国区域经济政策的主要工具是"改善区域经济结构"基金。德国政府不断优化经营环境，发展多层次的融资工具。德国政府资助建立技术开发中心、科技成果转化中心等，同时对科研机构如亥姆霍兹联合会、弗劳恩霍夫协会、马克斯·普朗克学会和莱布尼茨科学联合会等给予科研资金支持。德国政府还成立了高新技术启动基金和ERP启动基金，同时联合欧洲投资基金共同推出了欧洲天使基金，用于解决创新型企业资金不足的问题。在德国标准体系的建立上，政府也是主动干预，在人力财力上给予支持，对行业产品进行统一规划，率先抢占行业话语权。俄罗斯对制造业的支持主要体现在它所全面推行的"消费型"增值税制度上。俄罗斯1992年开始实施"生产型"增值税制，对俄罗斯境内生产的商品、产品和提供的服务征收，也对进口到俄罗斯境内的货物征收，但是进口某些"技术型"生产设备可以享受减免优惠。从2001年1月1日起，俄罗斯大力推行"消费型"增值税，进项税额不能扣除的项目已很少，购买固定资产所含的进项税额，在固定资产入账后就立即给予抵扣。

## 五、世界各国扶持高端装备制造产业发展的人才政策

### （一）美国扶持高端装备制造产业发展的人才政策

美国是个典型的移民国家，自建国以来，引进外来人才就成为美国的一个优良传统。美国通过高水平的教育体系、完善的劳动力市场和开放的移民政策，从全世界吸引、筛选创新人才。尤其是从20世纪90年代开始，美国政府通过移民、留学生、国际交流与合作等政策，加大吸引国外科技人才力度，网罗了大批高层次创新型科技人才致力于装备制造业的发展。美国从1946年开始实施《富布赖特计划》，每年通过提供奖学金接受各国学生及学者赴美国学习。2011年《美国制造业复兴——促进增长的4大目标》提出进一步简化临时签证和非移民签证审批程序，同时提高高级技工成为永久居民而取得绿卡的效率。2015年10月，美国提出改革移民政策，解禁高技术人才的引进，通过详细的指导和规则使世界上最优秀、最有才华的科学家、工程师、企业家受雇于美国，为美国工作。以高端装备制造著称的通用公司，正在实施"未来智造"战略，全球配置资源，早在2011年就与美国加州硅谷成立了通用全球软件中心总部，聚集软件人才，并计划在全球成立20个左右的软件研发中心；创造育英机制，最近宣布的公司高层领导调整，具备数字化技术及业务背景的人才数量明显增加；重视人才挖掘，尤其重视高端人才培养，公司高层领导亲自推动实施人才管理和继任规划。美国非常注重人才素质教育培训。政府向社区大学投资近10亿美元，为先进制造业培养合格的工人。2014年4月，美国实施"学徒计划"，投入6亿美元用于培训制造业学徒，目的是将社区培训高级技术工人的模式及经验推广至全国。此外，为保证在全球竞争环境下美国企业所需技能与劳动力技能培训相匹配，帮助美国先进制造企业获得人力资源优势，帮助美国工人走向中产阶级，2014年12月，劳工部制订1亿美元的先进制造学徒计划，在信息技术、高技术服务业与先进制造业三个新的高增

长领域，面向年满16周岁未进入高中的青年与年满18周岁未就业的青年，设立25个学徒制度伙伴关系项目，每个项目资助经费为250万～500万美元。2016年2月，美国新发布的《国家制造创新网络计划年度报告》再次提出，加速先进制造劳动力的发展，为科学、技术、工程和数学相关工作培养未来工人；支持、扩展和交流相关的中等和高等教育途径，包括资格鉴定与认证；支持州立、地方教育和培训的课程体系与先进制造技能组合要求的协调；培养先进知识工人、研究人员和工程师；确认下一代工人所需的能力。

## （二）德国扶持高端装备制造产业发展的人才政策

德国是一个有着悠久制造传统的国度，可以说是一个"工程师的国度"。德国的工程技术人员的素质在全世界屈指可数，而这又与其高等教育的专业设置、企业培训体制、代际间的经验扩散密切相关。德国特别着重于培养熟练的技术工人，坚持强调"人"的作用。德国已制订完整的人才培养计划，从产、学、研以及基础技能等各环节均有相应的措施。德国有大约200所应用科学大学从事科学研究，以培养制造业实用型人才为目的，并且注重推行双元制应用技术人才教育，学校和企业联合开展教育及实训，学生不经过企业实习不能毕业，使学生出校门即可投入工作。在职教育为中专、大专生提供后期教育提升和个人发展的路径，也为社会提供了大量实用型人才。德国企业法规定，企业有责任为社会提供实训岗位，提供实训岗位的企业可获得减免税收的奖励政策。德国有大约50万家企业向年轻人提供培训，有80%以上的培训岗位由中小企业提供。此外，政府规定，企业必须依企业规模提供产学合作，如西门子在产学教育上年花费1.8亿欧元，提供相关工程系学生每学期到西门子实习训练的机会，通过学习和实务衔接，使学生毕业后能够迅速与业界接轨。在人才引进方面，从20世纪90年代末开始，德国开始改变一贯严格限制外籍人员移民本国的传统，逐渐修订移民法，采取更为积极的移民政策，扩大移民数量，广招天下贤才。《德国移民法》于2005年1月1日正式生效。核心内容是在特殊情况下可给拥有高级专业水平的外国人"落户许可"，包括拥有特殊专业知识的科学家、身处突出位置的教学人才或科研人员，以及具有特殊职业经验的专家和处于领导岗位的工作人员。2011年6月，德国联邦政府决定，对于存在人才瓶颈的职业领域如机械制造与电气工程师，废除选拔考试。2012年8月，引入居住头衔"蓝卡"。持有"蓝卡"的第三国高校毕业生，可以在找工作期间享受6个月的居留许可。2013年，德国的移民法变得更加开放。经联邦参议院同意，职业培训合格的专业人才将有机会在德国人才市场找到工作。德国政府十分重视建立研发机构和科研奖项来招聘海外优秀人才，大量的研究所、基金会以及奖学金项目等一直吸引着国内外高级人才在德从事研究工作。德国学术交流中心（DAAD）于2001年年初在德国教育与科研部（BMBF）推出暂定为3年的合作交流资助计划——国际质量网；2008年启动"洪堡教席奖"计划，以5年内向每位获奖者提供高达500万欧元的巨资吸引各国顶尖科学家前来德国；"赢取大脑"工程为各国高水平的研究人才提供了数目可观的特别研究基金，供他们独立组建研究小组；2007年年底，德国设立"国际研究基金奖"，最高奖金额高达500万欧元，用于表彰所有在德国工作且研究工作处于世界领先地位的各学科的杰出科学家等。

### （三）日本扶持高端装备制造产业发展的人才政策

日本的"全球人才"战略是日本基于国情的特殊性所制定的一个长期性的国家战略。日本吸收和借鉴发达国家在人才政策方面的有力举措，同时结合本国的情况，以大学为基础加强环境建设；以高校和企业的合作为突破口，进行产、学、研结合：鼓励优秀留学生在日定居，鼓励其就业等措施聚集了大量的国际优秀人才，从日本人口渐趋老龄化等本国国情出发，日本制订了吸纳国际人才的长期方针：不断吸引留学生，提高留学生数量；逐渐放宽工作签证限制；以及借助跨国公司的引智能力在全球大量吸收优秀科技人才。2006年日本政府在全国推广"外国人研究者接受促进事业"，经认定的研究人员可以将签证从3年延长到5年。2007年政府出台落户政策。同年日本政府公布了《创新25战略》，提出日本今后发展的重要支撑正是"人才创新"。2008年1月，日本政府制定了"30万留学生政策"。2008年10月，日本又发布《关于通过推进研究开发体系，强化研究开发能力、提高研究开发效率的法律》。事实上，日本政府许多有关吸引外国人才的政策措施都是由独立行政法人日本学术振兴会来执行。学术振兴会实施了"外国人特别研究员事业"和"海外特别研究员事业"，分别邀请外国优秀研究人员到日本的大学和研究机构从事研究事业，并资助日本年轻研究人员到国外进行合作研究事业。人才激励方面，日本政府在1999年3月颁布了《制造基础技术振兴基本法》，该法案为了留住有丰富经验的技术工人，采取提高福利待遇、完善税收政策等措施，同时加强企业、大学和科研院所的合作。日本是一个非常重视教育的国家，重视理工教育加速培养科技人才；注重职业教育的发展，日本职业教育培训主要依靠企业自身进行。这与企业技能人才培训观念有重要关系，它们认为职业能力只能在工作中形成，学校培养的只是"可培训的能力"。日本企业实行终身雇佣制，考虑到职工长期留在本企业工作因而十分重视对职工技术培训投资，通过培训职工提高技术技能水平，从而降低成本、提高质量，促进经济效益。人才培育方式：（1）设置公共职业能力开发设施，为离职者、在职者和高校毕业生提供针对性培训；（2）为开展内部劳动者职业能力培训的雇主提供补助金；（3）如果劳动者自己负担费用接受并完成一定的教育培训，则为劳动者支付一定比例的费用。为打造高等教育研究基地，2001年日本设立了综合科学技术会议，综合审议科技计划、政策和人才资金等资源分配方针。2002年日本推出"21世纪COE计划"。2007年，日本政府又推出"世界顶级研究基地形成促进计划"，该计划仍是为了打造世界顶级水平的研究基地而构建实施的，继续对其进行长期而稳定的支持，为其创造优良的政策和软硬件环境，吸引世界各国出色的研究人员，建立多个世界顶级水平的教育研究基地。总体来说，日本企业以相对较低的代价，培养了大量适合企业需要的技能人才。

## 六、国内外扶持高端装备制造产业发展政策的比较与启示

从各国装备制造业扶持政策的历史变化来看，国家的扶持和导向对整

个装备制造业发展的"广度、高度和强度"都产生了重大影响或起到了决定性作用。通过上文分析不难看出,以美、德、日为代表的发达国家政策主要思路是:突出强调科技创新及科研成果转化在制造产业技术改造与提升重点作用,同时通过金融、财税贸易等政策为制造业高端化发展提供良好的环境;以立法形式,推动高端装备制造业发展,而在这些法律法规中,科技创新、税收优惠、政府采购等关于制造业发展的支持政策都得到明确规定。对于装备制造业的高端化,美、德政府采取了以技术进步战略为主的发展方式,日本政府也采取了"技术引进"加"自我创新",这些发达国家都意识到人才对于产业发展的重要性,逐步建立起自己的人才教育与培养体系,美国还利用"人才引进战略"成功地吸引了全世界各地的人才到美国去。另外,合作融合是制造业行业不断创新并实现可持续发展的重要保障,其中日本政府成立"不同行业交流合作会议",旨在推动不同制造业行业的相互渗透融合,进而创造新的市场和领域,如能源与信息、汽车与电子等;美国的"先进制造业的国家战略计划"提出应建立健全伙伴关系,围绕该目标提出应激励中小企业参与合作伙伴,通过支持跨部门伙伴关系增强"产业公地",并通过创建区域集群来协调战略规划、资产采购和集群内的风险分担。这三个国家发展装备制造业的差异主要体现在政府支持侧重点和融资形式:美国一直把技术作为政府支持的重点,通过促进提高技术创新能力来达到产业竞争力提升的目的,日本的制造业更多是采用引进的方式,而美国和德国则更多采用研发的方式,尤其是德国重视市场机制的重要作用;美、日、德对制造业的融资都提供了有力的保障,日本证券市场不够发达,因此以银行信贷为融资主体;美国的资本市场比较发达,能够为制造业提供大量的发展资本;德国一直采用混业经营的方式,兼备两者的特征。

与国外先进制造业发展政策相比,我国的发展规划也同样重视技术研发和人才培养,提出创新驱动并对技术研发的投资比重做了明确规定,将"以人为本"作为基本方针并重视对人才的培养,以"开放合作"为基本原则并推行两化融合的措施。但相关政策或措施并未以法规形式推出,缺少完善的法律保障。具体从政策方向来看，需改变原有产业界限的划分，加强国内企业在战略性新兴产业领域的产业链、产业网联系和技术合作，并为国内各种类型、各种规模的企业参与全球价值网络竞争创造良好的条件；在我国现有技术基础条件下，调整科技政策方向，实现从重点突破到全面创新的逐步调整。进一步强化重点领域和重点项目的科技创新支持，利用政府资金对重点领域的关键技术突破和重大科技成果产业化进行资金扶持，发挥重点项目的关联效应和辐射效应。从政策资源配置重点来看，将更多的资源投入拥有高技术的中小微企业，发挥中小微企业在灵活性、适应性、创新性等方面的优势；人才政策方面，转变过去单纯重视精英型高端研发人才的培育和引进的政策取向，转向同时关注工程师、高技能工人和一般产业工人通用技能提升的政策导向。

# 主要参考文献

[1]    Andersson S, Wictor I. Innovative Internationalization in NewFirms: Born Globals-The Swedish Case[J]. Journal of International Entrepreneurship, 2003, 1（3）: 249-275.

[2]    Barney J B. Firm Resource and Sustained Competitive Advantage[J]. Journal of Management, 1991, 17（1）: 99-120.

[3]    Barney J, Wright M, Jr D J K. The resource-based view of the firm: Ten years after 1991[J]. Journal of Management, 2001, 27（6）: 625-641.

[4]    Brookings Institution. America's Advanced Industries: What they are, Where they are, and Why they matter[R], 2015-02.

[5]    Cheryl Long, Xiaobo Zhang. Cluster-based Industrialization in China: Financing and Performance [J].Journal of International Economics, 2011, 84（1）: 112-123.

[6]    Coeurderoy R, Murray G. Regulatory Environments and the Location Decision: Evidence from the Early Foreign Market Entries of New-technology-based Firms[J]. Journal of International Business Studies, 2008, 39（4）: 670-687.

[7]    Gaffney N, Cooper D, Kedia B, Clampit, J. Institutional Transitions, Global Mindset, and EMNE Internationalization[J]. European Management Journal, Forthcoming.

[8]    Gammeltoft P, Filatotchev I, Hobdari B. Emerging Multinational Companies and Strategic Fit: A Contingency Framework and Future Research Agenda[J]. European Management Journal,2012, 30（3）: 175-188.

[9]    Glenn Ellison, Edward L. Glaeser. Geographic Concentration in U.S. Manufacturing Industries: A Dartboard approach[J]. Journal of Political

Economy, 1997,105（5）: 889-927.

[10] Holburn G L, Zelner B A. Political Capabilities, Policy Risk, and International Investment Strategy: Evidence from the Global Electric Power Generation Industry[J].Strategic Management Journal, 2010, 31（12）: 1290-1315.

[11] Johanson J, Vahlne J E. The Internationalization Process of the Firm: A Model of Knowledge Development and Increasing Foreign Market Commitments[J]. Journal of International Business Studies, 1977, 8（1）: 23-32.

[12] Kiss A N, Danis W M, Cavusgil S T. International Entrepreneurship Research in Emerging Economies: A Critical Review and Research Agenda[J].Journal of Business Venturing, 2012, 27（2）: 266-290.

[13] Kiss A N, Danis W M.Country Institutional Context, Social Networks, and New Venture Internationalization Speed[J]. European Management Journal, 2008, 26（6）: 388-399.

[14] Kozlenkova I V, Samaha S A, Palmatier R W. Resource-based theory in marketing[J]. Journal of the Academy of Marketing Science, 2014, 42（1）: 1-21.

[15] Leonard-Barton D. Core capabilities and core rigidities: A paradox in managing new product development[J]. Strategic Management Journal, 1992（13）: 111-125.

[16] Lu Y, Zhou L, Bruton G, Li W. Capabilities as a Mediator Linking Resources and the International Performance of Entrepreneurial Firms in an Emerging Economy[J]. Journal of International Business Studies, 2010, 41（3）: 419-436.

[17] Luo Y, Xue Q, Han B. How Emerging Market Governments Promote Outward FDI: Experience from China[J]. Journal of World Business, 2010, 45（1）: 68-79.

[18] Miller D, Shamsie J. The Resource-Based View of the Firm in Two Environments: The Hollywood Film Studios from 1936 to 1965[J]. Academy of Management Journal, 1996, 39（3）: 519-543.

[19] Newbert S L. Value, Rareness, Competitive Advantage, and Performance: A Conceptual-Level Empirical Investigation of the Resource-Based View of the Firm[J]. Strategic Management Journal, 2008, 29（7）: 745-768.

[20]    Oviatt B M, McDougall P P. Toward a Theory of International New Ventures[J]. Journal of International Business Studies, 1994,25（1）: 45-64.

[21]    Peng M W, Wang D Y, Jiang Y. An Institution-based View of International Business Strategy: A Focus on Emerging Economies[J]. Journal of International Business Studies, 2008, 39（5）: 920-936.

[22]    Porter M E. Competitive Advantage: Creating and Sustaining Superior Performance[M]. New York: Free Press, 1985.

[23]    Prahalad C, Hamel G. The core competence of the corporation [J]. Harvard Business Review, 1990, 68（3）: 275-292.

[24]    Ramamurti R, Singh J V. Emerging Multinationals in Emerging Markets[M]. Cambridge: Cambridge University Press, 2009.

[25]    Santangelo G D, Meyer K E. Extending the Internationalization Process Model: Increases and Decreases of MNE Commitment in Emerging Economies [J]. Journal of International Business Studies, 2011, 42（7）: 894-909.

[26]    Wang C, Hong J, Kafouros M, Wright M. Exploring the Role of Government Involvement in Outward FDI from Emerging Economies [J]. Journal of International Business Studies, 2012, 43（7）: 655-676.

[27]    Weber Alfred. The Theory of The Location of Industries（1909）[M]. Chicago & London : The University of Chicago Press, 1965.

[28]    Wernerfelt B. A Resource-Based View of the Firm [J]. Strategic Management Journal, 1984, 5（2）: 171-180.

[29]    Yamakawa Y, Peng M W, Deeds D L. What Drives New Ventures to Internationalize from Emerging to Developed Economies? [J]. Entrepreneurship Theory and Practice, 2008, 32（1）: 59-82.

[30]    蔡翼飞，魏后凯，吴利学.我国城市高端制造业综合成本测算及敏感度分析[J].中国工业经济，2010（1）.

[31]    曹欢，郭朝晖.美国引进高层次创新型科技人才的政策及启示[J].湖北教育领导论坛，2011（2）: 66-68.

[32]    陈晓红，李喜华，曹裕.智力资本对企业绩效的影响：基于面板数据模型的分析[J].系统工程理论与实践，2010，30（7）: 1176-1184.

[33]    程新章.以资源为基础的企业理论的应用—企业竞争优势评估[J].财贸研究，2003，14（3）: 75-80.

[34]    丛强，朱景萍，刘炳义，等.海外装备制造强国支持政策与发展趋势[J].石油科技论坛，2010，29（3）: 55-61.

[35] 丁恒龙，王卫星.日本知识产权制度的变迁及启示[J].经济论坛，2009（6）：76-81.

[36] 董瑞青，顾强.我国战略性新兴产业研究现状述评[J].经济社会体制比较，2013（3）：229-236.

[37] 方创琳，刘晓丽.国家重点产业振兴政策对城市发展与规划的影响[J].兰州商学院学报，2012（6）：1-7.

[38] 傅强，邹晓峰.发达国家技术创新的金融支持与风险投资—制度框架比较[J].经济论坛，2006（1）：10-13.

[39] 郭静.我国海洋工程装备制造业产业发展和布局研究[D].大连：辽宁师范大学，2011.

[40] 郭蓉蓉.我国装备制造业空间集中度差异分析[J].黑龙江对外经贸，2008（3）：20-22.

[41] 郭振，脱兆真.美国、欧盟装备制造业技术创新政策分析及启示[J].中国高校科技与产业化（学术版），2008（s2）：110-111.

[42] 韩跃.战略性新兴产业空间布局研究——以北京市为例[D].北京：首都经济贸易大学，2014.

[43] 郝峰.我国装备制造业区域集聚程度和区域产业创新力的实证分析[D].合肥：合肥工业大学，2010.

[44] 何武.中国装备制造业产业政策与全球价值链研究[D].北京：对外经济贸易大学，2015.

[45] 黄学工.欧美技术创新政策比较分析[J].图书情报导刊，2005，15（4）：174-175.

[46] 井崇任.促进高端装备制造业发展的财税政策研究[D].大连：东北财经大学，2013.

[47] 李博达，林莉.中国轨道交通装备制造业的产业结构及优化策略研究[J].当代经济，2014（3）：38-41.

[48] 李凯，李世杰.装备制造业集群网络结构研究与实证[J].管理世界（月刊），2004（12）：68-76.

[49] 李坤，于渤，李清均."躯干国家"制造向"头脑国家"制造转型的路径选择——基于高端装备制造产业成长路径选择的视角[J].管理世界，2014（7）：1-11.

[50] 李佳.德国、日本人才资源引入政策对我国的启示[D].临汾：山西师范大学，2013.

[51] 李晶，井崇任.促进高端装备制造业发展的财政税收政策研究[J].财经问题研

究，2013（4）：68-76.

[52] 李卫东.企业竞争力评价理论与方法研究[D].北京：北京交通大学，2007.

[53] 李玉刚.企业战略与制度互动机制的研究述评及启示[J].华东理工大学学报：社会科学版，2009（1）.

[54] 刘洪深，汪涛，周玲，等.制度压力、合理性营销战略与国际化企业绩效[J].南开经济评论，2013（16）：123-132.

[55] 卢阳春.战略性新兴产业集群发展的资金资源整合机制研究——以四川省高端装备制造业为例[J].西南民族大学学报：人文社会科学版，2015（3）：144-150.

[56] 鲁明泓.制度因素与国际直接投资—项实证研究[J].经济研究，1999（7）.

[57] 路江涌，陶志刚.中国制造业区域聚集及国际比较[J].经济研究，2006（3）：103-114.

[58] 梅小安，罗丽. 知识资本评价方法比较研究[J]. 现代管理科学，2004（12）：45-46.

[59] 彭中文，黄研.中国装备制造业空间集聚及其影响因素的实证分析[J].软科学，2011（5）：57-60.

[60] 乔治·斯蒂格勒.新帕尔格雷夫经济学大辞典 [C]. 北京：经济科学出版社，1992.

[61] 任亚磊.国外装备制造业技术创新发展经验与启示[J].产业与科技论坛，2013，12（15）：11-13.

[62] 唐铁球.中国高端装备制造产业分布特征与发展趋势[J].求索，2015（12）：10-14.

[63] 田丽.我国城市轨道交通装备制造业的产业发展路径研究[D].上海：上海工程技术大学，2015.

[64] 王健，张晓媛.企业竞争力指标体系研究[J].山东社会科学，2014（11）.

[65] 王建华，王方华. 企业竞争力评价的指标体系研究[J]. 软科学，2002，16（3）：63-66.

[66] 王福君，沈颂东.美、日、韩三国装备制造业的比较及其启示[J].华中师范大学学报：人文社会科学版，2012，51（3）：38-46.

[67] 王缉慈.我国制造业集群分布现状及其发展特征[J].地域研究与开发，2003，22（6）：29-33.

[68] 王志.国外装备制造业政策比较与借鉴[J].网络财富，2009（9）：162-164.

[69] 魏后凯.中国制造业集中状况及其国际比较[J].中国工业经济，2002（1）：41-49.

[70] 闻岳春，苏云.美国解决技术创新融资难题的经验及启示[J].金融理论与实践，2009（2）：101-106.

[71] 武永娜.中国高端装备制造业发展研究[D].沈阳：辽宁大学，2016.

[72] 谢皓.跨国并购与中国企业的战略选择[M].北京：人民出版社，2009.

[73] 徐康宁，冯春虎.中国制造业地区性集中程度的实证研究[J].东南大学学报，2003，5（1）：37-42.

[74] 薛求知.当代跨国公司新理论[M].上海：复旦大学出版社，2007.

[75] 尹碧波，张国安.以资源为基础的企业竞争优势理论的演进与发展趋势[J].华东经济管理，2010，24（6）：89-92.

[76] 余光胜.企业竞争优势根源的理论演进[J].外国经济与管理，2002，24（10）：2-7.

[77] 翟羽.区域装备制造业集群技术创新政策体系研究[D].哈尔滨：哈尔滨理工大学，2010.

[78] 张建红，周朝鸿.中国企业走出去的制度障碍研究：以海外收购为例[J].经济研究，2010（6）：80-91.

[79] 张进财，左小德.企业竞争力评价指标体系的构建[J].管理世界，2013（10）：172-173.

[80] 张立军，陶璐.多指标综合评价模型鲁棒性度量方法研究[J].统计与信息论坛，2011，26（5）：16-20.

[81] 张明龙.德国创新政策体系的特点及启示[J].财经时报，2008（2）：108-109.

[82] 赵楠.企业国际化的市场行为：从垄断到竞争——以汽车工业为例[J].经济学家，2004（1）：59-64.

[83] 宗芳宇，路江涌，武常岐.双边投资协定、制度环境和企业对外直接投资区位选择[J].经济研究，2012（5）：71-82.

[84] IFIND金融咨询终端.

[85] WIND金融咨询终端.

[86] 巨潮资讯网http://www.cninfo.com.cn/cninfo—new/index.

[87] 国家能源局网站http://www.nea.gov.cn/.

[88] 中国产业经济信息网http://www.cinic.org.cn/.

[89] 中国政府网http://www.gov.cn/.